2판

상담의 실제

과정과 기법

이규미 저

Practice of Counseling
Process and Techniques

학지사

2판 머리말

이 책의 초판이 2017년 1월에 출간되었으니 만 4년간 독자들을 만난 후 5년째 되는 해에 2판을 출판하는 셈이다. 여유롭게 시작했다가도 탈고할 때는 늘 쫓기는 마음이 되는 나로서는 어떤 영화에서 본 장면처럼 흡족한 미소를 지으며 여유 있게 원고를 마무리하는 어느 저자의 모습이 과연 현실적인 것인지 궁금해진다. 이 책 역시 쫓기듯 달리다가 어느새 출간본을 받았을 때 뭔가 미흡한 느낌 때문에 너무 늦지 않은 시점에 보완해야겠다고 생각했지만, 정작 2판을 낼 수 있는 용기를 갖게 한 것은 나의 찜찜함보다는 독자 여러분의 격려였다.

이 책은 비교적 많은 독자와 함께하는 기쁨을 안겨 주었다. 우선, 가까이 있는 교수들뿐만 아니라 평소에 자주 만날 일이 없다가 일로 마주치는 다른 대학 교수들로부터 이 책을 교재로 쓰고 있다는 말과 함께 긍정적인 피드백을 접할 기회가 제법 있었다. 책에 대한 반응이 궁금한 저자에게 이러한 피드백과 격려는 커다란 선물임을 경험하며 감사했다. 또한 이 책이 나오자 내 학생들은 저자직강 수업을 듣는다며 기뻐했고, 사인을 받기 위해 줄을 서기도 했으며, 어느 때는 모두 책을 들고 재미있는 기념 촬영을 했다.

나는 정년퇴임을 한 후에도 강의를 진행하면서 책에 대한 자체 모니터링을 했고, 이 책을 교재로 강의를 하는 교수들에게 받은 피드백도 2판 작업에 반영할 수 있었다. 교수들은 이 책의 기본 내용에 큰 변화를 주기보다는 업데이트할 부분과 저자로서 더 추가하고 싶은 내용에 중점을 두는 것이 좋겠다는 의견이었고 나도 그에 동의하는 입장이었다. 사실 짧은 기간 동안 상담의 실제에 대한 내용이 크게 달라진 것도 아니고 기본적인 내용을 담고 있는 이 책에 최근 발표된 방법이나 견해들을 포함시키는 것도 적당하지 않았다. 그래서 2판은 초판 구조와 크게 다르지 않은 가운데 일부 내용을 수정 · 보완하고, 필요한 자료와 정보로 업데이트하고, 일부 새로운 내용을 추가하는 방향으로 개정되었다. 얼핏 보면 구조나 기본 주제는 크게 달라지지 않은 것 같지만 내용에는 틈틈이 적지 않은 변화가 포함되어 있다.

관련된 장을 중심으로 눈에 띌 만한 개정 내용을 살펴보면 다음과 같다. 제2부 기본적인 면접기술에 속한 제2장과 제3장에서는 학생들이 연습 기회를 더 많이 원하는 점을 반영하여 연습문항의 수를 늘렸고, 감정반영이나 공감 등 정서 다루기에 참고하도록 감정언어 목록을 새롭게 추가했다. 제4장에 포함된 자살위험 평가 및 개입에서는 상담자들이 준비된 상태에서 예고 없는 자살위기 사례를 만났을 때 전문적 효능감을 갖고 적절한 도움을 줄 수 있을 뿐 아니라 심리적 혼란과 두려움으로부터 자신을 보호할 수 있도록 실질적인 내용을 담고자 했다. 수퍼비전을 하면서 이제 막 중급상담자로 진입한 수퍼바이지들이 많은 자해 및 자살위험군 내담자와의 지속적인 심리상담을 통해 도움을 주고 있는 현실적 필요를 고려하여 이 부분을 크게 수정하고 보완하였다. 자살 관련 실태 및 정보를 국내 최신자료들로 수정하였고, 자살에 대한 대인관계이론을 소개하였으며, 자살평가방법을 연구자들의 견해뿐만 아니라 실태를 통해 제시하였다. 또한 문헌들 중 자살위험군에 대해 초점을 맞춘 개입방법을 제시해 놓은 내용이 별로 눈에 띄지 않는 것을 발견하고 필자의 견해를 중심으로 심리상담자들이 기본적인 면접기술 외에 접근할 수 있는 개입방법을 참고자료로 제시하였다. 제6장 상담 목표 및 계획은 직접적인 상담경험이 많지 않은 초보상담자들이 가장 어려워하는 사례개념화를 보다 쉽게 이해하도록 좀 더 간결하고 명료하게 제시하는 수정작업을 거쳤다. 제7장 상담의 중간과정과 기법에서는 행동적 접근과 인지적 접근을 통한 개입 중 보편적으로 활용할 수 있는 방법들을 추가 제시하였다.

이렇게 작업을 하다 보니 초판보다 분량이 늘어났다. 초판이 교재로서는 적은 분량처럼 보이지만, 저자 입장에서는 활자화된 모든 내용이 중요하게 생각되기에 일부 내용은 자율학습에 맡긴다 해도 실습 2~3주를 포함해서 3학점 수업을 하는 경우에는 늘 한 학기가 빠듯했다. 2판을 교재로 사용하려면 담당교수가 내용을 선별해서 지도할 필요가 있을 것이다. 어떤 내용은 초보 수준을 넘어서면서 더욱 심도 있게 학습해야만 그 의미가 와닿을 내용도 일부 포함되어 있기 때문에 이 책이 오랫동안 여러분 곁에 있기 바란다.

본래 갖고 시작한 이 책의 의도와 집필과정에서 고려한 점 등은 초판 머리말을 참고하기 바란다. 과연 결과물이 심리상담의 실제에 실질적인 도움이 되었으면 하는 내 의도와 정성을 얼마나 담고 있을지, 이번에도 여지없이 서툰 아이를 등판시키는 마음으로 이 책을 마무리 짓는다. 모쪼록 독자들, 교수진, 심리상담자들, 그리고 이제 막 상담의 실제를 접하는 학생들 모두에게 도움이 되는 책이 되기를 바라며 앞으로도 많은 격려와 조언을 부탁드린다.

초판의 기획단계부터 2판 작업을 하는 내내 많은 격려와 도움을 준 신효정 교수와 사전검토 작업에 동참해 준 홍정순 교수께 감사한다. 두 후배 교수들과 편하게 나눈 대화를 통해 의문을 잠재우며 집필과정을 즐길 수 있었다. 그리고 이 책을 낼 수 있도록 기회를 준 학지사 김진환 대표님, 시작부터 의견을 나누고 지원해 준 한승희 부장님과 2판의 편집을 맡아 애써 준 편집부 유가현 과장님께도 감사한다.

이 책은 코로나 상황이 예상보다 길어지고 있어서 모두가 지쳐 있는 시기에 내가 별 흔들림 없이 몰두할 수 있는 친구가 되어 주었다. 일로써 회피할 때는 편치 않은 마음이 해소되기 어렵지만, 이런 시국에는 나에게 의미 있는 일을 하는 것이 의지처가 되는 경험을 할 수 있었다. 부족하지만 이 책의 내용 중 일부라도 누군가에게는 지식으로, 누군가에게는 상담을 통한 개인적인 수혜로 전달되어 좋은 영향을 미쳤으면 하는 바람이다. 모든 독자께, 그리고 책이 나오기까지 함께해 준 분들께 거듭 감사드린다.

2022년 3월

저자 이규미

1판 머리말

나는 오랜 기간 교수로서 상담기법연습 또는 상담실습 및 사례연구 등 상담의 실제에 관한 수업을 담당해 오고 있다. 사실 지금까지 상담의 실제에 관한 교재와 경험서들은 꾸준히 발간되어 왔으며, 그중에는 내가 매우 존경하는 학자들의 책이나 개인적으로 도움을 받은 책도 여러 권 있었다. 그러나 나는 늘 한 학기 동안 초보상담자들에게 상담을 효율적으로 가르칠 수 있는 교재가 없어 아쉬워했고, 그러다 보니 내 방식대로 여러 책을 참고하고 재구성해서 가르치는 방식을 취해 왔다. 유사한 책이 많은 가운데서도 아쉬운 점은 어떤 책은 너무 현학적이거나 많은 정보를 담고 있어서 초보상담자들에게 버거웠고, 어떤 번역서는 내용이나 예시된 사례에 우리 문화와 이질적인 부분이 많아서 상담과정이 실감 나게 전달되지 않거나 문화적인 차이가 마음에 걸리곤 했다. 또 어떤 책은 지나치게 기법 중심적이며 기계적인 느낌이 들어 상담의 정신을 전달하는 데 한계가 느껴졌다. 이상의 이야기는 상담의 실제를 가르치는 사람으로서 느끼는 아쉬움이 또 하나의 책을 저술하게 이끌었다는 변명과 같은 것이다. 그러니까 이 책은 우선 가르치는 사람으로서 나의 개인적 필요에 의해 쓰인 것이다.

앞에서도 설명했듯이 이 책은 한 학기 동안 초보상담자 또는 초심자에게 상담의 실제를 가르치고 전달하는 데 초점을 두고 작성된 교재형식의 책이다. 상담의 실제에 대한 설명과 함께 실무능력을 키우기 위한 과정과 기법을 소개하고, 이를 실습해 볼 수 있도록 구성하였다. 또한 상담의 실제는 단순한 지식과 기술만으로 이루어질 수 없는 작업임을 전달하고자 노력하면서 필요할 때마다 상담의 정신과 상담자의 태도, 상담자의 윤리에 대해 강조하였다. 각 과정과 기법에 대한 이해를 위하여 가능한 한 많은 부분에 사례를 제시하면서 실제적인 설명을 하고자 했다. 사실 실사례는 아니지만 실사례에 준하는 내용을 담고자 노력하면서 사례를 제시하는 부분의 집필 작업에 가장 많은 시간과 에너지가 투입되었다.

내용은 우선 상담의 정의와 과정(제1장)을 통해 상담이 무엇인지, 어떤 요소들로 구성되어 있는지 소개하면서 심리상담의 고유한 특성을 이해하고 상담자들이 지향하는 목표와 그 과정에 대해 준비하는 기회를 갖고자 했다. 그리고 본격적인 상담과정으로 들어가기 전에 기본적인 면접기술(제2장) 및 공감기술(제3장) 등 주요 상담기술의 유용성을 이해하고 실제 기술을 익히는 기회를 갖도록 하였다. 즉, 상담이 일상적인 대화와 다른 작업임을 실감하고 상담자로서 기본적인 미시적 기술을 갖춘 상태에서 접수면접과 첫 회기상담 내용을 접하는 순서를 택했다. 대부분의 교재는 접수면접 및 첫 상담 운영에 대해 다루고 이후 구체적인 면접기술을 다루고 있지만, 필자가 가르치면서 느낀 점은 이런 경우 초심자들은 접수면접이나 첫 상담 운영에서 다루는 내용이 단지 구조로만 느껴져서 실제적인 상담과정을 학습하는 데 한계를 느낄 수 있다는 것이었다. 따라서 기본적인 면접기술을 익히면서 상담자가 경청을 포함하여 일상적인 대화와는 다른 태도와 기술로 대화를 이끌어 가는 것 자체만으로도 접수면접 및 첫 면접이 전문적 개입이며, 내담자에게는 색다른 경험임을 아는 상태에서 각 과정의 과제와 운영방법을 제시하는 것이 보다 효율적임을 발견했고 이 책의 내용도 그러한 순서로 구성하였다.

우선 초보상담자나 수련생이 접수면접에 투입되는 경우도 많은 현실에 비추어 접수면접의 주요 내용과 방법에 대해 다루었고, 특히 자살위험에 대한 평가방법을 제시하였다(제4장). 첫 회기 상담(제5장)에서는 첫 회기의 중요성을 강조하고, 첫 회기의 진행과정과 과제, 그리고 첫 회기의 마무리과정을 구체적으로 소개하였으며, 끝으로 녹음에 대한 동의 구하기 및 구조화 방법을 제시하였다. 그다음 초기과정에서 중요한 부분의 하나인 상담목표와 계획 세우기(제6장)에서는 사례개념화의 방법과 실사례 예시 및 연습 기회를 제시하여 가상 사례에 대한 목표와 계획을 수립해 보는 기회를 가질 수 있도록 하였다. 초보상담자들은 사례를 종합적으로 이해하여 그에 맞는 상담목표를 세우고 계획을 구체화하는 것에 어려움을 겪는 경우가 많아서 이에 대한 필요성을 넘어 구체적인 실습의 기회를 갖는 것이 중요하다. 그리고 중간과정(제7장)으로의 이행과 작업내용, 주요 기법을 소개하였다. 중간과정에서 이루어지는 다양한 개입방법은 각자의 상담경험 및 각 이론에 대한 연구가 병행되어야 할 부분이다. 이를 이 책에서 포괄적으로 다루는 데는 한계가 있었으나 비교적 많이 활용되는 주요 기법을 포괄하여 소개하고자 노력했다. 끝으로 상담의 종결과정(제8장)에서는 다양한 형태의 종결이 있을 수 있으며 종결이 하나의 과정임을 강조하고 성공적인 종결과정에서의 작업내용을 다루었다. 이 책의 내용을 수업(3학점 과목)에 적용해서 가르치다 보니 여러 차례의 실습을 포함해서 한 학기 수업으로 빠듯하게 진행되는 터라 이외에 다루고 싶었던 몇 가지 주제를 생략하고 상담의 초기과정부터 종결과정까지에 초점을 맞추었다.

나는 이 책을 기존의 서구, 특히 미국판 교재들로부터 전해져 온 내용을 넘어서 가능한 한 지금까지의 내 상담 및 수퍼비전 경험에서 느끼고 발견한 내용을 중심으로 우리나라 상담현실에 맞게 집필하고자 노력하였다. 상담의 실제를 배우는 초보상담자들에게 구체적인 도움이 되기를 기대하며, 경력상담자들도 각 과정과 기법에 대해 함께 생각해 보고 우리 현실에 맞는 상담과정과 기법, 그리고 효율적인 상담자 훈련과정에 대해 연구하는 단서가 되기를 기대해 본다. 나 역시 이 책으로 가르치고 실무에 적용하면서 기회가 되면 더 좋은 책이 되도록 노력을 아끼지 않을 것이다.

이 책을 집필하는 동안 내용을 읽고 도움이 되는 의견과 함께 지지를 보내 준 신효정 교수께 감사를 전한다. 그리고 이 책을 출판할 수 있게 실질적인 도움을 주신 학지사 김진환 사장님과 한승희 부장님 그리고 오희승 편집자께도 감사드린다.

2017년 1월

저자 이규미

차례

제 2 부 기본적인 면접기술

제 3 부 상담의 초기과정

제 5 부 상담의 종결과정

제 1 부

도입

제1장　상담의 정의와 구성요소

이 책을 접하는 독자들은 대표적인 상담이론들을 접했고, 상담자의 전문성, 인성, 윤리에 대해, 그리고 상담자들이 직면하는 실제적인 문제나 자각해야 할 개인적 성찰과제 등에 대해 어느 정도 인식하고 있는 선행학습자일 것이다. 물론 상담이론과 실제, 상담자의 자기개발에 관한 모든 학습내용이 상담분야에 머무는 내내 지속적인 학습을 요하는 것이어서 어느 단계든 완성이란 없을 것이다.

상담이론은 상담의 실제가 나아갈 방향과 방법에 대한 지침이 된다. 대표적인 상담이론들이 상담의 실제를 통해 창안되었고 각 이론에 근거하여 상담방법이나 기술에 대해서도 제시하고 있다. 한편, 상담의 실제는 이론의 가정이나 효율성을 검증하고 발전시키는 데 기여하면서 순환적 발전을 이어 간다. 훌륭한 상담이론가와 훌륭한 상담이론들이 상담의 실제에 도움을 주고 있지만 여전히 많은 이론이 존재하는 것은 다양한 상담의 실제적 상황 모두를 만족시킬 만한 단 한 가지 완전한 이론이 존재하는 것은 아니며, 동시에 여러 이론이 상담의 실제에 도움이 되는 훌륭한 이론으로 공존하고 있음을 시사한다. 최근 상담자뿐 아니라 임상심리사, 정신의학자, 사회사업가 등 다양한 전문성을 배경으로 한 심리치료사들을 대상으로 한 조사결과에서 절충적 · 통합적 접근을 이론적 지향으로 하는 비율이 가장 많은 것으로 나타나고 있는 것(Jensen, Bergin, & Greaves, 1990; Norcross, Karpiak, & Santoro, 2005)도 이런 점을 반영하고 있다. 단, 절충주의 또는 통합적 관점을 지향하는 경우에도 각 이론에 대한 심도 있는 학습이 선행되어야 하고 각 이론의 강점과 제한점이 상담의 실제에서 어떻게 작용하는지 잘 알고 있어야 할 것이다. 그런 의미에서 상담이론과 실제는 단순히 이론을 학습하고 실제로 나아가는 방식의 순차적인 학습단계가 아니고, 지속적으로 양면을 보완해 나가는 과정이 요구된다.

상담의 실제에는 많은 요소가 복합적으로 작용하고 영향을 미친다. 예를 들어, 상담자의 이론적 지향, 내담자의 특징(아동 및 청소년, 성인, 노인 등 발달적 상황, 자발적인 내담자와 비자발적인 내담자, 문화적 특수성, 문제 및 문제의 심각성과 관련된 특징 등), 상담현장(공공기관, 개인상담센터, 학교, 교도소 등)의 특성 등이 이에 포함될 수 있을 것이다. 이 책은 이러한 요소들을 두루 포함하여 상담 실무를 접하면서 학습하고 다뤄야 할 다양한 내용을 담기보다는 우선 상담과정을 이해하고 첫 회기부터 종결까지 상담자가 알고 상담을 진행하는 데 필요한 기본적인 지식과 기술을 중심으로 집필하였다. 우선 이 책의 목적에 맞춰 상담의 실제를 중심으로 상담을 정의하는 것으로부터 시작하고자 한다.

제 1 장

상담의 정의와 구성요소

1. 상담의 정의

이 책에서 다룰 상담이란 각 개인의 '심리'에 초점을 둔 상담이라는 점에서 특수한 개념으로, 지금부터 사용하게 될 상담(counseling)이라는 용어에 대한 정의로부터 시작하고자 한다. 우리 주변에서는 상담이라는 용어가 심리상담 외에도 다양하게 사용되고 있어서 개념에 대한 오해가 있을 뿐 아니라 이러한 정의는 지금부터 진행되는 상담의 실제에 대한 소개와 함께 독자들과의 의사소통에도 도움이 될 것이다.

우선 미국상담협회(American Counseling Association: ACA, 2010)는 상담을 "다양한 개인, 가족, 집단을 도와 정신건강, 건강한 삶, 교육적 및 직업적 목표에 도달할 수 있도록 하는 전문적 관계"로 정의하고 있다. 이러한 정의는 미국상담협회 연차대회에서 29개의 상담관련 조직의 대표들로부터 승인을 받은 정의이다. 대표들은 이러한 정의는 기본적인 것이며 각 조직들은 특별한 전문성이나 초점영역을 구체화하기 위한 진술을 덧붙일 수 있다고 동의했다. 이 정의에서는 대상의 다양성, 목표, 전문성을 강조하고 있다.

미국심리학회 내 상담분과(Society of Counseling, APA[1] division 17, 2015)에서는 상담심리학을 "전 생애 동안 개인의 기능 및 대인관계 기능을 촉진하는 데 초점을 두는 심리학의 전문영역으로, 특히 정서적 · 사회적 · 직업적 · 교육적, 건강 관련, 발달적 그리고 조직적 관심사를 다룬다."라고 정의하고, "상담심리학의 실제는 사람들이 삶 속에서 웰빙을 향상하고, 스트레스와 부적응을 감소시키고, 위기를 해결하며, 더 잘 기능하는 능력을 향상시키도록 돕는 문화적으로 민감한 넓은 범주의 실무를 포함한다."라고 덧붙이고 있다. 이 정의에서는 상담이 전 생애를 다루며, 상담의 목표가 개인의 기능 및 대인관계 기능을 촉진하는 것임을 강조하고, 구체적으로 다루는 내용을 나열하고 있다. 또한 상담실무의 범주를 크게 삶에서의 웰빙 향상, 스트레스와 부적응의 감소, 위기해결, 기능의 향상 등으로 명시하고 있다.

이러한 정의들은 넓은 범주의 실무를 아우르는 정의이지만 이 책은 개인상담에 초점을 맞추고 있으므로, 개인상담의 실제 모습을 보다 구체적으로 전달할 수 있는 정의를 사용하고자 한다. 이러한 정의는 상담의 특수성과 전문성을 함의하고 있어서, 이를 통해 상담이 누가, 무엇을 위해, 어떻게 상담을 진행하는 것인지 대략적인 파악이 가능한 것일 필요가 있다. 우선, 이러한 관점에서 이루어진 몇 가지 정의를 소개하고자 한다.

1) American Psychological Association.

> 상담은 도움을 필요로 하는 사람(내담자)이 전문적 훈련을 받은 사람(상담자)과의 대화관계에서 생활과제의 해결과 사고, 행동, 감정 측면의 인간적 성장을 위해 노력하는 학습과정이다(이장호, 이동귀, 2014, p. 2).

> 상담은 내담자의 심리적 문제를 상담전문가의 도움을 받아 대화적인 방법을 통해서 치유하는 협력적 관계이다(신경진, 2009, p. 85).

이 두 가지 정의는 상담자, 내담자의 관계 또는 만남을 기초로, 약간의 강조점을 달리하면서 상담이 무엇인지 기술하고 있다. 한편, 카틀러와 셰퍼드(Kottler & Shepard, 2015)는 상담이 고유한 역사와 표준을 갖고 있는 전문영역임을 강조하면서 다음의 몇 가지 특징으로 정의하고 있다(p. 18).

- 발달문제 또는 적응문제를 경험하는 비교적 정상적으로 기능하는 개인과 하는 활동
- 집단, 가족, 개인과 신뢰, 안전, 변화를 촉진하는 방식으로 구조화된 관계
- 인간의 감정, 사고, 행동뿐 아니라 과거, 현재, 미래를 다차원적으로 다룸

이 책에서는 이 외에도 다양한 정의를 참고하여 몇 가지 주요 요소를 강조하는 정의를 내리고, 여기에 포함된 각 개념의 의미를 살펴보면서 상담을 소개하고자 한다. 이 책에서의 상담에 대한 정의는 다음과 같다.

> 상담은 도움을 필요로 하는 사람과 상담전문가가 상담관계를 맺

고, 당면한 문제의 해결을 추구할 뿐만 아니라 문제가 심각해지는 것을 예방하고, 상담경험을 통해 심리적인 측면에서의 발달과 성장을 이루어 가는 과정이다.

이러한 정의에는 도움을 필요로 하는 사람, 상담전문가, 상담관계, 당면한 문제의 해결 및 예방, 심리적인 발달과 성장의 과정이라는 개념들이 포함되어 있다. 한편, 이 정의에 주요 요소로 포함시키지는 않았지만 '심리'상담은 사고, 감정, 행동의 심리적 요소를 다루는 작업으로, 이 책에 포함된 기법들은 모두 이러한 요소를 다루기 위한 것들이다. 또한 대화에 의한 방법이 심리상담의 전통적이고 가장 중요한 소통기술이지만 실무에서는 심리평가나 놀이치료, 모래놀이치료, 미술치료, 명상, 운동요법 등등을 보조적으로 활용하는 경우도 있다. 이 책에서 다루고자 하는 내용은 사고, 감정, 행동을 다루며 내담자와 협력하면서 상담목표에 도달하기 위한 과정 및 방법에 초점이 맞춰져 있다. 여기에서는 상담의 실제를 이해하는 데 도움이 되는 주요 요소를 중심으로 하는 정의를 내렸고, 이제부터 그 요소들의 의미를 살펴보고자 한다.

2. 내담자와 상담자, 상담관계

1) 내담자: 도움을 필요로 하는 사람

상담은 발달이나 적응문제를 경험하는 비교적 정상적인 개인들을 대상으로 한다(Kottler & Shepard, 2015). 이러한 개인들은 정신건강상 정상의 범주에 속하지만 지속적으로 불편감을 느끼거나 기능에 방해가 되는 부정적인 정서나 생각 또는 적응상의 문제, 발달적으로 겪는 어려움 등을 해결하기 위해서, 또는 발달적 · 적응적 문제 상황에 직면하여 일시적으로 경험하는 장해를 해결하기 위해서 상담자를 찾는다. 어떤 사람은 단순히 현재의 고통을 완화할 방법을 찾아서 상담을 받고자 하고, 어떤 사람은 자신의 심리적 상태를 더 잘 이해하고 이러한 이해를 바탕으로 삶의 방향을 정하기 위해 상담을 찾는다. 어떤 경우이든, 사람들은 긍정적인 변화를 기대하며 상담자를 찾는다. 그런 의미에서 상담의 가장 간단하고 일반적인 목표는 '긍정적인 변화와 성장의 추구'라고 할 수 있다.

어려움을 겪을 때 주변의 친지들과 대화를 나누며 도움을 구할 수도 있지만, 상담자는 일상적인 친분관계에서 얻기 힘든 전문적인 상담과정을 제공하여 보다 안전하고 효율적으로 긍정적인 변화를 가져오는 데 도움을 줄 것으로 기대된다. 즉, 상담자는 내담자에게 차별화된 만남의 기회를 제공할 수 있어야 한다.

상담자로부터 전문적 지원을 받기 위해 상담에 참여하는 사람을 내담자라고 칭한다. 내담자라 함은 영어의 'client', 즉 자발적으로 상담을 의뢰하고 상담을 찾은 고객을 의미하지만, 실제 상담현장에는 부모, 교사, 배우자 등 다른 사람의 요구나 의뢰에 의해서 또는 군이나 법정, 직장 등 여타의 상부기관이나 조직으로부터 명령을 받아 비자발적으로 상담을 시작하는 사람들도 있어서 이 용어는 원래의 의미를 넘어 상담분야의 관용어로 사용되고 있다.[2)]

그리고 이 책에서는 주로 개인상담의 실제를 다루지만 상담서비스의 대상은 폭넓게 가족, 학교, 직장 등의 체제(system)가 될 수도 있다. 이러

---

2) 내방경위가 비자발적인 내담자들조차 상담의 동기 수준은 각기 다를 수 있으며, 현재 상담장면에 나타났다는 사실만으로 그들은 고객인 셈이다(그들은 상담자를 만나 보기로 결정하고 방문했다).

한 체제들 역시 심리적인 문제의 예방 또는 해결을 위해 상담자로부터 자문을 받거나, 심리적 환경에 대한 평가, 심리교육적 개입서비스 등을 받을 수 있다.

2) 상담자

상담자(counselor)란 상담심리학에 대한 전문성, 인성적 자질 그리고 윤리적 자질을 갖춘 상담전문가를 의미한다. 상담자의 전문적 지식은 상담의 원리 및 실제 방법을 포함하여 인지, 발달, 성격심리, 신경심리학, 조직심리, 적응 및 이상심리 등 인간이해를 위한 심리학적 지식, 그리고 심리평가 및 진단능력, 다문화적 이해능력, 의사소통능력, 관계능력, 자기이해 및 성찰능력 등을 핵심으로 한다. 이 외에도 사회심리 및 사회문제, 문화적 특성, 철학과 종교 등 다양한 인간 및 인간사회에 대한 이해능력이 요구된다. 따라서 상담자는 상담심리학 외에도 다양한 심리학적 지식과 인간이해에 대한 소양을 쌓을 필요가 있다.

블로커(Blocher, 1987)는 진정한 전문성은, 첫째, 전문능력을 갖추고 있고, 둘째, 스스로 또는 전문가 집단 및 사회에 의해 규제를 받고 있고, 셋째, 자신이 하는 일이 사람들에게 도움이 된다는 점에서 순수하게 동기화된 사람이라는 믿음에 기초하는 공적인 신뢰(a public trust)에서 나온다고 강조한다. 상담자는 상담심리학 등 전문적 지식뿐 아니라 상담실무능력을 갖춰야 하는데, 이를 위해서 상담경험 및 수련과정을 거치고, 학회 등 전문조직에 소속하여 지속적으로 자신의 전문성을 키워 나간다. 전문인으로서의 상담자가 학회 등 전문조직에 소속되어 있다는 것은 윤리의 준수, 자격관리 등 전문가로서의 자율규제 기회를 갖고, 학술 및 실무적 교류를 통해 지속적으로 전문성을 개발하고 성장해 나갈 기회를 갖는다는 점에서 중요한 의미를 지닌다.

상담전문가로서 자격을 갖추는 과정에서 전문적 지식을 갖추기 위해 많은 시간과 노력을 기울이지만, 이는 일정 부분 수련을 통해 보편적으로 관리가 가능한 부분이다. 그러나 인성적 자질은 각 개인의 인성과 건강함, 성숙수준과 관련성이 높기 때문에 상담자 자신의 끊임없는 노력과 자기성찰이 요구될 뿐 아니라 상담자의 관심 및 자기수양에 따라 개인차가 크게 나타나는 부분이다. 공통적인 수련과정을 거친 상담자라 하더라도 그가 어떤 사람인가, 즉 상담자의 인성적인 부분이 상담의 효과를 달리 만들어 가는 손맛을 낳는 요소라 할 수 있다. 더욱이 내담자에게 부정적인 영향을 미칠 수 있는 정신건강상의 문제를 해결하지 못한 채 실무에 임하는 손상된 상담자는 내담자에게 오히려 해를 끼칠 수도 있다. 상담의 품질에 영향을 미칠 수 있는 결정적인 한 단면이 바로 상담자의 인성적 자질이며, 상담자는 상담의 가장 중요한 도구인 것이다.

상담자는 한 개인의 인생에 깊이 들어가 관여하고 영향을 미치는 일을 하는 만큼 도움이 되고 해를 입히지 않기 위해 윤리적 책무에 충실해야 한다. 한국상담심리학회(2018년 개정안)와 한국상담학회(2016년 개정안)는 전문가의 태도, 내담자의 복지와 권리, 상담관계, 정보의 보호 및 관리, 심리평가(심리검사), 윤리문제의 해결, 회원의 의무, 수련감독 및 상담자교육(한국상담심리학회) 등을 주요 내용으로 하는 윤리강령을 제정하여 회원들이 이를 준수하도록 하고 있으며, 위반이 발견될 경우 이에 대한 적절한 조치를 시행하고 있다.

3) 상담관계

상담자와 내담자는 낯선 사람으로 만나 내담자의 사적인 비밀까지 나누며 상호신뢰 관계를 이루고 그 관계를 기초로 상담의 목적을 이루어 간다. 내담자가 상담이 무엇인지 이해하고 상담자를 신뢰하여 상담에 참여하고, 상담자가 자신의 전문성에 맞는 내담자를 받아들여 상담과정을 진행할 수 있을 때 우리는 상담관계가 형성되었다고 한다. 그리고 상담관계는 신뢰와 존중, 상호협력, 안전과 권리에 대한 보호, 변화를 위한 촉진을 특징으로 하는 구조화된 관계인 것이다. 여기에 덧붙여 상담관계의 특징을 설명하면 다음과 같다.

첫째, 상담관계는 신뢰와 존중, 친밀감을 기초로 하지만 상담목표를 향한 작업관계이지 사교적 관계가 아니다. 따라서 상담과정에 따라 시작과 종결이 있는 관계이다. 이는 상담목표를 정하고 목표에 도달하기 위한 관계로 상담목표에 도달하면 상담관계를 종결하는 것이 바람직하다. 물론 내담자의 필요에 따라 추수상담이나 상담재개가 가능하지만, 이를 위해서도 상담자와 내담자는 상담관계 이외의 관계, 즉 다중관계를 맺지 않을 것이 기대된다. 이러한 다중관계를 막는 이유는 힘의 오용, 내담자 착취, 객관성 상실의 가능성(Corey, 2009/2010) 때문으로, 상담자는 이러한 이유로부터 내담자를 보호하는 의미에 대해 알고 주의해야 한다.

둘째, 상담자와 내담자는 각자에게 기대되는 역할이 있고, 이러한 역할에 충실할 때 목표달성이 가능한 관계이다. 상담자는 내담자가 상담목표에 도달할 수 있도록 전문적인 지원을 하고, 내담자는 자기개방, 자기탐색 및 관찰, 새로운 시도 등을 실천해 나가면서 노력하는 등 각자의 역할에 충실하면서 상담목표에 도달하기 위해 상호 협력하는 관계이다.

셋째, 상담자는 내담자가 상담에 협조적이기를 기대하지만, 상담회기 운영 및 내담자 보호에 대한 일차적 책임을 갖는다. 즉, 내담자가 상담을 이해하고 적절한 참여자가 되도록 이끌어 주는 동시에 상담회기 중 상담에 방해가 되는 요소가 나타났을 때 이를 해결해서 보다 효과적인 상담과정이 되도록 이끌어 주는 역할을 한다.

상담관계는 그 구조뿐 아니라 관계의 질 또한 중요하다. 이 점에 대해서는 제3장에서 보다 상세히 다루고 있다.

3. 상담의 목표와 성과

접근에 따라, 목표에 따라, 그리고 개입시점에 따라 상담은 예방을 위한 것도, 해결(치료)을 위한 것도, 한 개인의 성장을 위한 것도, 그리고 이 모든 것이 포함된 작업이 될 수도 있다. 여기서는 앞에서 제시한 상담의 실제에 초점을 둔 정의에서 제시한 당면과제의 해결, 심리적인 발달과 성장이라는 일반적인 목표 및 성과에 대해 설명하고자 한다.

1) 당면과제의 해결

앞에서 살펴본 ACA(2010)의 정의에서는 상담의 일반적인 목표를 정신건강, 건강한 삶, 교육적 및 직업적 목표로, 그리고 APA 상담분과(Society of Counseling, 2015)에서는 삶에서의 웰빙 향상, 스트레스와 부적응의 감소, 위기해결, 기능의 향상 등으로 제시하고 있다. 한편, 실제 상황에서 대부분의 내담자는 현재의 고통, 즉 불편감이나 불안, 위기감을 느끼게 하는 어떤 계기로 인해 상담에 참여하기를 결심한다. 우선은 당면과제 또는 자신에 대한 관심사가 떠올랐을 때 그것을 해결하기 위해 상담에 참여하는 것이다. 따라서 상담자는 내담자의 주 호소문제에 초점을 맞추어 당면과제를 해결하는 것을 목표로 하면서 현실적인 도움을 주게 된다. 한편, 이러한 해결과정은 문제가 더욱 심각해지는 것을 예방하는 결

과가 되기도 한다.[3)]

2) 심리적인 발달과 성장

상담은 내담자의 인지, 정서, 행동을 탐색하고 자기성찰의 기회를 제공하면서 내담자의 자기인식과 자기이해 수준을 깊게 해 준다. 내담자들은 상담을 통해 인지, 정서, 행동의 통합된 변화를 경험하고, 자신이 지금까지 해 왔던 방식과는 다른 문제해결과정을 학습한 결과 또 다른 문제상황에 직면했을 때 이를 적용할 수 있는 새로운 능력을 발달시킨다. 상담자는 내담자의 문제만 다루는 것이 아니라 그들의 자원과 강점, 학업적 · 직업적 발달에 주목하면서 내담자의 자존감과 자기효능감을 회복시켜 주고 사회적 기능이 발달하는 데 도움을 준다. 내담자는 폭넓은 탐색과정을 통해 자신뿐 아니라 주변사람, 주변환경에 대해 폭넓은 이해와 조화를 이루어 나가고 또 어떤 사람은 직업적 발달에 관심을 기울이면서 한 인간으로서 현재 보다 나은 변화를 경험하며 성장하는 기회를 갖게 된다.

힐(Hill, 2009/2012)은 상담이 촉진하는 점, 즉 내담자에게 도움이 되는 점을 다음의 일곱 가지로 정리해서 제시하고 있다(pp. 25-27).

- 새로운 방법으로 스스로를 이해함으로써 통찰을 얻을 수 있다.
- 실존적인 문제에 대처하는 데 도움을 준다. 즉, 나는 누구인가, 내 인생은 어디로 가고 있나, 내가 인생에서 원하는 것은 무엇인가 등.
- 더 효율적인 삶을 살고 자신의 잠재력을 발휘할 수 있는 기술을 배

3) 예방상담학은 주로 개인상담보다는 체제중심의 예방프로그램이나 심리교육 등을 개발실행하는 방법으로 발전하고 있다(Conyne, 2004/2010).

울 수 있다.

- 개인의 인생에 지침을 만들어 가는 것을 도울 수 있다.
- 내담자가 다른 사람들에게 어떻게 보이는지, 다른 사람이 말하기 어려운 것을 상담자가 피드백을 통해 말해 줄 수 있다.
- 내담자가 타인과 건강하고 파괴적이지 않은 친밀한 관계를 형성하는 데 도움을 줄 수 있다.
- 효과적인 상담을 통해 내담자는 자기 자신으로 사는 것을 배운다.

내담자는 상담을 통해 당면문제의 해결을 넘어서 자기이해, 자기확인의 기회를 갖고, 자신이 나아갈 방향을 결정하고, 실존적인 문제를 다루고, 대인관계의 향상 등과 같은 한 인간으로서의 성장에 도움이 되는 경험을 할 수 있다. 물론 이러한 상담성과를 이루는 것은 상담자의 인격과 상담역량이 뒷받침될 때 가능한 일이므로 상담자는 지속적인 연찬을 게을리하지 않아야 한다.

4. 상담자의 태도

상담에서 가장 중요한 도구는 상담자 자신이다. 상담의 효과를 가져오는 요인에는 상담자뿐 아니라 내담자의 자질 그리고 두 사람의 상호작용 요인을 비롯해 상담 외적인 사건 등 다양한 요인이 작용하며, 상담자는 상담에 영향을 줄 수 있는 긍정적인 요인은 촉진하고 부정적인 요인은 통제하면서 과정을 이끌어 간다. 또한 상담관계 및 성과에 영향을 주는 상담자 요인들에는 상담자의 전문적 지식 이외에 정신건강 및 인간적 성숙도, 상담 및 인간에 대한 철학, 그리고 상담 장면에서 내담자를 대하는 태도 등이 포함된다. 필자는 '상담자는 자기처럼 상담한다'고 믿고 있다. 상담자의 타인들에 대한 관심과 정성, 문제해결력, 현실성, 자기조절력, 용기, 도전의식 등 대인관계 및 삶에 대한 자세와 역량은 상담실무에 그대로 투영된다는 의미이다.

로저스(Rogers, 1961)는 상담자의 태도와 철학의 중요성을 강조하면서 진솔성, 무조건 긍정적 존중, 공감을 상담자의 기본 태도로 제안하였는데, 이는 많은 상담자에게 내담자를 대하는 태도의 기본 지침이 되고 있다. 또한 상담자의 태도, 즉 내담자를 대하는 태도, 내담자의 문제를 대하는 태도, 상담과정 중 장애에 부딪혔을 때의 태도 등은 내담자에게 모델링되어 상담효과로 나타난다. 초보상담자를 위해 필자가 강조하고 싶은 상담자의 자세 및 태도 몇 가지를 소개하면 다음과 같다.

첫째, 상담자로서의 가상적인 자아상을 버리고 내담자와의 관계에서 진솔함을 유지하라.

초보상담자에게 상담과정 및 방법은 평소의 자신과 다른 자아상을 요구하는 것일 수 있다. 그래서 상담자는 이래야 한다고 생각하는 가상적 상담자의 모습으로 행동하고자 할 때가 있다. 이러한 모습은 내담자와의 순수한 접촉에 방해가 되며 관계가 겉돌게 만드는 요인이 된다. 상담자의 행동은 어떤 틀에 맞춰서 만들어지는 것이 아니고, 상담자로서의 전문성이 몸에 배어들면서 자연스럽게 형성된다. 또한 모든 관계에서 그렇듯이 진솔함을 잃지 않아야 내담자가 이를 느끼고 자신도 순수하게 다가온다.

많은 경력상담자가 내담자와 잘 풀리지 않는 상담 장면에서 이를 극복하는 방법으로 자신을 활용하곤 하는데, 그 활용의 방향은 지금 여기에서의 진솔한 자기 느낌이나 생각에 기초해서 반응하는 것이다. 초보상담자가 경력상담자만큼 자신의 느낌이나 생각 등에 대해 자기확신을 갖고 이를 중요한 판단의 자료(예: 전이, 역전이 등에 대한)로 활용하는 데는 한계가 있을 것이다. 그러나 초보상담자 역시 내담자를 대하는 태도에서 진솔성을 잃는다면 순수한 접촉은 이루어지지 않고 상담관계도 형성되지 않으며 회기 중 내담자를 탐색하기는커녕 자신마저 잃어버릴 위험에 놓이게 된다. 이런 경우 상담내용은 겉돌 수밖에 없다.

예를 들어, 상담자가 젊다고 전문성을 의심하는 나이 든 내담자를 만났다고 하자. 필자도 젊은 시절 현장에서 여러 번 들었던 말이다. "어머, 상담선생님이 왜 이렇게 젊어요?" 상담자가 그런 말을 못들은 척하고는 상담자의 본분을 내세우며 무슨 일로 왔는가, 젊어도 자격증을 갖고 있는 상담자니까 걱정하지 마시라고 은근히 힘을 주어 대하거나 신청서에 있는 어떤 기록을 빌미삼아 진행을 강요한다면, 두 사람 사이에는 불신과 내적인 불쾌감, 긴장감이 사라지지 않아 이를 해결하지 않고는 상담이 제대로 진행되지 않을 것이다.

상: 제가 젊어서 실망하셨나 봐요.

내: 인생경험도 많지 않으실 텐데 이해를 하실지….

상: 물론 저는 (내담자)보다 경험이 많지 않고 모든 상황을 제 경험을 통해 이해하긴 어려울 거예요. 그러나 상담자훈련을 충실하게 받았고, 지금도 도움 되는 상담자가 되기 위해 공부를 게을리하지 않고 있어요. 우선 (내담자) 말씀을 들어봐도 될까요?

물론 호소내용을 듣는 동안 상담자가 보여 주는 일상적인 만남과는 다른 행동들, 즉 경청, 수용, 공감, 그리고 문제에 대한 이해 등에서 내담자는 상담자의 전문성에 대한 신뢰를 경험해야 한다. 상담초기 내담자는 일상적으로 경험했던 사람들과는 다른 상담자의 태도와 반응을 통해 전문적 신뢰를 경험하게 되며 이러한 신뢰가 상담동기를 높이는 요인이 된다.

> 상: 역시 제가 경험해 보지 못한 복잡한 상황이 얽혀 있네요. 그러나 (내담자)께서도 제게 도움을 주실 수 있을 것 같아요. (내담자)의 협조가 크게 도움이 되거든요. 예를 들면… (상담자, 내담자의 역할 소개 등).

둘째, 상담자가 되고자 하는 개인적 동기를 점검하고, 내담자를 돕고자 하는 순수한 관심을 유지하라.

상담자는 타인의 복지와 안녕을 위해 일하는 사람이다. 사실 상담은 하면 할수록 이런 마음 없이는 불가능한 일이다. 우선, 초보상담자가 순수한 관심 이전에 지식이나 기술로 타인을 움직이려 한다면 자원이 제한적일 것이다. 이럴 때 더욱 빛을 발하는 것이 내담자를 돕고자 하는 순수한 관심과 상담에 대한 열정이다. 기술이 부족해도 내담자를 돕고자 노력하고 애쓰다 보면 무엇이 필요한지에 대한 안목이 확대되기 마련이다. 필자는 현장에서 초보상담자로 일하던 시절, 비교적 장기적으로 만났던 내담자를 20년쯤 지난 후 만날 기회가 있었다. 내가 그에게 당시 상담자로서의 내 모습을 물었다. 현장상담자가 많지 않았던 시절 나는 서툴지만 현장에 적응하기 위해 고군분투하며 지냈던 기억이 있다. 그는 "상담기술은 훌륭하지 않았으나 열심히 도와주려는 모습이 기억에 남았다."라고 대답했다. 사실 그때 내가 할 수 있는 것은 최선의 노력이었을 것이다.

상담뿐 아니라 교육, 연수 등 다양한 역할에 대한 요구가 많은 경력자가 되어 보면 내담자를 향한 시간과 노력에 대한 상대적 대가가 크지 않음에도 어떤 개인을 돕기 위해 열심히 노력하는 자신을 보게 된다. 한 개인을 향한 관심과 그에게 도움이 되고자 하는 열정 없이 상담자의 길을 가는 것은 고된 일이 될 것이다. 상담자가 된다는 것은 필연적으로 길고 긴 학습과 수련기간, 끝이 없는 연찬과 자기성찰의 추구, 상담의 모호하고 불확실한 과정에 직면해 나가는 것이다. 그러나 상담자의 길에 들어서기 전 많은 사람이 상담의 실제적인 면보다는 아름다운 환상과 욕구를 갖고 있는 경향이 있다.

카틀러(Kottler, 2010/2014)는 상담자가 되고자 하는 동기에는 자신을 온전하게 이해하고 싶고 타인에게 이해받는 느낌을 갖고 싶은 것, 타인에 대해 통제감을 느낄 뿐 아니라 자신의 통제감을 잃지 않으면서 경험하는 친밀감을 누리기 위한 것, 다른 사람의 삶을 깊이 들여다보고 사람에 대해 많이 알고 있는 전문가로서 존경을 받는 것 등이 포함되어 있다고 한다.

타인에 대한 통제감은 상담자로서 존경받는 위치에서 일하고 타인에게 영향을 주는 의미 있는 작업을 하고, 회기 중 상담자라는 상대적으로 유리한 위치에 있는 것 등에 만족하려는 욕구와 관련될 수 있다. 상담자는 이러한 동기를 자각하고 내담자가 더 많은 힘을 사용할 수 있도록 조절해 나가는 것이 필요하다. 어떤 상담자는 특히 어리거나 약한 내담자를 대할 때 이어지는 질문으로 내담자에 대한 정보를 요구하는 식의 면담을 전개한다. 이때 상담자는 내가 질문을 하면 당신은 답해야 한다는 식으로 힘을 행사하고 있는 것이다. 내담자는 겨우 짧은 답변만 하면서 상담자와 멀어지거나 상담자의 처분만 기다리는 수동적 태도에 길들여진다. 이러한 행동은 상담자가 자신의 동기나 의도를 점검하지 못한 채 힘을 오남용하는 행위이며, 내담자의 입장에 대해 이해하거나 공감하지 못하기 때문에 벌어지는 일이다. 카틀러(Kottler, 2010/2014)는 상담관계에서 힘의 평등함이 변화에 결정적이라고 강조한다.

셋째, 상담자 자신의 지각과 자기점검기능을 활용하라.

상담자는 상담 장면에서 내담자뿐 아니라 상담자 자신 그리고 두 사람

사이의 상호작용 모두에 지각을 분산시켜 내담자의 지각을 공유하고, 상담자 자신의 경험에서 정보를 구하고, 두 사람 간의 상호작용에서 면담이 어떻게 진행되고 있는지 파악하면서 조율해 나간다. 초보자들은 이렇게 다각적인 지각활동 하나하나에 주의를 기울여야 하지만 경력이 쌓이면 다른 분야의 전문가들과 마찬가지로 이러한 활동은 거의 자동적으로 일어난다. 초보자들은 한 가지에 초점을 맞춰서 지각하는 것도 힘들 때가 있다. 그리고 대부분의 경우 내담자보다 자신에게 더 많은 주의를 기울이고 있다. 자신의 반응을 생각하고 자신의 수행에 대해 불안해하면서 내담자를 놓치곤 한다.

초보자들이 보이는 이러한 특징에도 불구하고 앞의 세 가지 요소 모두에 의식적인 주의를 기울이는 노력과 훈련이 필요하고, 최소한 그러한 지각의 중요성을 의식하고 있어야 한다. 이러한 지각과 관련하여 상담자는 '지금 우리는 무엇을 하고 있는가? 어떻게 가고 있는가?' 등과 같은 질문을 던질 수 있다. 이때 상담자는 아주 짧은 시간 멈춰서 자신이 가고 있는 방향을 둘러보고, 계속 진행하는 것이 좋을지, 조율이 필요한지 판단하면서 가는 것이다. 상담이 원활하게 진행되지 않을 때, 내담자와의 관계에서 장해가 느껴질 때 이런 멈춤과 점검은 매우 중요한 개선의 기회가 되며, 이러한 기회는 상담회기 중 매우 빠른 속도로 진행될 수도 있지만 회기 밖에서도 상담과정을 평가하는 데 도움이 된다.

상담자는 회기 동안 내담자에게 도움이 되는 행동과 언어를 의도적으로 선택하고 사용하는데, 이때도 자기관찰이 요구된다. 필자는 상담회기 중 긴장감을 경험하는 초보상담자들에게 자신의 지각을 사용하고 행동과 언어를 선택하는 데 있어 마치 건반과 건반 사이를 조심스럽게 옮겨가는 피아노 견습생처럼 천천히 그리고 신중하게 반응하라고 제안한다. 이런 연습의 결과는 연주 실력을 키워 주는 것에 비유할 수 있다. 상담자의 진솔성은 기본이고, 그 진솔한 자기 느낌이나 생각 중에서 상담진행에 도움이 되는 반응을 선택해서 내담자에게 표현하는 것이다.

넷째, 상담의 불확실성, 모호함을 수용하라.

스코브홀트와 스타키(Skovholt & Starkey, 2010)는 상담과 치료 작업의 특징은 혼란스럽고 모호함으로, 상담자는 평생 동안 늪처럼 복잡한 인간의 현실을 수용하면서 지혜를 쌓는 작업을 하는 것이라고 설명하고 있다. 또한 초보상담자는 이러한 불확실성 가운데 어떤 확실성을 찾고자 노력하는 모습을 보이지만 숙련된 상담자는 이러한 불확실성을 그대로 수용하는 가운데 더 훌륭한 작업을 해 나가고자 노력한다고 그 차이를 덧붙이고 있다. 인간과 인간사회의 복잡함은 상담자가 평생 숨 쉬면서 사는 공기와 같은 것이다. 그런데 이러한 특성을 인내하지 못하거나 확실한 것으로 바꾸고자 하면 상담은 내담자의 것이기보다 상담자의 지식이나 경험에 비추어서 제한적인 것이 되고, 이를 잘 인지하지 못하는 상담자는 조바심을 내게 된다. 이는 내담자중심의 상담으로 극복할 수 있다. 내담자가 내놓은 자료에 충실하고, 상담자가 견인적 역할을 하는 등 약간의 지도력을 발휘할 때조차 내담자로부터 나온 충분한 근거에 기초하면 무리가 없다. 내담자와 많은 상담회기를 가진 후에도 내담자에 대해 알지 못하는 부분이 있고 생소한 다른 측면에 직면할 수도 있으며, 긍정적이든 부정적이든 의도하지 않은 변화가 나타나곤 한다. 이러한 점은 상담자를 혼란에 빠트릴 때도 있지만 한 개인과 함께 하는 작업의 매력이기도 하다. 간혹 충분한 답이 나오지 않는 어떤 국면은 그대로 놓아둔 채 앞으로 나아가다 보면 그것과 관련된 또 다른 발견이 그 국면을 이해하는 것과 연결되기도 한다. 이러한 시기적인 문제는 상담자뿐 아니라 내담자의 준비도와 관련이 된다. 상담은 상담자와 내담자 모두의 이해를 요구하기 때문에 양자 모두 충분히 무르익은 시점을 기다리는 지혜가 필요하다.

다섯째, 상담성과에 기여하는 내담자의 힘을 믿고 내담자의 자율성을 존중하라.

얄롬(Yalom, 1995)은 "심리치료의 과제가 건설, 재건설, 조종 및 형성하는 것이 아니고 촉진, 성장의 장해물을 제거하는, 항상 그 사람 안에 있던 것을 풀어놓을 수 있도록 돕는 것"[4]이라고 강조하고 있다. 호나이(Horney, 1950)는 "한 개의 도토리가 한 그루의 참나무로 성장하는 것은 가르칠 필요도, 사실 가르칠 수도 없다. 그러나 기회가 주어지면 내재되어 있는 잠재력이 발현될 것이다. 유사하게, 한 개인에게 기회만 주어지면 그는 특유의 잠재력을 발달시켜 나가는 경향이 있다. 그는 진정한 자기의 고유하고 생생한 힘들을 계발해 나갈 것."(p. 17)이라고 인간의 자기실현 가능성에 대해 기술한 바 있다. 얄롬(Yalom, 2002/2005)은 그의 저서 『치료의 선물』에서 호나이의 이 말이 자신이 하는 일에 새로운 비전을 제시했고 심리치료에 대한 자신의 접근을 영원히 바꾸어 놓았다고 밝히고 있다. 즉, 자신의 임무는 내담자의 길을 막고 있는 장애물을 제거하는 것일 뿐 모든 일을 대신할 필요는 없다는 믿음을 전달하고 있다.[5]

상담현장에서 만나는 내담자들은 발달적 · 상황적 · 직업적 · 대인관계적 · 심리적 · 적응적 문제 등을 경험하고 있지만, 대부분 정상범주의 사람들이다. 즉, 상담초기일수록 내방의 계기가 되는 문제로 인해 내담자의 진정한 자기, 잠재력, 내적인 에너지를 감지하기 어려운 상태에 있지만, 상담진행과 함께 문제나 혼란으로부터 보다 자유로워지면서 이러한

---

4) 로저스(1980)의 『A Way of Being』에 덧붙여진 얄롬의 서문에서 인용한 글로, 본 서문의 저작권 연도는 저서의 출판 연도와는 다른 1995년이다.

5) 얄롬은 1995년 『A Way of Being』(1980)에 덧붙인 서문에서도 호나이의 같은 글을 인용하고 있다.

긍정적인 면들이 살아나는 것을 실감할 수 있다. 초보상담자들이 내담자의 부정적인 측면을 고정된 상태로 보느냐 또는 잠재되어 있는 보다 긍정적인 면을 기대하고 이러한 것들이 발현될 수 있도록 기회를 제공하느냐는 이후의 상담성과에 영향을 미친다. 실제로 상담이 잘 진행되면 내담자들은 생활 속에서 회기에서 다룬 것 이상의 진전을 거두어 온다. 상담성과의 많은 부분이 이러한 내담자의 자원에서 비롯되는 것이다. 따라서 상담자는 문제로 인해 혼란을 겪고 있는 상담초기에서조차 내담자를 믿고, 자신 및 문제 상황에 대한 전문가로 대접하면서 협조를 이끌어 내고 보다 많은 자기결정의 기회를 제공해야 한다.

5. 상담의 과정

엄격히 말해서 상담과정의 정해진 틀은 없다. 전체 회기 수도 다르고, 진행방식도 상담자나 내담자 또는 상담여건에 따라서 달라질 수 있다. 그럼에도 앞에서 정의한 대로 상담자와 내담자가 만나 상담관계를 맺고 당면문제를 다루고 목표를 달성하고 종결에 이르는 과정이어야 한다. 여기서는 일반적이고 공통적인 상담의 과정을 소개하고자 한다. 이러한 상담과정을 이해하는 것은 상담자의 길을 안내하는 지도를 지참하는 것처럼 중요하다. 지도는 대략의 그림을 제시해 주지만 그 지도를 해독하고 길을 변경하고, 지도에 미처 담겨 있지 않은 내용을 발굴해 가며 종결에 이르는 것은 각 상담자와 내담자의 몫이다. 즉, 일반적인 상담과정에 대한 이해는, 첫째, 상담에 대한 전체 그림을 그리고, 상담의 본질을 이해하는 데 도움이 되고, 둘째, 어떻게 상담성과에 이를 수 있는지 그 과정을 이해할 수 있을 뿐 아니라, 셋째, 실제의 상담 장면에서 다양하게 변형되고, 구체적인 상담과정을 고안하고 적용하는 데 기본 지침이 될 수 있기 때문이다. 여기서는 일반적인 상담의 과정을 살펴보고 각 과정에서 어떤 작업이 이루어지고 각 과정은 어떻게 연결되는지 살펴보고자 한다. 편의상 상담과정을 초기, 중기, 종결로 나누어 보고자 하는데, 이렇게 나누는 이유는 각 단계마다의 특징이 있고, 그에 따라 상담자가 다루어야 할 과제가 있기 때문이다. 우선, 각 과정에서의 과제 및 내담자 경험에 대해 간략하게 살펴볼 것이다.

1) 상담의 초기과정: 내담자 이해 및 상담의 구조화

상담초기는 상담자와 내담자가 만나 내담자의 호소내용을 듣고, 대략 내담자의 문제를 이해하고 목표를 수립하고, 이러한 목표에 도달하기 위한 초기계획을 수립하는 단계이다. 또한 가장 중요한 초기과정의 요소는 상담자와 내담자 간에 신뢰와 상호협력을 바탕으로 하는 상담관계 형성으로, 이는 이후 상담과정의 지속 여부뿐 아니라 원활한 진행에 기초가 된다. 상담자를 찾게 된 내담자는 당면문제와 관련된 호소를 하고 상담자는 이러한 자기개방을 격려하고 공감하면서, 진행을 촉진하거나 호소내용과 관련된 맥락을 살펴볼 수 있는 정도의 질문으로 초기과정을 진행한다.

내담자는 있는 그대로 수용되고 존중받는 경험을 하면서 점차 자기개방에 대한 용기를 갖게 되며, 그 과정 중에 감정통풍을 경험하고, 아주 작은 통찰을 경험하기도 한다. 이러한 경험은 상담자를 찾은 것에 대해 안도하게 하고, 자신을 수용하면서도 중요한 부분에 초점을 맞추는 상담자의 전문적 태도에 신뢰를 느끼게 한다. 이러한 상담자의 태도는 일상적인 만남, 즉 친구나 동료, 가족들과는 다른 것으로 내담자가 상담에 대해 준비하고 동기를 갖게 하는 중요한 요소가 된다. 또한 상담자는 비밀보장, 상담자의 역할 및 내담자 협력의 중요성 등을 안내하는 구조화를 통해 내담자가 상담에 친숙해지고 협조적이 되도록 안내한다. 상담자는 내담자의 현재 호소문제를 들을 뿐 아니라 관찰, 심리평가과정 등을 통해 내담자와 내담자의 문제에 대한 정보를 수집하고 이를 조직화해서 내담자에 대한 전반적인 이해, 즉 사례개념화[6]를 한다. 그리고 이를 바탕으로 목표를 수립하고, 상담계획을 세운다. 상담초기의 목표와 계획은 초기이해를 바탕으로 한 잠정적인 것으로 추후 내담자에 대한 더 많은 정보와 이해 그리고 상담자의 판단에 따라 수정 가능한 것들이다. 초기의 내담자 이해와 목표 및 계획수립은 이후 상담이 보다 초점화된 것으로 진행될 가능성과 관련이 있다. 상담자는 목표와 계획에 대해 적절한 시점에 내담자와 소통하면서 협력을 구한다. 이러한 의사소통은 상담자와 내담자가 어떤 목표를 갖고 어떤 길을 가는지 상호 이해하면서 협력해 가는 데 도움이 된다.

2) 상담의 중간과정: 변화의 촉진 및 개입

상담의 중간단계에 접어들었을 때 상담자와 내담자는 내담자의 자기개방과 사적인 비밀까지 공유하는 친숙한 관계인 동시에 상담목표를 향해 가는 구조화된 관계로 발전해 있다. 초기 당면문제를 호소하며 혼란스러워하던 내담자는 이제 자신이 도달하거나 넘어야 할 목표가 무엇인지 이해하며 초점화된 상담에 익숙해져 있다. 상담자는 내담자에 대한 깊은 이해를 바탕으로 그를 존중하고 공감하지만 동시에 내담자가 더 깊

6) 구체적인 설명은 제6장을 참조.

이 탐색하고, 해결해야 할 문제가 무엇인지 알고 있는 단계이다. 내담자는 상담 장면을 안전하게 느끼면서 더 많은 개방을 하고 그 결과 초기에 경험했던 감정통풍 수준을 넘어 더 깊은 수준의 감정을 경험할 수 있다. 중간단계에도 경청과 지지, 비판단적 수용, 깊은 공감만으로 통찰에 이르는 내담자가 있지만, 필요시 직면, 피드백, 즉시성과 같은 보다 도전적인 기술을 사용하여 내담자의 자기탐색 및 통찰을 촉진한다. 이러한 도전적인 기술의 사용은 지금까지 쌓아 온 신뢰관계, 내담자가 상담자 및 상담과정에 대해 느끼는 안전감, 내담자의 준비를 필요로 한다. 내담자들은 지금까지 자신의 문제와 관련된 자기지각, 대처전략 등이 비효율적이고 자기파괴적일 때조차 익숙했던 방법으로부터 변화를 가져오는 것에 대해 저항할 수 있다.

상담이 효율적으로 이루어지면 내담자는 통찰과 자기결정에 기초하여 변화를 위한 시도를 하게 된다. 통찰만으로 자기변화의 방향을 정하고, 행동으로 실천하는 내담자도 있지만, 변화할 필요는 느끼면서도 기술이 부족하여 도움 없이는 변화가 어려운 내담자도 적지 않다. 이때는 내담자와 협력하여 새로운 대안을 발굴하고, 내담자의 감정자각을 위해, 비합리적 신념이나 인지적 왜곡에서 벗어나기 위해, 행동문제를 개선하기 위해 보다 적극적인 개입전략을 세우고 새로운 행동실천을 위한 연습기회를 제공하기도 한다. 또한 내담자의 책임감과 자기지도력을 촉진해 나가면서, 내담자는 지금까지와는 다른 관점에서 자신과 외부세계를 보고 새로운 문제해결방법을 학습하고 이를 실천해 나간다. 이러한 내담자의 관점의 변화, 새로운 통찰, 문제해결력의 향상은 상담실을 찾게 된 당면문제뿐 아니라 다양한 다른 문제의 해결에까지 영향을 미쳐 상담실에서 다루는 범위를 넘어서는 개선을 보고하기도 한다.

3) 상담의 종결과정: 종결의 결정 및 상담성과 다지기

내담자는 상담자를 찾아왔을 당시의 문제로부터 정서적 안정감을 느낄 수 있을 만큼 자유로워졌을 뿐 아니라 자신과 주변세계를 바라보는 관점의 변화, 문제해결의 자신감을 갖고 여유로워지면서 다양한 종결신호를 보인다. 상담자는 내담자가 나타내는 종결신호뿐 아니라 상담목표 달성에 대한 평가에 기초하여 종결시기를 결정하고 종결을 준비한다. 물론 종결결정은 일방적이기보다 내담자의 준비도를 고려하고, 이에 대해 의견을 나눌 필요가 있다. 상담자와 내담자는 오랜 기간 정기적인 만남을 갖고 서로 협력하는 가운데 문제를 해결하였을 뿐만 아니라 매우 의미 있는 시간을 나눈 관계를 정리하면서 복합적인 이별 감정을 느끼곤 한다. 특히 상실과 이별에 대한 상처를 갖고 있는 경우 내담자뿐 아니라 상담자도 과거의 아픈 감정을 반복 경험할 수 있다. 이때 상담자는 의미 있는 관계를 성숙하게 마무리 짓는 사람의 모델이 되어야 하며 자신에게 이별에 대한 어려움이 있는 것으로 확인되면 이를 해결해야 한다.

종결을 앞두고 상담과정을 개관하면서 어떤 변화가 어떻게 나타났으며, 특히 내담자의 공헌이 무엇인지 점검하는 과정이 필요하다. 이를 통해 내담자는 자신의 변화를 재인식하고, 자신의 변화에 대해 긍정적인 가치를 두며 자부심을 느끼게 된다. 상담자의 도움뿐 아니라 자신의 기여가 중요했고 앞으로도 이러한 기여에 대한 자신감을 되새기게 된다. 또한 앞으로 상담종결 후에도 나타날 수 있는 잠재된 문제, 재발가능성에 대해서, 그리고 그런 경우의 대처전략에 대해서도 논의한다. 물론 그러한 대처전략에는 상담자를 다시 찾는 방법도 포함될 수 있다. 종결 후 점검을 위한 추수상담을 약속하고, 꼭 필요한 경우 상담자를 다시 찾을 수 있다는 상담재개의 기회를 열어 둔다. 내담자가 성공적인 상담과정을 경험했다면 다시 상담이 필요할 때 자신을 잘 알고 있고 잘 도와줄 것으로 믿는 상담자를 다시 찾을 수도 있다. 이때에도 상담자로서 내담자를 돕기 위해서는 다중관계를 가져서는 안 되는 것이다. 상담 종결 후 경우에 따라 도움이 되는 다른 치료방법이나 집단상담 등을 추천할 수도 있지만 결정과 선택은 내담자의 자율에 맡겨야 한다. 이처럼 종결과정에도 매우 중요하고 많은 과제가 관련되어 있어서 종결시점이 다가오면 신중한 계획하에 회기를 운영하여 순조로운 종결이 이루어지도록 해야 한다.

표 1-1 상담과정별 상담자의 과제 및 내담자의 경험

상담과정	상담자의 과제	내담자의 경험
초기과정	• 내담자의 호소내용 듣고 격려하기 • 상담관계 형성 • 내담자에 대한 심리평가 • 내담자의 문제 및 배경에 대한 일차적 파악 • 상담목표 및 계획 세우기 • 상담구조화	• 자기개방 및 초기 감정의 해소 • 상담자에 대한 신뢰형성 • 희망감 경험 • 아주 작은 통찰경험 • 상담에 대한 준비 및 동기 강화
중간과정	• 내담자의 문제 및 배경에 대한 심층탐색 • 내담자의 통찰기회를 위한 도전 • 문제해결을 위한 대안형성 및 개입 • 실험적 실천 격려 • 내담자의 자기지도력 강화	• 자신의 문제 및 배경에 대한 심층 이해 및 통찰경험 • 저항경험 • 새로운 행동 실험 • 자기지도력 발현 • 문제감소 및 자신감 회복
종결과정	• 종결신호 감지 및 종결시기 결정 • 종결 시 이별 감정 다루기 • 내담자의 성과 평가 및 강화 • 재발가능성에 대한 탐색과 대안 세우기 • 추후 면접계획 세우기	• 실생활에서의 변화확대 • 종결 및 의존에 대한 양가감정 • 상담성과에 대한 자부심 및 재발에 대한 불안감 • 종결 시 이별 감정 경험

맺는말

우리는 이 책을 통해 내담자와 함께하는 방법을 배우고, 상담을 통해 내담자의 문제해결과 인간적 성장에 도움이 되는 심리상담의 실제에 대해 공부하고자 한다. 이에 따라 가장 먼저 상담자가 하는 일이 무엇인지 이해하기 위해 넓은 실무를 아우르는 상담에 대한 정의와 실제 상담 장면에서 이루어지는 작업을 중심으로 한 정의에 대해 살펴보고, 그 정의에 포함된 각 요소들의 의미를 자세하게 살펴보는 기회를 가졌다. 상담의 정의와 각 요소에는 첫 회기부터 종결까지의 과정 내내 어디로 가고 있는지 잊지 말아야 하는 상담의 본질과 정신이 담겨 있다. 이 장에서 다룬 내용은 기법, 즉 나무를 보기 이전에 숲에 비유할 수 있는 상담이라는 작업의 본질과 그 과정을 먼저 이해하고 출발하는 데 도움이 될 것으로 기대된다. 특히 초보상담자들이 가져야 할 자세와 태도는 내담자와 상담관계를 형성하고, 협력적인 관계를 이루어서 상담목표에 도달하는 데 크게 도움이 되는 요소임을 강조한다.

앞에서도 기술한 바와 같이 정형화된 상담과정은 없다. 그러나 어떤 형식의 상담이든 내담자가 상담자의 도움을 받아들이고, 그 결과 긍정적인 변화 또는 새로운 학습의 경험을 해야 상담의 성과가 있었다고 말할 수 있을 것이다. 상담과정은 각 과정의 특징과 과제에 따라 크게 초기, 중기, 종결기로 나누어 설명할 수 있다. 상담자는 각 과정에 맞는, 다시 말해 내담자가 적절하게 참여할 수 있도록 이끄는 태도 및 기법으로 상담을 이끌어 주어야 하며, 상담자와 내담자는 협력적 관계 속에서 과정별 과제를 해결해 나가면서 상담목표에 도달하게 된다.

제 2 부

기본적인 면접기술

우선 상담회기 운영에 앞서 몇 가지 기본적인 면접기술을 익힐 수 있는 기회를 갖고자 한다. 기본적인 면접기술을 익히면서 심리상담에서의 대화가 일상적이고 사교적인 대화와 어떻게 차별화된 것인지 경험하는 것이 상담의 실제를 이해하는 데 도움이 될 뿐 아니라, 이러한 기술은 학습자들이 상담자로서의 정체감을 갖는 데도 도움이 될 것으로 판단된다. 이 부분에서 소개되는 기법들은 초기, 중간, 종결과정 모두에서 사용 가능한 것들로, 특히 내담자로부터 더 많은 정보를 구하고 내담자를 더 많이 이해하며 내담자가 존중받고 있다는 느낌을 받을 수 있는 내담자중심의 진행기법이 대부분이다. 초기에는 내담자의 이야기에 귀 기울이고 내담자의 이야기 속에서 내담자 자신과 내담자의 문제가 무엇인지 내담자의 지각을 따라가며 이해하는 시간을 갖는다. 또한 내담자는 상담자의 이러한 태도에서 자신이 존중받고 있고 자신의 이야기를 할 수 있는 안전한 공간에 와 있다는 느낌을 갖게 되면서 상담자를 신뢰하고 상담동기도 높아지는 경험을 한다. 기본적인 상담기술은 내담자로 하여금 자신에 대한 이해를 도울 뿐 아니라 자신을 더 많이 개방하고 협조적인 내담자가 되도록 돕는 촉진기술인 것이다. 제2장에서는 주의 기울이기, 경청과 격려하기, 따라가기, 재진술, 인정, 요약 그리고 질문기법에 대한 소개와 초기단계에서 질문사용 시 주의할 점에 대해 소개할 것이다. 그리고 상담기술의 꽃이라고 할 수 있는 공감에 대해 제3장 전체를 할애해서 깊이 있게 다루고자 한다. 이후 내담자와 라포 및 상담관계가 형성되어 내담자가 준비되고 상호신뢰가 쌓였을 때 사용할 수 있는 일부 도전적인 기법은 중간과정을 다루는 제7장에서 살펴볼 것이다.

제 2 장

기본적인 면접기술

상담자와 내담자가 낯선 사람으로 만나 라포(rapport)를 형성하려면 많은 노력이 요구되며, 특히 첫인상은 모든 대면관계에서와 마찬가지로 관계에 영향을 미치는 매우 중요한 요소이다. 상담자는 내담자의 첫인상으로부터 중요한 정보를 수집하지만 그것은 하나의 정보일 뿐 그것으로부터 선입견이나 편견을 형성하는 것의 한계와 문제를 자각하고 있어야 한다. 그러나 내담자는 상담자보다 훨씬 민감하게 상담자를 검토하면서 관찰할 가능성이 크다. 상담자와 만나는 순간부터 자신을 진심으로 환영하는지, 좋은 사람으로 느껴지는지, 건강해 보이는지, 전문가로 보이는지, 그리고 자신에게 도움이 될 사람으로 느껴지는지 살펴볼 것이다. 실제 어떤 내담자는 오랜 기간 내방을 망설이면서 상담자를 관찰해 왔노라고 말하는 경우도 있다. 상담자는 선뜻 상담실에 노크하기가 어렵고 상담자에 대한 기대와 불안을 경험하는 내담자의 마음을 헤아려야 한다.

이 장에서 소개하는 기법은 내담자에게 존중과 수용을 나타내고 내담자와 신뢰를 형성하고 상담관계를 구축하는 데 도움이 되는 방법들로, 상담초기뿐 아니라 중간, 종결과정 내내 상담대화에서 가장 많이 활용되는 것들이다.

1. 주의 기울이기와 관찰

1) 주의 기울이기

내담자에게 주의 기울이기는 두 가지 방향에서 의미가 있는 기술이다. 첫째는 상담자의 수용과 격려를 전달하는 행동이며, 둘째는 상담자가 내담자로부터 더 많은 정보를 구하기 위해 취하는 행동이라는 점에서 정확하고 객관적인 관찰에 도움이 된다. 두 가지 방향 모두 상담자의 관심을 배경으로 하고 있으며, 내담자에게 초점을 맞추고, 내담자에 대한 관심을 표현하며, 내담자로부터 더 많은 정보를 얻는 데 도움이 되는 행동이다. 적절한 주의 기울이기 행동은 내담자로 하여금 상담자가 자신에게 관심을 기울이고 자신의 이야기를 신중히 듣고 있다는 것을 전달받게 하며, 호소내용을 보다 편하게 이야기하도록 격려하는 역할을 한다. 예를 들어, 아주 가까운 사람이 신선하고 재밌는 이야기를 전달하면 우리는 자연스럽게 그에게 몸을 기울이고 눈을 마주치면서 "그래서?" "정말?" 등 이야기를 잘 듣고 있다든가 지속하라는 음성적 촉진반응을 하는 것이 일반적이다. 그러나 어떤 사람은 그 흥미를 겉으로 표현하는 것이 익숙하지 않아 흥미로우면서도 무표정하게 듣고 있을 수 있다. 말하는 사람은 두 사람 중 누가 더 잘 듣고 있고 흥미를 느끼고 있다고 느낄 것인가? 어떤 사람 앞에서 이야기할 때 더 편하고 더 개방적이 될까?

주의 기울이기는 관심과 함께 자연스럽게 행동으로 나타날 수 있지만 그것을 어떻게 표현해야 내담자에게 잘 전달될 것인가에 대해서는 학습이 필요하다. 상담자의 주의 기울이기 행동목록으로는 눈 접촉, 개방적인 자세 취하기, 몸 기울이기, 주의가 분산된 행동하지 않기 등을 들 수 있다.

(1) 눈 접촉

눈 접촉은 관심과 주의 기울이기를 표현하는 행동이다. 연구결과에 의하면 상담자의 가까운 거리나 눈 접촉과 같은 비언어적 자세가 상담자의 공감, 따뜻함, 진지함과 같은 대인관계기술과 효율성에 대한 해석의 기초가 되는 것으로 나타났다(Sherer & Rogers, 1980). 또한 눈 접촉은 인간의 자기초점화된 주의를 향상시킴으로써 자각과정을 유도한다는 인지과정에 대한 연구도 있다(Baltazar et al., 2014). 즉, 바라보는 것은 관심의 표현이며, 내담자는 이를 통해 자신에게 주의를 기울이고 있음을 전달받고 상담자의 다양한 눈 표정을 통해 비언어적 격려, 강조, 촉진의 메시지를 읽는다. 상담자는 눈빛에도 표정이 있음을 의식하면서 부드럽고 자연스러운 눈빛으로 바라본다. 강렬하게 파고드는 눈빛은 부담을 줄 수 있으므로 주의해야 한다. 한 연구에 의하면 사람들은 상대방의 눈보다 상대의 입을 포함해서 다른 어떤 것을 응시하는 데 57%의 시간을 할애하였다(LaPlante & Ambady, 2000). 이는 대화에 필요한 정보를 눈 이외의 표정을 통해서도 얻고자 하는 노력으로 해석되었다.

따라서 눈 접촉은 단지 눈에만 초점이 맞춰진 것은 아니며, 내담자에게 관심을 전달하고 이야기 진행을 격려하면서 동시에 내담자에 대한 풍부한 정보를 얻는 통로가 된다. 특히 눈 접촉은 문화와 성차가 많이 작용하므로 이를 고려하여야 한다.

(2) 개방적인 자세 취하기

이는 내담자를 받아들일 준비가 되어 있음을 나타내는 자세를 의미한다. 그런 의미에서 몸 전체가 내담자를 향해 앉는 것이 바람직하다. 반대로 팔짱을 끼거나 내담자와의 사이에 크고 장벽으로 느껴지는 가구를 배치하는 것은 피하는 것이 좋다. 그러나 우리나라 내담자들은 굳이 상담실이라 해서 평소와는 달리 완전히 노출된 의자에 앉는 것이 편하지는 않는 듯, 자신을 보호해 줄 가구가 곁에 있는 것을 더 선호하는 것으로 보인다. 그래서인지 대부분 상담자와 내담자 사이에 적당한 보조탁자를 놓는 가구배치가 일반적이다. 가구에 대한 의존도 역시 상담관계의 질이 변화하면서 약간씩 변화할 것으로 가정된다. 사실 개방적인 자세는 분명하게 정의되거나 구체적인 구조를 갖고 있다기보다 상담자의 열린 마음을 진솔하게 전할 수 있는 자세를 의미하며, 상담자가 이런 태도로 대할 때 내담자는 자신이 온전하게 받아들여지고 있다는 느낌을 전달받게 된다.

(3) 몸 기울이기와 거리

몸을 뒤로 빼거나 멀리 앉는 것은 상대방에 대해 거리를 두고 싶을 때 또는 상대방의 이야기를 듣고 싶지 않을 때 취하는 자세이다. 반대로 그 사람을 향해 몸을 기울이는 것은 상대방과 그 내용에 대한 관심을 표현하는 자세이다. 아직 상담자가 낯설고 경계를 하는 초기에는 적절하다고 판단하는 거리보다 약간 멀리 앉는 것이 내담자에게 편한 감정을 느끼게 할 수 있다. 또한 바퀴 달린 의자를 배치해서 내담자가 스스로 거리를 정해 앉도록 하는 것도 방법이다. 인류학자 홀(Hall, 1966)에 의하면, 직업적 관계를 포함하여 대부분의 상호작용이 이루어지는 사회적 공간의 범위는 4~12ft(약 122~366cm)이다. 이보다 더 가까운 공간은 매우 친밀한 사람(친밀한 공간, 46cm 이내)이나 가족, 친구들과의 대화에만 허락되며(사적인 공간, 46~122cm), 잘 모르거나 친밀하지 않은 사람에게는 허용되지 않는다. 또한 사회적 공간의 범위를 넘어선 위치(공적인 공간, 366cm 이상)에서는 보통 상호작용적 대화가 이루어지지 않는다.

(4) 분산된 행동하지 않기

상담자는 자신도 모르게 볼펜을 돌린다든가, 다른 곳을 힐끔거린다든가, 다리를 떠는 등의 흐트러진 행동을 할 수 있다. 이것은 물론 주의 기울이기와는 거리가 먼 행동이다. 상담기록에 몰두하는 행동도 주의가 분산된 행동의 하나이다. 내담자는 상담자가 특정내용에 관심을 보이며 기록하는 행동에 의해 영향을 받거나, 그 내용이 무엇인지, 이후 어떻게 보관될지에 신경을 쓰며 불편해할 수 있다. 따라서 상담자는 상담과정에 방해가 되지 않는 효율적인 기록방법이 무엇인지 심사숙고해서 결정해야 한다.

(5) 아동 및 청소년 내담자에 대한 배려

자발적이기보다는 주변 어른들의 의뢰로 상담자를 만나 낯선 어른과 별로 나누고 싶지 않은 대화를 나누게 된 아동 또는 청소년의 경우 상담자의 관심이 오히려 부담스러울 수도 있다. 플레지(Pledge, 2004/2005)는 아동이나 청소년에게 신경학적 에너지를 사용하게 만드는 놀이기구, 예를 들어 쿠쉬볼이나 놀이반죽 등을 제공하는 것이 상담 장면에서 자기의식을 덜 하고 더 편안한 감정을 느끼게 하는 데 도움이 된다고 한다. 즉, 이러한 도구들은 그들이 손을 사용하게 만들고, 상담자와 말을 나누면서 마음을 혼란시킬 수도 있는 신경에너지를 방출하게 만든다는 것이다. 이는 놀이치료의 차원이 아닌, 언어적 상호작용을 돕는 차원에서의 활용에 관한 것이다.

2) 관찰

상담은 내담자와의 언어적 교류를 통해 이루어지는 일이지만 말의 내용뿐 아니라 내담자를 관찰함으로써 얻는 정보 또한 매우 크고 중요한 것이 될 수 있다. 일반적으로 내담자의 외모, 표정, 옷차림, 말투, 눈맞춤, 비언어적 메시지, 그리고 대인행동, 발달적 적절성, 정신상태, 말하는 내용과 정서의 불일치, 행동패턴 등에서 특별히 눈에 띄는 점을 통해서 정보를 얻을 수 있다. 예를 들어, 뛰어난 외모나 매력은 타인으로부터 받았을 관심이나 자신감을 예측할 수 있고, 옷차림은 사회경제적 지위나 취향을 나타낸다. 말투나 사용하는 언어는 교육수준이나 성격을 반영할 수 있고, 정서는 현재의 심리상태를 나타낸다. 어떤 내담자는 실제 나이보다 어린 행동과 언어사용을 통해 지적인 발달문제나 어린 연령시기에 고착해 있음을 나타낸다. 그리고 정신상태는 정신적 문제 및 손상을 암시할 수 있다. 예를 들어, 중년기의 어떤 여성 내담자가 원색조의 애니메이션 캐릭터가 그려진 티셔츠에 미니스커트를 입고 귀여운 머리장식을 하고 들어왔다. 손톱에는 다양한 컬러의 매니큐어를 발랐는데 전체적으로 밝은 옷차림과는 달리 표정은 우울해 보였다. 이 여성은 우울하고 감정기복이 심하다고 남편이 의뢰한 경우였다. 이 내담자는 가끔 중년여성에게 기대하기 어려운 동심의 세계에 속해 있어서 주변사람들을 당혹스럽게 했다. 의상뿐 아니라 아기 같은 응석과 남편으로부터 아기 돌보듯 일방적인 보살핌을 원했고, 그것이 충족되지 않으면 자녀들조차 돌보지 못할 정도의 기능저하와 함께 다양한 우울반응을 나타냈다.

또한 내담자에 대한 상담자의 반응도 관찰의 대상이 된다. 상담자 자신에게서 다른 내담자에게서 느끼지 못한 특별한 반응이 나타난다면, 역전이일 가능성과 함께 내담자가 유발하는 것인지를 살펴보아 후자라면 내담자의 대인관계 패턴일 가능성을 검토할 수 있다. 예를 들어, 주변사람들로부터 거절당하고 소외되어 억울하다고 호소하는 내담자가 종종 상담시간에 지각하고, 회기 종료를 알렸더니 못 들은 척 무시하고, 말투도 거칠게 하는 등 다소 무례하고 일방적인 태도를 보이고 있다면 주변사람들의 반응은 어쩌면 이러한 내담자의 태도에서 기인한 것일 수도 있다.

2. 경청과 격려하기

주의집중으로 내담자의 말을 모두 이해할 수는 없다. 즉, 주의 기울이기는 경청의 필수요소이지만 충분조건은 아닌 것이다. 경청(active listening)은 내담자가 하는 말의 내용뿐 아니라 의미를 이해하고, 그에 내포된 감정이나 소망까지 읽으면서 사려 깊은 태도로 듣는 것을 말한다. 경청은 내담자에게 주의집중하는 태도로 나타나며, 상담자의 경청반응은 내담자를 격려하는 효과가 있다.

비브, 비브와 레드먼드(Beebe, Beebe, & Redmond, 2014)는 듣기(listening)를 "언어적 · 비언어적인 메시지에 대하여 선택, 주의집중, 이해, 기억, 반응하는 복합적인 과정"(pp. 120-121)이라고 정의한다. 즉, 다양한 소리 중 하나의 소리를 선택하고, 선택된 소리에 집중하며, 듣고 본 것으로부터 의미를 구성한다. 그리고 정보를 기억하고 알아들은 것을 언어적 · 비언어적 반응으로 확인해 주는 과정으로 설명하고 있다. 경청을 잘하기 위해서는 주의집중뿐 아니라 내담자의 말을 있는 그대로 이해하고 그 의미를 찾기 위해 판단하거나 평가하지 않고 듣는 것이 중요하다. 그러기 위해 상담자는 방해가 될 수 있는 자신의 욕구나 감정, 비판 등 내부의 잡음을 제거하고 순수한 마음으로 내담자에게 귀 기울이는 연습이 필요하다. 내담자나 그가 처한 상황에 대해 가장 잘 알고 있는 사람은 바로 내담자라는 생각을 갖고 내담자를 자기 자신 및 현재 상황에 대한 전문가로 존중하면서 경청의 방해요소를 알아차리고 내부의 잡음을 제거하면서 듣고 내담자의 입장에서 의미파악을 해 나간다.

특히 초보상담자들은 회기 중에 내담자보다 자기 자신에게 더 많이 집중하는 경향이 있다. 자신의 수행에 관심을 기울이느라 내담자가 말하는 내용보다 자신이 해야 하는 반응을 찾는 데 더 많은 에너지를 쏟는다. 그러다 보면 당연히 내담자의 말에 귀 기울이고 따라가는 데 방해가 되고 적절하지 않은 반응을 할 가능성이 크다. 효과적인 경청은 다음과 같은 역할을 한다.

- 내담자와 함께 현존함을 공유하면서 내담자를 격려한다.
- 내담자가 이야기하는 내용의 핵심을 이해할 수 있다.
- 내담자가 현재 경험하는 감정에 공명할 수 있다.
- 내담자의 내적 참조체제를 이해하는 데 도움이 된다.
- 내담자에게 적절한 반응을 보이는 기초가 된다.

경청을 하면서 "네~." "음…." "그래요." "그렇지요." 등과 같이 음성반응을 하거나 고개를 끄덕이는 것, 내담자의 말하는 내용이나 자세변화를 알아차리고 자신의 표정이나 자세를 일치시키는 것 등을 적절히 사용하면 내담자의 참여를 촉진하는 효과를 낳는다. 내담자의 말을 경청하고 격려하는 반응은 대화가 순조롭게 이어지는 데 도움이 된다.

3. 따라가기와 비추기

1) 따라가면서 비추기

초기에는 내담자가 주제를 선택해서 자신이 하고 싶은 말을 하도록 기회를 열어 주기 위해 상담자가 따라가면서 그에 맞는 반응을 하는 것이 순조로운 방식이다. 내담자 대부분은 첫 회기에 자신에게 가장 의미 있는 이야기, 즉 가장 불안하거나 오랫동안 고민해 왔던, 그리고 변화가 필요한 부분을 선택하여 이야기를 구성한다. 이러한 현상은 동기가 약한 내담자가 드문드문 내놓는 파편적인 정보나 반응에서도 찾아볼 수 있다. 물론 상담초기 내담자 스스로 이러한 선택에 대해 모두 인식하고 있거나 설명을 할 수 있는 상태는 아니지만 이러한 자료들은 내담자의 욕구나 의식의 단면을 반영하기 때문에 상담자는 이를 존중하며 따라갈 필요가 있다. 즉, 첫 회기부터 내담자가 내놓는 모든 이야기의 의미를 파악하기는 어렵지만 이러한 내용이 의미 있는 자료의 파편들임을 감지하고 이를 소중히 다루어야 한다. 그런 맥락에서 상담초기에는 내담자가 들려주는 이야기를 따라가면서 의미 있는 부분을 조명하거나 되비쳐 주는 것이 바람직하다. 반대로 상담자가 궁금한 부분을 들춰내어 화제를 바꾸거나 내담자가 미처 준비되지 않은 부분을 조명하는 것은 내담자의 욕구와 동기를 거스를 수 있을 뿐 아니라 상담방향이 엉뚱한 데로 흘러갈 가능성을 낳는다. 따라가기의 과정에 대한 맥클러스키(MacCluskie, 2010/2012)의 비유는 따라가기를 이해하는 데 크게 도움이 된다.

내담자가 숲속을 걸어가며 덤불 속 빛을 따라 길을 구축해 나간다

> 고 상상해 보자. 당신의 목적은 내담자가 다른 길로 방향을 바꾸도록 하는 것이 아니라 그 궤도를 그저 따르는 것이다. 내담자가 걷고 있는 길이나 방향 또는 특정한 길을 선택하는 방법에 관해 묻는 것은 괜찮지만, 당신의 질문이나 관찰은 모두가 그 길과 관련이 있어야 한다. 내담자가 한 방향에서 벗어나 다른 길로 향한다면 말없이 따라야 한다. 많은 방향의 변화가 있을 경우에는 마음속에 기록해 두면서 계속 따른다(p. 108).

상담초기 내담자를 따라가며 정보를 수집하는 것은 내담자를 현재 그 자신에 대한 최고의 전문가로 존중하며 그로부터 배워 나가는 과정이다. 그 자신이 표현하는 모든 것, 즉 방어기제까지도 그 자신이 경험하고 생각하고 느끼는 것으로부터 생성된 것이므로 현재의 그 사람을 이해하는 소중한 자료가 되기 때문이다.

사례

학업 및 진로가 현재 주호소인 대학생이 있었다. 첫 회기에 그는 명료하게 이야기하는 것을 힘들어하며 자신이 대학생이라면 누구나 고민할 수 있는 문제를 갖고 있는 것뿐이며 그 외에는 꽤 괜찮은 사람인 것처럼 보이려고 애쓰는 모습이었다. 상담자는 누구에게나 상담과정에 대한 두려움은 있을 수 있지만 그러한 모습이 두드러지는 것에 대해 궁금해하며 일단 그것을 기억해 두기로 했다. 동시에 언뜻언뜻 언급된 집안 분위기나 부모에 대한 부정적인 언급에 대해, 이 부분이 내담자가 회피하고 싶고 직면하기 두려운 부분이지만 앞으로 다뤄야 할 주요 영역일 것이라고 생각하고 그 부분을 담아 두기로 했다.

이와 같이 상담초기에는 내담자에게 어떤 자각을 요구하기보다는 내담자의 호소를 중심으로 감정을 해소하는 데 도움을 주고, 내담자를 이해하며, 내담자 스스로도 자신을 이해하는 데 도움을 주기 위한 반응을 하는 데 주력한다. 그럼에도 내담자들은 대부분 자신이 문제가 있을지도 모른다고 생각하는 부분 또는 변화가 필요한 부분에 대해 의식하고 그에 대한 진술을 잊지 않는다. 이럴 때 상담자가 단순히 반복하는 반응을 해주거나 재진술하는 것은 내담자의 자각을 살짝 부추겨 주거나 이후 내담자 스스로 더 많이 살펴볼 수 있는 지점에 표식을 하는 것과 같은 효과를 가져온다. 상담자의 이러한 반응은 단순한 따라가기가 아니라 내담자가 들려주는 삶의 이야기에 함께하면서 그 이야기로부터 발견하는 소중한 정보를 기억하거나 담아 두고, 몇 가지 기법을 통해 자신의 이해를 나누거나 확인하며, 덧붙여 그 사람의 욕구, 가치, 잠재력 등을 발견하면서 고유한 한 개인의 내면세계와 접촉하는 의미 있는 작업인 것이다. 이와 관련된 기법으로는 반복하기, 재진술, 인정, 요약 등이 있다.

2) 반복하기

다음의 예를 살펴보기로 하자. 사례에서 현재의 흐름은 온통 남편의 무책임, 속임수, 이기적인 행동에 관한 것이었다. 그런데 이야기 도중 내담자는 자신에게도 책임이 있을 수 있다는, 아직은 무르익지 않은 자각의 한 단면을 드러내고 있다. 이때 상담자는 이를 알아차리고 단순히 반복하는 반응을 한다. 이어서 내담자는 간단히 이에 반응하고 자신이 하고 싶었던 남편 비난에 비중을 두지만 순간적이나마 자신을 들여다볼 기회를 갖게 되고, 상담자는 다시 내담자의 흐름을 좇아간다. 이렇게 의미 있는 내용을 따라가며 그에 근거해서 반응을 하다 보면 이야기의 흐름을 촉진할 뿐 아니라 내담자의 자각을 키우는 데 도움이 되고, 이후 개입에 사용할 수 있는 의미 있는 자료를 수집할 기회가 되기도 한다.

내1: 남편은 거짓말을 밥 먹듯 하니까 이젠 도와주기 싫어요. 자기가 필요하면 어떻게든 저를 설득해서 빼앗아 가곤 하죠. 이번에도 다급하게 말하지만 믿어지질 않아요.

상1: 더 이상 남편을 믿기 어려우시군요.

내2: 근데 제가 알면서도 너무 속고 또 해 주곤 한다는 거죠.

상2: (아무개) 씨는 알면서도 또 해 주고요.

내3: 그러니까 남편은 저를 이용만 하는 것 같아요. 어제도 퇴근길에 저보고 자기 술 마시는 곳으로 와서 차를 갖고 가라는 거예요. 막히는 길에 제가 돌아오면 아이 저녁도 해먹이기 힘든 시간인데 그런 요구를 아무 생각 없이 던지는 거예요. 정말 얄미워 죽겠어요. (이어서 어제 있었던 일을 길게 이야기한다.)

내담자를 따라가면서 사용하는 방법 중 하나가 내담자가 말한 내용 중 핵심적인 내용 또는 단어를 단순히 반복하는 것이다. 내담자가 말한 내용의 핵심에 밑줄을 긋는 것과 같은 기법으로 내담자가 의미 있게 한 그 말을 상담자가 반복 사용하는 것은 내담자의 말을 의미 있게 듣고 있음을 전달할 뿐 아니라 내담자 스스로 그 단어의 의미를 더욱 탐색하고 확장해 가는 기회가 된다. 물론 이러한 기술을 계속 이어서 사용하는 경우는 드물지만 독자의 이해를 돕기 위해 내담자가 말한 내용 중 핵심적인 단어를 반복하며 따라가는 간단한 예를 들어 보겠다.

내1: 저는 철저히 혼자예요.

상1: *음, 혼자.*

내2: 생각해 보세요. 엄마도 제가 연락하지 않으면 전화 한 통 안 해요. 물론 돈이 필요할 땐 연락을 하시죠. 그러니 엄마에게 뭘 기대하겠어요.

상2: *엄마한테 기대할 게 없군요.*

내3: 언니는 어떻고요. 사실 엄마보다 언니한테 더 서운하다고요.

상3: *언니한테 더 서운하군요.*

내4: 네, 언니한테 더 서운해요. (목소리를 높이며) 엄마는 그렇다 치고 언니는 제가 궁금하지도 않을까요? 그래도 딱 하나 있는 동생인데!

3) 재진술

재진술(paraphrase)은 내담자의 언어적인 내용을 따라가면서 나타내는 상담자 반응의 한 형태로, 내담자가 말한 내용의 핵심을 참신한 표현으로 바꾸어 전달하는 것이다. 재진술은 내담자의 말을 듣고 감정을 읽어 주거나, 판단을 하거나, 어떤 가능성을 확인하기 위한 첨가를 하지 않고, 단지 말한 내용에서 핵심적인 생각을 끄집어내어 들려주는 짧은 형태의 요약과 같은 것이다. 다음은 재진술에 많이 사용되는 표현의 예이다.

- "당신은 …네요."
- "당신은 …군요."
- "그 일에 대해 …로 생각하는군요."
- "…라고 말씀하는 것으로 들려요."

- "…라고요?"

재진술은 내담자의 말에 대한 경청과 이해를 바탕으로 이루어지기 때문에 내담자에 대한 집중과 경청을 전달할 뿐 아니라 내담자의 반응을 통해 상담자가 이해한 내용의 핵심이 정확한지 확인하는 기회를 갖게 된다. 내담자는 상담자의 말을 통해 자신이 어떤 말을 하고 있는지, 그것이 타인의 말로 전달되었을 때 어떻게 들리는지 스스로 들어보는 기회가 된다. 내담자는 상담자의 재진술을 듣고 그 말을 확장할 수도 있고, 수정할 수도 있으며, 더 깊이 탐색할 수도 있다. 다음은 재진술의 예를 소개하는 내용이다.

사례 헤어지자는 확실한 결말도 없이 연락하지 않고 있는 이성친구를 어떻게 대해야 할지 모르겠다는 얘기를 나누고 있는 대화에서

내1: 처음엔 그냥 기다리는 게 낫겠다고 생각했어요. 헤어질 때 헤어져도 연락은 하겠지 기다렸는데, 지금까지 연락이 안 오니 끝이겠죠?

상1: *저쪽에선 벌써 정리한 걸로 생각하는군요.*

내2: 지난 한 주 동안 핸드폰만 쳐다보고 있었어요. 슬슬 화가 나고 그동안 나쁜 기억만 떠오르면서 나도 끝을 내야 한다는 생각이 들더라고요.

상2: *(아무개) 씨도 마음을 정리하고 있네요.*

내3: 그로부터 벗어나야 저도 다시 살아날 것 같아요.

상3: *자신을 위해서도 끝내야 한다는 거군요.*

연습 재진술

다음 내담자의 말에 대해 재진술 반응을 연습해 봅시다.

1. 친구들은 제게 부탁이 있거나 하소연하고 싶은 게 있을 때만 연락을 해요.
2. 이번 일(주요 프로젝트 팀원으로 선발됨)로 '하면 된다'는 생각이 들었어요.
3. 사람들과 가까워지면 나에 대해 너무 많이 알게 되는 게 부담스러워요.
4. (실직한) 아빠를 보면 마음이 아픈데도 아빠가 말만 시키시면 짜증이 나요.
5. 그 자리마저 가지 않으면 그들은 내가 존재하는지조차 모를 것 같아요.
6. 아버지가 학창시절 공부를 얼마나 잘했는지 자랑하시면 차라리 다른 생각하면서 듣는 척해 드려요.
7. 아내는 저 때문이라고 하지만 아내 말투가 신경질적인 건 결혼 전부터죠.
8. 남편은 편애하지 않는다고 발뺌하지만 둘째만 보면 입꼬리, 눈꼬리 다 올라가요.
9. 가족여행 가 봤자 서로 눈치만 보면서 불편할 거고 결국 돈 낭비, 시간 낭비예요.
10. 제가 좀 늦는 습관이 있거든요. 그래서 제 친구들은 그러려니 해요. (연속해서 지각한 내담자)

4) 인정

인정(affirmation)[1]은 내담자 자신의 인간적 품위와 가치를 존중하면서 내담자가 현재까지 선택한 방법, 감정, 상황에 대해서 받아들이고 승인해

1) 승인, 긍정의 의미와 유사한 뜻으로 쓰인다.

주는 것이다. 내담자들은 그것이 비록 비합리적 생각, 부정적인 감정, 파괴적인 방법 등 심리적으로 곤란을 초래한 것이었을지라도 자신의 가치와 경험을 바탕으로 고군분투하며 살아온 사람들이다. 또한 주변사람들로부터 상처받고 거절당한 경험도 많아서 상담초기 내담자는 낯선 상담자와의 만남에서 자신의 처지에 대해 수치심을 느끼기도 하고, 자기확신이 부족하여 불필요한 긴장을 하거나 방어를 나타낸다. 그런가 하면 자신이나 타인에 대한 부정적인 관념으로 인해 미리부터 상담을 꺼리는 마음도 적지 않다. 이 기법 역시 상담초기에만 사용하는 것은 아니나 라포가 형성되기 전 초기에 유용하게 쓰일 수 있다. 다음은 인정의 몇 가지 예문과 사례를 제시한 것이다.

- "그거 좋은 생각입니다."
- "오랫동안 버텨 오신 것만으로도 정신력과 의지가 대단한 분이세요."
- "오늘 대화하면서 많은 부분 솔직하게 말씀해 주셔서 크게 도움이 되었습니다. 앞으로 상담이 잘 진행될 거라는 기대감이 생깁니다."

사례 1 자녀의 학교문제로 상담권유를 위해 수십 번 통화를 시도했으나 계속 회피하다가 방문한 어머니

내: 말썽쟁이 자식을 가진 사람이 무슨 면목으로 학교에 오겠어요. 사실 오는 게 쉽지 않았어요.

상: *그 마음 이해합니다. 마음이 많이 불편하신 상태에서 오셨을 거예요.*

사례 2 감정을 잘 표현하지 못해서 번번이 자신의 권리를 침해당하는 대학생

내1: 과제를 하는데, 과제가 좀 많아서 마음이 급했거든요. 그런데 갑자기 선배(룸메이트)가 "야, 창문 닫아." 하는 거예요. 마치 종 부리듯이. 창문도 자기 쪽에서 더 가까운데…. 상담시간에 얘기한 것도 있고 기분이 팍 상하면서 몸이 안 움직여지는 거예요. 그래서 할까 말까 하다가, 화는 내면 안 될 것 같아서 벌떡 일어나 문을 닫았어요. 그리고 잠시 호흡을 가다듬고 선배한테 말했죠. "형, 아까 갑자기 문 닫아 했을 때 감정이 확 올라왔어요. 형과 잘 지내고 싶어서 닫기는 닫았는데, 갑자기 그렇게 종 부리듯 명령을 하니까 내가 뭐지 하는 생각에 몸이 굳어지더라고요." 그랬더니 형이 잠시 조용해지더니 미안하다고 사과를 하더라고요.

상1: *드디어 선배에게 용감하게 표현을 했네요.*

내2: 근데 형이 진지하게 미안하다 사과하는데 그 말에 미안한 감정이 확 올라오면서 내가 잘못했나 하는 생각도 들더라고요.

상2: *누구나 평소와 달리 행동하는 게 편치만은 않아요.*

내3: 그래서 "형, 앞으로 잘할게요." 하니까 형도 웃고, 그렇게 마무리했어요.

상3: 불편한 걸 표현은 했는데 또 다른 불편함도 있었군요. *그럴 수 있어요.*

사례 3 많은 일을 겪으면서 두문불출하다가 외롭고 사람이 그립다는 내담자

상1: 혹시 동창모임은 없으신가요?

내1: 동창들은 모두 잘 사는데 저만 팔자가 사나워 아직도 여기저기 기웃거리며 치이고 그런 느낌이에요. 그래서 동기들이 매달 만난다는데 연락을 해도 계속 안 나갔더니 이젠 연락도 없더라고요. 그러니까 제가 외로울 수밖에요.

상2: *그동안 겪은 일로 마음을 내기 힘드셨겠죠*. 이해합니다. 그래도 사람이 그립다고 하셨는데, 누구 떠올린 사람이 있는지 궁금해지네요.

인정은 모든 상황에서 그렇듯이 상담자의 진솔함이 무엇보다 중요하다. 인정은 내담자의 현재 처지에 대한 온정적 관심과 수용이라고 할 수 있으며, 동시에 "내담자가 자신의 처지를 인정하고 받아들이게 하기 위해, 또한 살아오면서 타당한 이유로 선택해 온 것들이 무엇인지 알게 하기 위해, 삶의 현실에 마주하게 하는 것이다(Rios & Ofman, 1972, p. 259: Larrabee, 1982에서 재인용)". 상담자의 인정을 통해 내담자는 자신의 선택에 그럴 만한 이유가 있었다는 자기수용의 기회를 갖고 자존감을 회복하거나 유지하면서 힘을 얻게 된다. 더 나아가 이러한 힘을 근거로 자신이 선택한 삶의 부정적인 측면, 즉 변화가 필요한 부분을 보게 된다. 상담자는 인정을 통해 그 사람을 수용하면서, 동시에 그가 변화해야 할 부분을 담아 두게(holding) 된다. 필자가 내담자의 입장을 옹호하고 수용하는 인정에 대해 강조하는 이유는 현재까지 내담자가 선택해 온 삶의 방식에 비합리적인 부분이 많다 하더라도 그것이 한 개인 그 자체는 아니며, 고

군분투하며 살아온 삶의 의지를 존중하는 자세를 잃지 않는 것이 무엇보다 중요하기 때문이다. 하지만 현재의 상태에 머물러도 된다는 식의 단정적이거나 상담자의 판단에 근거하여 해석하는 방식으로 인정기법을 사용하거나, 내담자를 안심시키기 위해 인정기법을 남발하는 것은 주의해야 한다. 힐(Hill, 2009/2012)은 감정을 감소시키고, 경험을 부정하고, 탐색을 중지하며, 도덕적 판단을 제공해서는 안 된다며 인정의 자제력 있는 사용을 권한다.

연습 인정기법

다음 내담자가 진술한 내용에 대해 인정반응을 연습해 봅시다.

1. 저도 이젠 전 같지 않고 여기저기 아픈 데가 많은데 (시)어머니 간병이 쉽진 않아요. (60대 여성)

2. 저보고 독단적이라고 비난하는데 제가 안 나서면 일이 안되니까 앞장선 거죠. 그리고 필요할 땐 은근히 제가 나서 주기 바라는 것도 있어요. (모임 구성원들과 갈등 중인 내담자)

3. (주변의 비난에 대해 이야기하며) 나보고 돈 쓸 줄 모른다고 왜 그렇게 사냐고 하지만 제가 정말 아끼고 모으고 해서 우리가 집 한 채라도 갖게 된 거거든요.

4. 선생님 아시잖아요. 저 숙제 싫어해요. 그런데 선생님이 내신 숙제 다 해 온 건 기록이라고요. (상담 중 상담자가 내준 과제를 해 온 것에 대해 자랑스럽게 말하는 남자 중학생)

5. 제가 속에 있는 불만을 모두 얘기하면 언니는 충격을 받을 거예요. 언니는 저밖에 의지할 데가 없어요. 그래서 웬만하면 언니한테는 참으려고 하는데 언니는 그런 제가 아무 생각 없이 착한 걸로만 보이나 봐요. (언니에 대한 돌봄과 누적된 감정의 무게로 힘겨운 여대생)

5) 요약

요약은 내담자가 이야기한 내용에 포함되어 있는 요점을 정리하는 방법이다. 구체적인 방법은 내담자가 다소 길게 말한 내용의 흐름을 파악하여 해석하거나 확장하지 않고, 그 속에 포함되어 있는 핵심적인 요소들을 간결한 문장으로 정리하는 것이다. 이러한 요약은 다음과 같은 상황에서 유용하다.

첫째, 내담자가 다양한 내용을 열거하여 이야기를 한 후, 전체 내용을 통합할 필요가 있을 때 내용의 핵심을 명료화하는 데 도움이 된다.

사례 아내와 불화상태에 있는 내담자가 자신이 최근 만난 영향력 있는 사람들에 대해 길게 이야기하고, 그중 어떤 사람과는 새로운 사업을 구상 중이라는 얘기, 아내가 자신이 무엇을 하는지 잘 모를 뿐 아니라 자꾸 이혼을 들먹인다는 얘기를 한 후

상: 사업 재개를 위해 사면팔방 뛰고 있고 잘 될 것 같은 일도 있어서 아내가 좀 알아주고 기다려 주면 좋겠다는 말씀이군요.

둘째, 내담자가 자신의 이야기에 빠져서 또는 강조나 설명을 위해서 장광설을 늘어놓으며, 어떤 주제로부터 벗어나지 못한 채 제자리걸음을 하고 있을 때, 내담자의 초점을 이어지는 주제나 해결로 이동하게 한다.

사례 이야기는 곧 인사발표가 있을 거라 회사 분위기도, 자신도 뒤숭숭하다는 데부터 시작해서, 자신과 가까운 김 선배, 그리고 직장 내 복잡한 인적 구조를 설명하느라 많은 등장인물, 그들의 특징과 관

계가 이어지고, 다시 자신의 사람에 대한 선호를 길게 설명할 조짐을 보였다.

상1: 지금 하고 계신 얘기를 잠시 정리해 볼까요. 김 선배와 가깝게 지내는 사람들이 알고 보니 모두 양 부장 라인이었고, 그러다 보니 본의 아니게 양 부장 사람으로 인식되어 불이익이 따르는 게 아닐까 우려된다는 말씀이네요. 그래서 앞으로 있을 인사에서도 불리할까 걱정하고 계시고요. (요약반응)

내1: 맞습니다. 자꾸 양 부장, 김 선배한테 불려 다니는 게 불편한데 어떻게 풀어 가야 할지.

상2: 마지막 부분에 내가 이런 사람들을 좋아하는 건 아니었다는 얘기를 하셨는데….

내2: (끼어들며) 이게 나도 모르게 만들어진 관계라는 거죠.

상3: 더 이상 그들에게 얽히고 싶지 않으신 거군요.

내3: 직장 내 관계가 친분보다 이익이 중요한데 줄을 잘못 섰나 하는 거죠.

상4: 인사가 다가오면서 관계에 대해 많은 생각을 하게 되신 것 같은데(전반적인 요약), 이 관계가 인사에 미칠 영향에 대해 (아무개) 씨의 생각이 궁금해요.

셋째, 요약은 회기를 시작하거나 마칠 때도 도움이 되는 방법이다.

회기를 시작할 때는 지난 회기를 요약하여 상기할 기회를 가지면 회기 간에 연결이 되고 목표에 맞게 내용을 유지해 나가는 데 도움이 된다. 또한 각 회기를 마치며 그 회기를 정리하기 위해서도 요약을 할 수 있다. 이러한 요약은 상담자가 할 수도 있지만 내담자에게 요청을 해서 내담자의 지각과 더 많이 주의를 기울이는 부분에 대해 들어보는 기회로 활용할 수 있다. 각 회기에 대한 요약은 상담자와 내담자 간의 인식 및 의미부여의 공통점과 차이점을 감지할 수 있는 기회가 된다.

회기를 마칠 때

- 내담자에게 요약할 기회를 주는 경우

상: 이제 시간이 다 되어 가네요. 오늘 이야기한 내용과 기억에 남는 내용을 정리해 보면 어떨까요? (내담자 스스로 정리할 기회를 준다.)

- 상담자가 요약할 경우

상1: 오늘 (아무개) 씨는 곧 있을 인사에 마음이 많이 쓰이네요. 그러나 현재 인사는 기다리는 수밖에 없고, 이 기회에 내가 사람들에게 어떻게 보이는지 알고 싶고, 사람들에게 끌려다니는 데서 벗어나고 싶다는 얘기로 흘러왔네요. 제가 잘 정리했나요?

내1: 네, 끌려다니는 데는 제 문제가 있는 것 같습니다.

상2: 그 얘기는 (아무개) 씨가 상담을 온 목적, 즉 인간관계를 잘하고 싶다는 것과 관련된 얘기이기도 하네요. 다음엔 그에 대해 더 얘기를 해 보면 좋을 것 같아요.

회기를 시작할 때

- 지난번 주제와 연결하면서

상: (앞의 내담자라면 우선 인사를 기다리는 상황 등 주변 얘기로부터 시작할 것이다. 덧붙여) 지난번 (아무개) 씨가 사람들에게 끌려 다니는 경향이 있고 그로부터 벗어나고 싶다, 그런 데는 내 문제도 있다, 그런 말씀을 하신 게 기억나는데, 오늘 그 얘기를 계속해 볼까요?

내: 그 얘기를 나눈 후 자꾸 제 모습이 눈에 뜨이더라고요. 예를 들면….

상: 지난번 상담내용 기억하시나요? (내담자 반응을 듣고) 그 얘기를 계속할까요, 아니면 먼저 나눌 다른 얘기가 있나요?

4. 초기단계의 질문

1) 목적에 따른 질문유형

회기 중 상담자의 반응은 가능한 한 하나하나가 상담목표 및 과정에 도움이 되는, 의도된 것이어야 한다. 질문 역시 무의식적이고 기계적인 것이 아닌, 의도되고 효율적인 것이어야 한다. 상담에서 사용되는 몇 가지 질문의 목적과 예를 소개하면 다음과 같다.

- 경청과 함께 대화를 촉진하기 위해

  "그래요?"

  "그래서요?"

  "(몸이 안 좋다는 내담자의 말에 이어) 몸이 어떠신데요?"

- 객관적 정보 수집을 위해

  "그게 언제 일어난 일이죠?"

  "형제 중 몇째신데요?"

  "그 친구가 지난번 싸웠다는 그 친구?"

- 대화를 시작하거나 이어 가기 위해

  "오늘은 어디서부터 시작할까요?"

  "지난번 아빠 얘기를 하다가 시간에 쫓겨 끊어졌는데, 그 얘기를 계속할까요?"

  "(긴 침묵 후) 많이 망설이는 그 얘기가 뭘까요?"

- 빠진 정보를 채우기 위해서 또는 구체화를 위해서

사례 명절에조차 지방에 있는 본가에 내려가기를 망설인다는 내담자와의 대화

내1: 저한테 관심이 없으니까 집에 내려가기 싫어요.

상1: 관심이 없다고 말할 때 떠오르는 사람은 누군가요?

내2: 엄마랑 언니요.

상2: 엄마랑, 언니… 아빠는?

내3: 아빠는 좀 달라요.

상3: 아빠는 어떻게 다른가요?

내담자(내1)는 집에 내려가기 싫은 이유로 누군가를 떠올리며 자신에게 관심이 없다고 말한다. 상담자는 그 빠진 부분, 즉 누구를 지칭하는 것인지 묻는 질문을 한다(상1). 아빠는 좀 다르다(내3)는 말에 대해서는 구체적인 내용파악을 위해 설명을 기대하는 질문을 한다(상3). 이 사례에서는 질문을 통해 가족들이 내담자를 대하는 데 차이가 있는 부분과 그에 대한 내담자의 지각을 이해하는 데 도움이 되는 이야기로의 전환점을 만들고 있다.

• 심층적인 탐색을 위해

앞에서의 구체화 질문과 크게 다르지 않지만 목적은 단순히 빠진 부분을 찾거나 보다 구체적인 그림을 그리는 것을 넘어서 내담자의 심층심리나 특정 상황에서 내담자가 한 행동을 파악하는 데 목적을 둔 질문들이다. 즉, 내담자가 보다 더 많이 개방하는 데 초점을 둔 질문으로, 상담관계가 잘 이루어져 있어서 내담자가 기꺼이 개방할 준비가 되어 있을 때(시기의 적절성) 던질 수 있는 질문이다.

사례 앞의 내담자가 가족 이야기를 계속해 나간다.

내1: 과일을 먹을 때도 엄마와 언니만 있으면 저를 부르지 않고 둘이 먹는 적이 많거든요. 그런데 아빠가 계시면 꼭 저를 나오라고 하셨어요.

상1: 아빠는 (아무개) 씨가 함께하기를 원하셨네요. 아빠가 그렇게 불러 주실 때 (아무개) 씨는 어떤 마음이었을까요?

내2: 좀 복잡했어요.

상2: 복잡했구나. 조금만 더 얘기해 줄 수 있나요?

내3: 엄마, 언니는 아빠도 싫은데, 아빠가 저까지 굳이 부르시는 거예요. 아빠가 불러 주는 건 고맙지만 엄마, 언니 눈치가 보여서 나가는 게 쉽진 않았어요. 그땐 고맙기보다 불편했어요. 아빠가 주책 떤다고 생각했어요.

상3: 불러 주시는 게 고맙긴 했지만 그런 상황이 편치만은 않았군요. 그럴 때 (아무개) 씨는 어떻게 했나요?

- 상담자가 이해한 내용이 정확한지 확인하기 위해

  "(아무개) 씨에게 집은 여전히 불편한 상황이 반복되는 곳이어서 궁금하면서도 두려운 거죠? 제가 잘 이해했나요?"

질문은 시기적으로 내담자가 기꺼이 대답할 준비가 되어 있을 때 던져야 기대하는 반응, 즉 답을 구할 수 있다. 여섯 가지 질문 중 어떤 것이라도 시기적절하지 않거나 과하게 사용되면 내담자는 불편해하고 방어하게 된다. 경청반응의 하나인 첫 번째 질문도 지나치게 자주 사용하면 내담자의 흐름에 방해가 된다. 객관적 정보를 구하는 두 번째 질문은 내담자가 내놓을 용의가 있는 수준의 정보를 넘어설 때 거부감을 낳는다. 누구라도 만난 지 얼마 되지 않아서 불쑥 지극히 사적인 정보에 대한 질문을 받으면 불편할 것이다. 세 번째 질문, 즉 대화를 시작하거나 이어 가기 위해서는 꼭 질문을 던지지 않더라도 침묵과 함께 잠시 기다리는 것이 더 도움이 될 때가 있다. 네 번째 질문 역시 기계적으로 빠진 부분을 찾는 데 집중하다 보면 상담자가 사실 확인을 하는 취조관처럼 행동을 하고 내담자는 방어적인 태도로 간단한 답변만 하는 소극적인 자세를 취하게 만들 가능성이 크다. 이 역시 내담자가 내놓은 자료를 중심으로 적절하게 사용하는 것이 바람직하다. 다섯 번째 질문인 심층적인 이해를 위한 질문은 내담자가 회피하거나 부인해 오던 부분까지 파고 들어가는 대화에 활용되기 때문에 상담자와 내담자 간에 신뢰가 쌓이고 이러한 작업에 대한 협조관계, 즉 상담관계가 돈독해졌을 때 사용할 수 있는 방법이다. 따라서 상담초기에는 거의 사용하지 않는 질문으로, 다섯 번째 질문 유형에 대해서는 상담의 중간단계(제7장)에서 다시 다룰 것이다. 여섯 번째 질문인 확인질문은 상담자가 재진술하거나 공감표현을 한 후 덧붙일 수 있지만 모든 경우 반복적으로 사용하기보다는 꼭 점검이 필요한 경우 적절하게 사용하기를 권한다.

2) 폐쇄형 질문과 개방형 질문

질문의 형태에는 폐쇄형 질문과 개방형 질문이 있다. 두 가지 질문의 형태는 다음과 같이 구분된다.

(1) 폐쇄형 질문

특정 주제 및 사실 확인에 초점을 둘 때 사용할 수 있는 질문방법으로, 특정 시간(예: 같은 날이었나요?), 특정 장소(예: 휴가를 동해안으로 간다고 했나요?), 특정 사람(예: 그 친구가 A인가요?), 특정 상태(그 자리가 불편했나요?), 특정 행동(그래서 화를 냈나요?), 특정 사실(취미가 사이클링인가요?) 등에 대해 확인하는 질문, 그리고 대부분 '예' '아니요' 등으로 한정된 답변이 따라오는 질문의 형태이다. 따라서 내담자는 상담자의 질문의도에 한정된 답을 할 뿐 폭넓은 선택이나 설명을 하지 않을 가능성이 크고, 상담자는 제한된 답 이외의 정보를 구하기 어렵다는 한계가 있다. 다음은 폐쇄형 질문의 예이다.

상1: 여기 오는 길이 어렵진 않지요?
내1: 네.
상2: 지하철을 타고 왔나요?
내2: 아뇨, 버스요.
상3: 길이 막히진 않던가요?
내3: 네. 괜찮았어요.

상1: 엄마가 전화를 주셨는데 며칠 전 엄마가 (아무개) 아프다고 휴가를 내셨다고요?
내1: 네.
상2: 그럼 엄마랑 둘이 지낼 수 있었겠네요?
내2: 네.
상3: 아프다고 챙겨 주고 잘해 주셨어요?
내3: 네.
상4: 그래서 기분이 좋았어요?
내4: 네. 좋았어요.

(2) 개방형 질문

개방형 질문은 어떤지("그와 맞닥뜨렸을 때 어땠나요?"), 어떻게("그 일을 어떻게 진행할 건가요?"), 무엇("그곳에서 무슨 일이 벌어졌나요?") 등의 의미를 포함하고 있는 질문으로 상태(어떤지), 과정(어떻게), 내용(무엇)을 알고자 하는 의도를 포함하는 질문이다. 이러한 질문에 대한 답은 폭넓게 열려 있어서, 내담자는 자신이 답하고 싶은 부분에 초점을 맞추어 보다 자유로운 답변, 즉 설명식의 답변을 하게 된다. 다음은 앞의 예를 일부 개방형 질문으로 바꾼 것이다.

상1: 집에서 여기 오는 길이 어떤가요?
내1: 거리는 있지만 별로 힘든 길은 아니에요.
상2: 차편은 어떤 걸 이용하세요?
내2: 버스 노선이 지하철보다 편해서 버스 타고 왔어요.
상3: 길은 어떻던가요?
내3: 생각보다 별로 막히지 않던데요. 다닐 만해요.

상1: 엄마가 전화를 주셨는데 며칠 전 엄마가 (아무개) 아프다고 휴가를 내셨다고요?
내1: 네. 그랬어요.
상2: 그래서 그날 어떻게 지냈어요?
내2: 엄마랑 단둘이 집에 있었고, 엄마가 아프다고 맛있는 죽도 쑤어 주셨어요.
상3: 그래 기분이 어땠어요?
내4: (피식 웃으며) 맨날 상담실에 와서 엄마 흉만 봤는데, 솔직히 그날 좀 미안했어요. 그래도 뭐, 좋았어요. (미소)

상담면접에서 개방형 질문을 했을 때의 이점은, 첫째, 내담자가 이야기하고 싶은 부분에 초점이 맞춰질 가능성이 높고, 둘째, 설명식의 답변을 통해 보다 많은 정보가 포함된 답변을 들을 수 있고, 셋째, 상담과정이 질문하고 답하는 식의 기계적 패턴에서 벗어나 보다 심층적인 대화를 나누는 데 도움이 된다는 것이다. 이러한 이점으로 인하여 상담면접에서는 개방형 질문을 더 많이 권장하게 된다. 그러나 개방형 질문을 사용할 부분에 폐쇄형 질문을 사용하면 대화의 순조로움에 지장을 가져올 수 있다는 것이지 폐쇄형 질문을 절대 사용하지 말라는 것은 아니다. 앞에서도 기술했듯이 어떤 구체적인 정보를 수집하기 위한 질문이나 사실을 확인하기 위한 질문('~한가?' '~했나?' '~인가?')을 위해서는 폐쇄형 질문을 사용할 수도 있다.

상1: 지난번 귀가가 너무 늦어서 크게 야단맞은 것도 중1 때 일인가요?

내1: 네. 맞아요.

상2: 그때 그 친구가 지난번 말한 중학교 때 가장 친한 친구와 동일인물인가요?

내2: 네, 맞아요. 그 친구예요.

3) 질문과 관련된 참고사항

상담면접에서 질문과 관련하여 기타 고려할 사항을 몇 가지 덧붙이면 다음과 같다. 여기서의 제안은 질문유형이나 언어적 내용 그 자체보다 질문에 수반되는 정서나 방법 등 대화 맥락과 관련된 것들이다.

(1) 선반응 후질문

가능한 질문 전에 내담자의 말에 적절한 반응을 하고 질문하라. 이 말을 유념하지 않으면 상담자는 내담자에 대한 정보수집이나 사실 확인에 급급해서 내담자의 이야기에 대해 반응하지 않고 곧바로 자신이 궁금하게 여기는 점에 초점을 맞춰서 질문을 던지게 된다. 이럴 경우 문제는 상담자가 내담자가 말한 내용은 쫓아가지만 정서나 이면의 감정에 주의를 기울이지 못할 수 있고, 내담자 역시 상담자가 지금 여기에 자신과 함께 있어 주는 느낌을 전달받지 못하게 된다는 것이다. 매번 그럴 필요는 없으나, 우선 내담자가 방금 전에 한 말에 대한 반응, 즉 반복해 주기, 수용, 재진술, 감정반영, 공감 등으로 반응하는 기회를 갖고 질문하도록 노력하기를 권한다. 그러다 보면 곧바로 질문할 때와 내담자를 알아차리는 반응이 필요한 때를 구분하면서 질문을 사용하게 된다. 곧바로 "그렇게 못한 이유라도 있나요?"보다는 "그랬군요."라고 일단 내담자의 말을 받아들이고 그렇게 못한 이유를 묻는 것이 내담자를 더 잘 이해하고 존중하는 태도일 것이다. 이렇게 내담자를 따라 가며 적절하게 반응하는 여유는 질문에서뿐 아니라 내담자를 대하는 전반적인 태도가 되어야 한다.

(2) 서술형의 질문

질문은 적절하게 사용하면 도움이 되지만, 시기적절하지 않거나 수반되는 비언어적 메시지에 따라 또는 전달방법에 따라 다소 공격적이나 무례하게 느껴질 수도 있다. 그러한 단점을 보완하기 위해 사용할 수 있는 방법이 질문의 의미를 내포하고 있는 서술문을 사용하는 것이다. 앞의 예에서 과제를 약속한 내담자가 과제를 해 오지 않았다는 말에 덧붙여 "그랬군요. 그렇게 못한 이유라도 있나요?"라는 질문을 "그랬군요. 과제가 힘들었나 봐요."라고 해도 내담자는 과제를 못한 이유나 변명을 하게 될 것이다. 즉, 맥락상 질문이 내포된 서술문을 사용한 예이다. 또 다른 예로, 늘 어머니와 다니면서 친구가 없어서 외로워하는 여대생에게 "여대생들은 자기 옷을 살 때 유행도 공유하고 친구들과 쇼핑을 다니는 경우가 많던데 (아무개) 씨는 어머니랑 다니는 게 더 좋은가 봐요."라고 하는 말도 친구와 함께 하는 쇼핑과 어머니와 함께 하는 쇼핑의 차이나 그렇게 하는 이유에 대한 설명을 촉진한다. 질문에 대한 답을 듣는 것과 같은 효과가 따라오는 동시에 서술형으로 부드럽게 전달하기 때문에 내담자가 편안하게 답하도록 이끄는 질문인 셈이다.

(3) '왜'라는 질문

내담자에게 직접 던지는 "왜요?" "왜 그랬어요?"와 같은 질문은 내담자를 불편하게 하고 방어를 부추길 수 있다. 그 말을 건네는 맥락에 따라서는 자연스러울 수도 있지만 일반적으로 이러한 질문에는 추궁과 비난의 의미 또는 이유를 설명하라는 압력이 포함된 것으로 들리기 때문이다. 부득이한 경우 이를 좀 더 부드럽게 "그렇게 한 이유라도 있나요?" 혹은 "그렇게 한 이유가 궁금하네요."라고 할 수도 있는데, 이렇게 물을 때조차 '그렇게 했어야 하는데….'라는 전제가 포함되어 있어서 비난처럼 느껴질 수 있다.

예를 들어, 회기 중 내담자와 특정 과제를 해 보자고 계획을 하고 이를 실행하기 위해 연습을 반복하고 헤어졌는데 다음 회기에 와서 그 과제를 못했다고 보고하는 내담자를 떠올려 보자. 이미 불편한 마음으로 왔는데 상담자가 "왜 안 했어요? 그렇게 중요하다고 해 놓고?"라고 하면 그것은 질문이기보다 비난으로 느껴질 것이다. "그랬군요. 그렇게 못한 이유라도 있나요?"라고 하면 좀 더 편하게 이유를 설명할 수 있을 것이다. 한편, "그랬군요. 과제가 힘들었나 봐요."라고 하면 더 편하게 대화를 이어갈 수 있을 것이다. 이러한 차이, 즉 상담자의 표현에 따라 달라지는 내담자의 마음을 감지하고 상황에 맞게 적절한 표현을 하는 것이 필요할 것이다. 상담자는 자신의 약점을 많이 드러낼 수밖에 없는 내담자에게 불편감을 더 보태 주기보다는 편하게 자신을 개방하도록 기회를 열어 주는 것이 바람직하다.

(4) 중복질문의 문제

앞에서도 강조했듯이 상담자는 회기 중 내담자뿐 아니라 자신에 대해 깨어 있어서 자신이 하는 말과 행동을 알아차리고 그 모든 것이 상담자로서의 적절한 반응이 되도록 관리를 해야 한다. 즉, 상담자의 말과 행동은 내담자를 돕기 위한 것으로 모두 의도적·의식적인 것이 되어야 한다. 간혹 상담자가 자신도 의식하지 못한 채 한 번에 두세 개의 질문을 던지는 경우를 보게 된다. 예를 들면, "어머니와 다니는 걸 특별히 좋아하는 이유라도 있을까요? 보통 그 나이엔 옷 같은 거 사러 갈 때 친구들과 가야 유행에도 뒤지지 않잖아요? 지난번 친구들이 아울렛에 함께 가자고 할 때도 엄마와 마트 약속 있다고 그냥 왔다고 했죠?"라고 이어지는 질문을 받은 내담자는 질문이 공격적으로 느껴져 심리적으로 위축되고, 상담자가 어떤 의도로 질문을 던지는지 초점을 맞추지 못하거나 이 세 가지 질문 중 어디에 답을 할지 혼란스럽다. 또한 상담자의 입장에서도 질문을 이용한 공격이 아닌 이상 스스로 질문 하나하나의 의도를 의식하지 못했기 때문에 이렇게 여러 개의 질문을 던졌을 가능성이 크다. 상담자는 한 가지 질문을 던지고 그 답을 듣거나 내담자의 반응을 감지하고 그 다음 면담을 진행해 나가는 신중한 태도를 유지해야 하며, 그래야 상담자나 내담자 모두 대화에 집중해서 귀중한 시간을 낭비하지 않게 된다.

4) 초기과정에서의 질문

내담자에 대한 정보가 많지 않은 초기엔 많은 궁금증과 질문이 쉴 새 없이 떠오를 수밖에 없다. 그러나 떠오르는 질문을 즉시즉시 던지고 내담자는 그 질문에 따라 답하는 방식으로 진행하다 보면 상담내용이 주로 상담자의 질문에 따라 결정되면서 내담자가 주저하면서도 다루고 싶어 하는 부분과는 거리가 멀어질 수 있다.[2)]

상담초기에는 가능한 내담자에게 더 많은 주도권을 주면서, 내담자가 주제를 정하고 이야기를 더 많이 할 수 있는 방법으로 진행을 해야 더 많은 정보뿐 아니라 내담자의 욕구를 알아차릴 수 있다. 즉, 초기 면접에서는 이야기 진행의 순조로움을 방해하지 않는 선에서 내용과 관련해 빠진 부분, 구체화가 필요한 부분에 대해 개방형 질문을 던지거나 대화의 촉진을 위한 질문, 꼭 필요한 사실 확인을 위한 질문을 던지면서 내담자를 따라간다. 그러나 상담에 대해 자발성이 떨어지거나 타인과의 대화에 대해 두려움을 나타내는 내담자, 또는 전문가의 처분만 기대하는 내담자의 경우는 상담자에게 자발적으로 자기보고를 하는 데 소극적이고 상담자에게 의존적인 태도를 나타낸다. 이럴 때 상담자는 조급해지며 더 많은 것을 이끌어 내기 위해 질문에 의존할 수도 있다. 이러한 상담자와 내담자 간의 역동을 알아차리고 조절하는 것이 기법사용보다 더 중요하다. 초기 상담에서는 가능한 한 내담자에게 주도권을 주고 내담자가 자발적으로 드러내는 심리적 요소를 중심으로 이야기를 확장해 나가면서 내담자에 대한 이해를 넓히는 것이 바람직하다. 그러기 위해서 질문보다는 내담자를 따라가거나 필요시 손을 내민다는 느낌으로 질문도 적절한 때에 적절한 수준으로만 사용한다.

---

2) 브로드스키(Brodsky, 2011/2013)는 그의 저서 『비자발적 내담자와 상담하기』에서 그 핵심은 '질문하지 않기'라고 강조한다. 질문의 핵심과 문제를 심층 이해하고 질문에 대해 더 신중하게 접근하며 그 대안에 대해 알고자 하면 이 책을 참고한다.

맺는말

내담자가 상담자와의 첫 대면에서 느낄 수 있는 전문성의 차이는 상담자의 태도와 대화기술에 있을 것이다. 내담자의 마음을 움직이게 하는 데 가장 큰 역할을 하는 상담자의 태도 및 내담자에 대한 이해 역시 많은 부분 대화를 통해 전달되기 때문에 상담자가 상황에 맞고 적절하게 사용하는 면접기술은 무엇보다 중요하다. 학습자들 역시 상담자로서 대화기법이 무엇인지 그리고 그 기법에 담겨 있는 의미가 무엇인지 알고 그것을 사용할 수 있는 자신감을 갖게 되었을 때 내담자를 맞이하여 첫 회기를 운영할 수 있는 상담자로서의 효능감이 높아질 것이다. 여기서는 우선 내담자를 존중하고, 따라가며, 경청하고, 내담자가 더 개방적이 되도록 돕는 기본적인 기법들, 즉 경청, 재진술, 인정, 요약, 상담초기 적절하게 활용할 수 있는 질문방법에 초점을 두어 소개하였다. 이러한 기법들은 내담자가 언급한 내용을 최대한 수용하고 존중하면서 내담자가 가고자 하는 방향을 따라가면서 이해하는 데 도움이 되는 것들로, 초기 관계형성 및 내담자 이해에 도움이 되고, 상담 전 과정을 통해 가장 많이 활용하게 되는 것들이다. 따라서 이러한 기법을 지적으로 이해하는 것도 중요하지만 자연스럽게 사용할 수 있도록 많은 연습과 훈련기회를 갖도록 권하는 바이다.

| 연습에 대해 가능한 반응 |

연습 재진술

1. 친구들이 필요할 때(또는 아쉬울 때)만 찾는군요.

2. 이번 일로 성취감과 자신감을 갖게 되었네요.

3. 사람들에게 알리고 싶지 않은 내 모습 때문에 거리를 두게 되는군요.

4. (아빠에 대해) 마음과는 다르게 행동하고 있네요.

5. 그만큼 (아무개) 씨에 대해 관심이 없다는 거군요.

6. 듣는 시늉이라도 하면서 맞춰 드리는 게 더 낫다는 거죠.

7. 그 원인이 부부관계 때문만은 아니라고 생각하시는군요.

8. 남편의 둘째 사랑은 표정만 봐도 알 수 있군요.

9. 여행이 가족관계에 도움 될 게 없다는 거군요.

10. 습관이라 쉽게 고치기 어려우시다고요.

연습 인정기법

1. 간병은 누구에게나 쉽지 않은 일인데 그 연세에 정말 고생이 많으시네요.

2. (아무개) 님이 솔선수범해서 그 모임이 잘 유지되어 왔겠구나 하는 생각이 드네요.

3. 수입이 많은 것도 아니었는데 그만큼 이루어 놓으신 걸 보면 엄청난 노력을 하

셨을 거예요.

4. 정말 기록에 남겨도 좋을 만큼 열심히 해 왔네. 인정!

5. 언니가 알아주지 않는데도 언니를 돌봐 주고 싶어서 애쓰는 마음으로 버텨 왔다는 게 대단하세요.

제 3 장

공감

1. 라포의 형성과 공감

제1장에서는 상담관계의 형성과 그 특징, 그리고 상담관계 형성을 위한 상담자의 자세와 태도에서 강조되어야 할 점이 무엇인지를 다루었다. 상담관계가 잘 형성되었다는 것은, 내담자의 입장에서 보면 상담자의 전문성, 인간성, 내담자에 대한 이해 및 내담자를 대하는 태도와 기술에 대해 신뢰할 수 있게 되고, 그 결과 내담자 자신이 상담과정에 대해 자발적인 협조와 참여를 하게 되었음을 의미한다. 이는 상호 신뢰와 협조, 친밀감을 바탕으로 상담과정이 순조롭게 진행될 수 있는 촉진적인 인간관계가 형성되었음을 의미하며, 전문용어로는 라포(rapport)가 형성되었다고 말한다. 여기서 상담과정이 순조롭게 진행된다는 말은 문자 그대로의 순조로움을 의미하기보다는 그 과정이 지체되거나 힘든 과정에 도달

해도 두 사람이 협력해서 이를 버티고 함께 해결해 나갈 수 있는 힘이 생겼음을 의미하며, 이렇게 치료를 위해 형성된 관계적 요소를 작업동맹(working alliance)이라고 한다.

그린슨(Greenson, 1967)은 선행연구 결과를 종합하여 상담관계에 작업동맹, 전이와 역전이의 구성, 실제관계의 세 가지 요소가 포함되어 있음을 발견하였다. 실제관계(real relationship)는 상담자와 내담자가 진솔한 태도로 존재하는 진실성(genuineness)과 서로를 있는 그대로 경험하고 지각하는 실제성(realism)의 두 가지 요소로 구성되는 순수한 인간관계적 연결을 의미한다(Gelso, 2002). 즉, 상담관계에는 상담자와 내담자가 상담과제를 수행하는 데 요구되는 전문적 접촉(작업동맹) 외에도 있는 그대로의 실제적인 접촉(실제관계), 그리고 전이와 역전이 관계 등이 관련된다는 것이다. 이후 연구에서 진실성은 작업동맹과 관련되고, 실제성은 치료성과를 예언하는 것으로 나타났다(Gelso et al., 2005).

상담자를 만났을 때 내담자는 우선 그 사람이 전문적 도움을 제공할 수 있는 전문가이기를 기대한다. 그러나 전문적 상담자는 섣불리 전문적 처방이나 해석을 내놓기보다 내담자로부터 많이 듣고자 하며 내담자에 대한 보다 깊은 이해를 바탕으로 전문적인 도움을 제공하고자 노력한다. 상담자가 내담자를 따라가며 신뢰를 쌓고 이해해 가는 과정이 초기과정이라면, 내담자 이해를 바탕으로 좀 더 적극적으로 상호작용하고 개입하면서 문제해결 및 성장을 위해 공동의 노력을 넓혀 가는 것이 중간단계, 즉 심화단계인 것이다. 상담자는 전 과정을 통해 내담자의 관점을 존중하고, 내담자로부터 내담자에 대해 배우며, 내담자가 경험하는 매 순간의 경험을 알아차리고 그것을 반영하고 공감하면서 라포를 형성해 간다. 초기의 라포 형성은 전인으로서의 내담자, 내담자가 겪고 있는 고통이나 문제, 배경을 이해하는 과정과 병행하여 이루어지기 때문에 상담자로서 내담자를 대하는 태도와 자세, 경청을 포함하는 기본적인 면접기술의 적절한 사용과정 모두가 영향을 미친다. 내담자는 상담자가 자신을 대하는 태도와 상담자의 구체적인 반응들을 통해 자신이 전문가를 만나고 있다는 것을 실감하면서 상담에 보다 적극적으로 참여하게 된다.

상담자로부터 일상생활에서 만나는 사람들과는 차별화된 반응을 경험하는 것은 비자발적인 아동이나 청소년내담자들의 상담동기를 높이는 데도 도움이 된다(Pledge, 2004/2005). 즉, 상담자는 어린 내담자들과의 관계에서도 권위적인 관계가 아닌 협력관계를 유지하면서 내담자들의 관점을 존중하고 그들을 이해하려고 노력한다. 이러한 관계유지를 위해서 상담자로서의 진솔한 태도가 중요할 뿐 아니라 앞에서 열거한 모든 기법의 적절한 활용이 도움이 되지만, 라포의 형성 그리고 바람직한 상담관계 형성에 중대한 영향을 미치는 반응의 하나가 공감(empathy)이다. 공감은 전체 과정을 통해 중요한 기법이지만, 라포를 형성하는 초기에는 상담자가 내담자 자신에 대해, 그리고 내담자가 언급하는 내용에 대해 이해하고 있다고 전달해 주는 것이 상담동기를 높이고 적극적으로 상담에 참여하게 만드는 요인이 된다.

2. 정서 다루기와 감정반영

1) 내담자의 정서 다루기

심리상담은 정서, 인지, 행동의 유기적 관계를 전제로 이들 요소 모두를 중요하게 다루지만 각 접근에 따라 강조점을 달리하는 면이 있다는 것은 우리 모두가 알고 있는 바이다. 그럼에도 통합적 접근을 강조하거나 초이론적 접근을 하는 입장에서는 대부분 상담초기과정에서부터 정서를 중요시하고 일찍부터 이를 다루고자 한다. 정서적 결핍감이나 정서적 억제, 차단, 누적된 부정적 정서와 같은 정서적 문제는 심리적 문제뿐만 아니라 신체적 문제의 원인으로 작용하며, 상담 장면에서는 자신의 내면에 접촉하고 탐색해 나가는 데 장벽이 되기 때문이다. 정서는 우리에게 무엇이 중요한지, 무엇이 필요한지, 원하는 것이 무엇인지 알려 주며, 궁극적으로 주어진 상황에서 어떤 행동이 가장 적절한지를 찾아내도록 돕는 역할을 한다(Elliot, Watson, Goldman, & Greenberg, 2004/2013).

우선 정서에 대한 정확하고 깊은 이해를 위해서 정서와 관련된 느낌 그리고 기분 등에 관한 미국심리학회(APA)의 사전적 정의를 살펴보고자 한다(VandenBos, 2015). "사람들은 어떤 대상, 경험에 대해 쾌, 불쾌의 느낌으로 대별되는(그러나 각 느낌은 특수한 정신내적 속성을 지니고 있다. 예를 들어, 공포와 분노는 다르다) 느낌 또는 감정(feeling)을 경험하곤 한다. 느낌은 그것을 촉발시킨 감각이나 사고, 심상과는 관계없이 각 개인에 따라 매우 주관적인 것으로, 그것의 핵심적 특징은 그 느낌에 대한 개인의 평가에 달려 있다(p. 416)." 정서(emotion)는 "개인적으로 중요한 일이나 사건을 처리하기 위해서 시도하는 복합적인 반응형태로, 경험적 · 행동적 · 생리적 요소가 포함된다(p. 362)." 즉, 정서는 감정이 밖으로 표현된 형태라고 할 수 있다. 기분(mood)은 "잠깐 동안의, 일반적으로 강도가 약한 정서적 상태(예: 상쾌한 기분, 초조한 기분), 또는 몇 시간, 며칠, 몇 주까지 이어지는 특별한 방식으로 반응하는 정서적 성향으로 대개는 낮은 수준이고, 그 상태를 촉발한 것이 무엇인지 알지 못하는 상태"(p. 666)이다.

APA의 사전에서는 이들 용어를 정의하면서 각 용어의 관계와 구분에 대해서도 기술하고 있다. 이를 요약하면, 정서는 한 개인의 주관적인 경험, 즉 감정을 포함하지만, 각자의 주관성을 넘어 대부분의 사람이 명시적 또는 암묵적으로 정해 놓은 것이라는 점에서 차이가 있다. 예를 들어, 한 개인이 어떤 장면에서 슬픔을 느끼느냐 또는 분노를 느끼느냐는 주관적인 경험이지만, 한 개인이 눈물을 흘리는 감정표현을 할 때 그것을 슬픔이라는 정서로 구분하는 것은 우리 모두의 약속인 것이다. 그리고 기분은 대상이 분명하지 않다는 점에서 정서와 구분된다.

이처럼 어떤 상황, 어떤 대상에 대해 느끼는 감정은 각자 다르고, 감정을 표현하는 방식에도 차이가 있다. 우리는 정서적 체험을 받아들이고 표현하는 양식에 있어서 각자 다른 가정적 배경이나 교육경험, 그리고 각자 다른 신념과 습관을 갖고 있어서, 어떤 사람들은 이를 자연스럽게 받아들이지만 어떤 사람들은 정서에 함몰되어 정서와 거리를 두고 바라보는 것이 힘들다. 또 다른 사람들은 자신의 감정을 조절하는 것이 매우 중요하고 정서적으로 흔들리지 않는 태도를 유지하는 것에 가치를 두기 때문에 상담자가 정서에 관심을 보이는 것이나 자신의 감정적인 동요에 대해 당황한다. 일상적 상황에 비해 정서적 접촉에 더 많이 관심을 두는 상담현장에서 보면 의외로 자신의 감정과 접촉하는 것이 힘들거나 그것을 꺼리는 사람들이 많음을 알 수 있다. 코리(Corey, 2000/2001)도 많은 내담자가 자신의 정서를 말로 표현하는 것을 꺼리는 것에 대해 언급하면서 특히 동양문화권 내담자들은 오랫동안 감정을 억제하는 데 익숙해져 있기 때문일 것이라고 기술하고 있다.

상담자는 내담자로 하여금 자신의 정서에 접촉하도록 돕는다. 어떤 특별한 상황에서 자신이 일차적으로 어떤 정서를 경험하는지 그 정서에 접촉하고 그 정서가 무엇인지 알아차릴 뿐 아니라 정서를 표현하도록 돕는다. 이러한 정서적 접촉은 단순히 정서발산을 통한 정화에만 의의가 있는 것이 아니라 자신의 정서적 경험에 대한 이해와 자각의 확대 그리고 조절을 돕는 기회가 되며, 최종적으로 정서와 인지의 통합을 이루는 데 도움이 된다(Corey, 2000/2001).

내담자가 자신의 감정을 정당한 것으로 수용하고 솔직하게 표현하면서 감정적인 속박에서 벗어났을 때, 자신을 자유롭게 그리고 객관적으로 바라보고 자신이 나아갈 바를 선택하는 자율성도 커지게 된다. 따라서 상담자가 내담자의 정서에 귀 기울이고 이를 적절하게 다루는 것은 매우 중요한 과정의 하나이다. 내담자의 정서를 다루는 많은 개입방법이 현존하지만 여기서는 초이론적으로 가장 많이 활용되고 있는 감정반영과 공감기술에 초점을 맞추어 설명할 것이다.

2) 감정반영

재진술이나 요약이 내담자가 말한 내용의 핵심을 읽어 주는 것이라면, 감정반영(reflecting feelings)은 내담자의 감정을 알아차리고 이를 명확하고 간결하게 읽어 주는 것이다. 물론 내담자의 언어적 표현뿐 아니라 그 표현과 함께 전달되는 비언어적 표현을 포괄해서 반영하는 것이지만, 현재 전달되는 감정 이상의 것을 유추하거나 확대 또는 축소하지 않고 있는 그대로 반영하는 것이다.

내1: 불합격자가 많은 것도 아닌데… 그게 저라니.
상1: 자신에 대해 많이 실망하고 있군요.

내2: 이제 길이 보이는 것 같아요.
상2: 계획에 대한 확신감이 느껴지네요.

내3: 아이가 바보처럼 당하는 걸 보면 정말 속상해요.

상3: 아이의 피해로 인해 엄마도 함께 아프시군요.

내담자들은 정서적으로 고통을 겪거나 정서적 혼란을 감당하기 어려운 상태에서 도움을 청한다. 또한 자신의 정서상태에 대해 주변으로부터 비난을 받았던 경험이 있어서 스스로도 자신의 정서를 인정하지 못하고, 부정적인 정서경험으로 인해 자존감이 많이 저하되어 있는 경우를 보게 된다. 내담자는 자신의 감정을 분명하게 자각하거나 드러내기보다는 이야기 도중 의도하지 않은 상태에서 감정을 드러내거나 은근히 내비치는 일이 많다. 이럴 때의 감정반영은 상담자가 그 감정을 알아차릴 뿐 아니라 수용하고 타당화하며, 내담자를 깊이 이해하고 있다는 것을 의미하기 때문에 내담자 스스로도 그 감정을 수용하고, 자신의 감정을 더욱 명확하게 경험하며 상담자의 이해를 전달받는 기회가 된다. 스트레스가 심하거나 문제상황에 놓여 있는 사람들의 경우, 생리적 · 정서적 · 인지적인 긴장이 맞물려 나타나지만 당사자는 무엇보다 정서적인 불편, 즉 감정적인 문제를 크게 느끼는 경향이 있어서 다소나마 감정적인 긴장이 해소되어야만 자기를 돌보고 문제를 해결하는 데 참여할 수 있는 등 기능이 되살아난다. 이러한 의미에서 상담초기부터 현재 느끼는 감정을 다루는 것은 중요하며, 감정반영은 그 감정을 인식하고, 인정하고, 보다 깊이 체험하도록 이끄는 방법이다. 감정반영에는 다음과 같은 과정이 포함된다.

- 내담자가 내적으로 감정을 체험하는 순간을 알아차리고 그 감정이 무엇인지 파악한다.
- 그 감정의 범주와 체험수준에 맞는 감정언어를 선택한다.
- 간결하고 정확하게 그 감정을 읽어 준다.

이때 내담자의 언어를 따라가거나 사용하지만 감정언어는 내담자가 드러낸 감정의 범주와 수준에 거의 일치하는 참신한 다른 단어를 선택한다. 또한 감정의 색조에 맞는 어조로 전달하지만 내담자와 똑같은 감정의 톤(tone)으로 표현하는 것보다는 조금 더 차분하게 전달하는 것이 효과적이다. 예를 들어, 내담자가 분노감정에 빠져서 화를 내듯이 표현한다고 해서 이를 반영할 때 같은 수준의 화난 말투로 전달하기보다 한 톤 낮추어 차분하게 그 감정을 이해하고 수용하는 태도로 전달하는 것이 효과적이다. 이 역시 내담자가 드러낸 감정을 따라가는 반응의 한 형태이지 상담자가 앞질러 이끌어 주는 반응은 아니기 때문이다. 이 장의 마지막 부분에 제시한 〈참고자료: 감정언어 목록〉은 내담자가 자신의 감정을 나타낼 때 사용하거나, 상담자가 감정을 반영하거나 공감반응을 할 때 적용 가능한 언어들을 범주화한 것이다. 상담자는 다양하게 표현되는 내담자의 감정을 명료화하고 내담자의 감정적 색조와 일치하는 단어를 사용하여 소통하기 위해 보다 풍부하고 실제적인 감정언어 목록을 갖고 있을 필요가 있다.

상담자는 내담자의 입장에서 느낄 수 있는 느낌을 이해하고 수용하지만 내담자에게 무조건 동조하고 정서적으로 함께 빠져들지 않는 객관적 입장에 있어야 한다. 상담자가 내담자와 거의 동일한 수준의 감정에 빠져들어 자신의 감정을 전달하는 것은 감정반영과는 다른 차원의 것이다. 예를 들어, "저는 아버지 생각만 하면 눈물이 나요."라고 말하는 내담자에게 "아버지 생각만 하면 슬픔이 올라오네요."라고 하는 것은 감정반영이지만, "당신 아버지 얘기는 정말 슬퍼요."라고 했다면 이는 감정반영보다는 상담자 감정에 대한 자기노출인 것이다.

감정반영의 전형적인 형태는 내담자가 정서를 느끼게 된 상황이나 이유에 대한 상담자의 이해를 전달하고(… 때문에, …로 인해), 그로 인해 경험한 감정을 내담자가 표현한 말과 거의 유사하지만 다른 참신한 말로 읽어 주는 것이다. 그러나 이야기 흐름상 앞부분을 생략하고 내담자가 경험하는 감정에 대해서만 반영할 수도 있다. 또한 내담자의 말을 참신한 다른 말로 되돌려 준다는 것은 감정반영기법을 쉽게 배우기 위한 방편임을 잊지 않아야 한다. 즉, 실제로는 언어적 진술내용에만 초점을 두어 반영하기보다는 비언어적 메시지를 포함하여 내담자의 이야기 속에 담긴 감정에 대해 반영하는 것이다. 덧붙이자면, 상담자의 반응은 내담자의 말을 따라가는 것이 아니라 내담자 개인[1]을 따라가는 것임을 잊지 말아야 한다.

다음의 문장들은 감정반영에서 자주 사용되는 것들이다.

- "당신은 …로 인해서 …하군요."
- "그 일에 대해 …를 느끼고 있군요."
- "(아무개) 씨로부터 …가 느껴져요."
- "…와 같을 거예요."(은유)
- "…해 보여요."

다음은 감정반영의 예를 든 것이다.

사례 1

내: 조금만 늦게 들어와도 야단을 맞았어요. 열 살이면 아직 어리고 한참 놀 나이인데…. (울먹이며) 늘 청소, 빨래, 동생 뒤치다꺼리… 그땐 당연히 그래야 한다고 생각해서 묶여 살았지

1) 전인으로서의 그 사람, 그 사람의 참조체제, 그 사람의 경험을 있는 그대로 이해하려고 노력하라.

만 지금 생각해 보면 제가 너무 불쌍해요.

상: 어린 시절 삶이 지금도 가슴에 응어리져 있네요.

사례 2

내: 제가 살 집인데 아버지는 못 하나 박는 것까지 간섭을 하시는 거예요. 집사람 보기 정말 창피하고, 아버지를 만날 때마다 제가 속이 타요.

상: 지금 말씀하는 동안에도 벽에 부딪힌 듯 갑갑함이 전해져요. (은유)

사례 3

내: 아이가 갑자기 방에서 나오더니, "엄마, 나 학원에 보내 주세요." 하는 거예요. 무슨 일인지 뜨악했죠. 그런데 공부 좀 해야겠다고 하니까 더 이상 반대할 이유도 없고, 그냥 믿고 싶더라고요. 아휴, 이런 날도 오네요. (싱글벙글 웃는다.)

상: (아무개) 씨 목소리에서 행복감이 느껴져요.

사례 4

내: 어제 아이가 학교를 안 가겠다고 선언을 하고 오늘은 집에 있는 것을 보고 나왔어요. 이러다가 어디까지 가게 될지 앞으로가 더 걱정이에요.

상: 그동안 불안해하던 일이 벌어지고 말았으니 앞일이 막막하시죠.

사례 5

내: (모임에 어떤 사람들이 오는지도 모르고 갔는데) 거기서 (헤어진 여자친구)를 만난 거예요. 어떤 남자하고 손잡고 저쪽에서 걸어오다가 저와 딱 마주쳤는데… 피할 수도 없고 잠시 몇 분 동안 머뭇머뭇… 순간 좀 멍해지더라고요.

상: 그런 일도 있네요. 느닷없이, 그것도 다른 남자와 있는 그녀를 만났으니 얼마나 당황했겠어요.

연습 감정반영

다음의 내담자 언급에 대해 감정반영을 연습해 봅시다.

1. 어제도 (아무개)와 마주쳤는데 "뭘 봐?" 하는 거예요. 확 한 대 패려다가 또 사고 치면 끝장이니까 참고 슬쩍 피했는데 제가 완전 찌질이 된 기분이었어요. (중학생)

2. 같은 교사끼리 그 선생님이 선배랍시고 이러쿵저러쿵 직설적으로 해대는 게 정말 기분이 나빠요. (초임교사)

3. (부부불화를 겪고 있는) 엄마가 우울한 표정으로 힘없이 앉아 계시는 걸 보니까 저까지 우울해요. (고등학생)

4. (온라인 확대회의에서) 부장님이 제가 올린 기획안이 제일 쓸 만하다고 말씀하시는 순간, 그동안의 피로가 확 풀리는 기분이었어요. (30대 회사원)

5. (비슷한 시기에 자녀 혼사를 치르는 친구가 같은 한복집을 소개해 달라고 했다.) 친구가 그 집을 다녀와서는 옷감, 디자인, 가게 분위기, 하나하나 흠을 잡더니 자기는 다른 집을 찾았다는 거예요. 듣자니 저까지 무시당하는 것 같아서 기분이 나쁘더라고요. (50대 주부)

6. 엄마한테 흥분하지 않고 차분하게 말씀드리고 행동한 제 자신이 대견했어요. (평소 자기표현이 힘들었던 여대생)

7. 제가 이 시험에 떨어질 거라는 생각은 해 본 적이 없는데 이런 결과가 나와서 어쩔 줄 모르겠어요. (자격시험에 낙방한 내담자)

8. (남자친구가 불러내 단둘이 만나는 줄 알았는데) 늦은 밤 그렇게 불러내더니 친구들이랑 그것도 술에 취해 있는 거예요. 정말 짜증나요.

9. 저에게 말 붙이는 사람도 없고 제 친구도 수다 떠느라 저를 잊은 것 같더라고요. 그 후론 걔 전화도 씹고 있어요. (낯선 모임에 친구를 따라 갔던 여성)

10. (아빠가 무섭게 화를 내셨던 상황을 이야기하며) 아빠가 그렇게 화내실 정도는 아니었는데 뭔가 저에게 많이 못마땅하셨나 하는 생각이 들면서 계속 신경이 쓰여요.

3. 공감의 이해와 방법

1) 공감에 대한 이해

상담자라면 누구나 공감의 중요성을 잘 알고 있지만 실제 상담 장면에서 내담자가 이를 함께 느낄 만큼 공감을 잘하는 것이 쉽지만은 않다. 특히 다양한 성격, 다양한 문제, 다양한 가치관과 다양한 문화를 가지고 찾아오는 내담자를 정확하게 이해하고, 그 이해에 기반하여 감정을 헤아려 준다는 것은 어려운 과제가 아닐 수 없다. 공감의 중요성에 대해 열심히 공부했고 스스로도 공감을 강조하던 상담자들이 수퍼비전 과정에서 공감이 부족했다는 수퍼바이저의 피드백을 접하며 좌절하고 혼란에 빠지는 모습은 흔히 볼 수 있다. 공감이 어려운 이유는 내담자를 잘 이해하지 못해서일 수도 있지만, 공감에 대한 이해부족에서도 비롯된다. 예를 들어, 말로 전달하는 감정반영만이 공감이라고 생각해서 감정언어에만 충실하다 보면 공명이 없는 말뿐인 공감이 되거나, 내담자의 감정에 빠져 동일시나 동조수준의 표현을 하게 된다. 후자인 경우에도 진정으로 내담자와 함께하기보다는 내담자의 감정을 과장하거나 축소하는 자기감정의 투사인 경우를 흔히 볼 수 있다. 또한 상담동기가 낮은 내담자의 환심을 사기 위해 진정성이 결여된 동조를 하면서 그것을 공감으로 착각하는 경우도 볼 수 있다. 이 모든 것이 공감에 대한 오해에서 비롯되거나 내담자에 대한 민감성이나 이해부족에서 온다.

거머와 시걸(Germer & Siegel, 2012/2014)은 공감(empathy)과 혼동되는 몇 가지 개념을 구분해 소개하고 있다. 측은지심(sympathy)이 상담자 또는 어떤 사람의 이전 경험에 기초한 반응적 요소를 포함하는 것이라면, 공감은 타인의 정신적 상태를 거울처럼 비추는 것으로 구분했다. 즉, 측은지심은 내담자보다는 상담자의 경험에 기초한 반응이라는 것이다. 라비어(LaBier, 2010)에 의하면 측은지심은 다른 사람의 상황을 이해는 하지만 자신의 렌즈를 통해서 보고 자신의 관점에 기초한 이해를 반영하는 것인 반면, 공감은 자기로부터 벗어나 상대방의 내면세계로 들어갈 수 있을 때에만 느끼는 것이다. 요약하면, 측은지심이 자신의 경험과 관점을 반영하는 것이라면, 공간은 상대빙의 내변세계에 대한 이해에 기초한 느낌이며 반응인 것이다.

또한 동정심(pity)은 고통과 분투하는 타인과 거리를 두면서 약간의 우월감을 갖고 타인의 역경을 염려하는 것으로, 그 이면에는 자신도 느낄 수 있는 고통의 위협을 차단하려는 의도가 포함되어 있다(Fiske et al., 2002: Germer & Siegel, 2012/2014에서 재인용). 힐(Hill, 2009/2012)은 동정심을 느끼는 내담자에 대해 객관성을 유지하지 못하고 경청하는 데 장애가 될 수 있으며, 상담자가 감정에 집중하는 대신 내담자를 구조하는 데 급급할 수 있다고 경고한다.

연민(compassion)은 불교의 수행덕목인 자비(慈悲) 중 '비'에 해당하는 개념으로, 인간뿐만 아니라 지각 있는 모든 존재가 고통으로부터 그리고 고통의 원인으로부터 자유롭게 되기를 바라는 마음을 갖는 것(Hopkins, 2001)에서 비롯되었다. 인간에 대한 연민심은 인간의 삶에서 고통은 필연적이라는 자각에 근거한 특수한 형태의 공감이다. 자기연민(self-compassion)은 연민의 확장된 개념으로, 연민의 대상으로 타인뿐만 아니라 자신을 포함시키는, 자신을 향한 내면의 연민이다. 전문적 훈련을 받은 상담자들조차 다른 사람들의 고통과 함께 공명할 때 공감피로를 느끼고 그 결과로 소진에 이를 수 있지만, 연민 어린 상담자는 내담자뿐 아니라 자신의 고통에 대해서도 연민을 제공할 수 있다(Neff & Germer, 2018/2020). 즉, 자기연민은 상담자가 내담자뿐 아니라 자신을 돌보면서 소진에 이르지 않도록 자신을 위해 제공할 수 있는 중요한 자원이 된다.

공감(empathy)은 로저스(Rogers)의 등장 이후 상담심리학의 전통에서 상담자가 내담자의 정서를 다루고 내담자와 현존하기 위해 활용하고 있는 가장 중요한 기술 중 하나이다. 로저스(Rogers, 1951)는 공감에 대해 상담자가 내담자의 내적 준거체제를 취하여, 마치 내담자가 보는 것처럼 내담자 자신과 내담자의 세계를 지각하는 것, 그리고 그렇게 함으로써 생겨나는 공감적 이해를 사용하여 의사소통하는 것이라고 설명하고 있다. 또한 내담자가 세계를 지각하는 것을 마치 상담자 자신의 것처럼(as if) 지각하지만 그 속에 빠져들지 않는 것, 즉 '마치'의 질감('as if' quality)을 잃지 않는 것의 중요성을 강조하였다(Rogers, 1957). 내담자의 지각세계에 들어가 함께하고 내담자를 깊이 이해하지만 객관성을 유지하려는 노력 또한 잃지 않아야 상담자로서의 역할을 제대로 수행할 수 있음을 강조한 것이다.

브레이지어(Brazier, 2009)는 로저스가 설명한 공감의 특징을 보다 쉽게 심상화한 설명을 덧붙이고 있다. 그녀는 공감에 대해 상담자가 자신의 틀에서 벗어나서 판단을 중지(epoché)하고 가상적으로 내담자와 나란히 위치해서 마치 내담자의 감각을 통해 대상을 바라보는 것과 같다고 설명하면서, 이때 내담자와 함께 바라보지만 내담자가 바라보는 것을 바라보는, 관찰자의 위치를 유지하는 것에 대해 강조했다. 즉, 내담자와 나란히 서 있는 위치에서 내담자가 스스로를, 그 어떤 대상을, 그리고 세상을 어떻게 지각하는지 관찰하고 이해하는 것이다.

공감을 위해 바라보는 것은 내담자의 지각대상, 즉 내담자가 주의를 기울이고 지각하는 그 무엇인 것이다. 앞에서 기술한 대로 그 지각대상은 자신일 수도 있고, 자신의 감정이나 걱정일 수도 있으며, 주변 사람이나 어떤 사건일 수도 있다. 내담자를 공감하기 위해서 우리는 그 사람의 대상세계에 들어갈 수 있어야 하고, 우리 자신을 내담자의 대상세계와 관련된 위치에 놓아야 하며, 그렇게 함으로써 그 세계를 마치 내담자의 눈을 통해서 바라보는 것처럼 경험하는 것이다.

상담자는 자신의 참조체제, 즉 이해의 틀, 판단의 준거 등을 접어 두고 내담자의 참조체제를 통해 내담자의 지각대상을 바라본다. 상담자는 상담초기 내담자의 참조체제를 이해하기 위해 내담자의 이야기를 경청하면서 내담자 개인에 대한 정보를 누적해 나가야 한다. 즉, 내담자를 이해한다는 말은 내담자의 개인적인 참조체제와 그 참조체제를 통한 내담자의 주관적 경험에 대해 이해할 수 있다는 말이 된다. 필자는 이를 내담자 폴더(folder)를 만드는 것에 비유하곤 한다. 내담자 폴더는 내담자에 대한 많은 정보와 특히 내담자의 내적 참조체제에 대한 중요한 정보를 저장해 두는 곳으로, 내담자를 만나 관찰하거나 이야기를 들을 때 내담자가 특정 대상과 사건, 상황 등에 대해 어떻게 지각하고 어떤 생각과 감정으로 받아들이는지 내담자 폴더시스템을 작동시켜 내담자를 이해하려는 의식적인 노력이 있어야 한다는 것을 강조하는 것이다. 지금까지 설명한 공감의 주요 내용을 정리하면 다음과 같다.

(1) 내담자의 지각대상에 대한 알아차림

내담자가 매 순간 관심을 두는 대상이 무엇인지 알아차린다. 그것은 다른 사람일 수도 있지만 자신일 수도 있다. 어떤 사건, 상황, 과거, 현재, 미래, 그것은 아주 단순하고 사소하지만 내담자의 마음을 차지하고 있는 그 무엇일 수 있다. 특별히 내담자가 깊은 정서경험을 하는 지각대상에 주의를 기울인다.

(2) 내담자의 참조체제에 대한 이해

내담자가 자신의 지각대상을 어떤 방식으로 바라보고 어떻게 지각하는지 알아차리고 수용한다. 내담자의 참조체제를 이해하고 내담자의 관점에서 대상을 바라보면, 내담자의 주요한 지각대상이 무엇이고 어떻게 움직이고 연결되는지, 그 대상에 대해 느끼는 감정과 사고가 어떠한지, 그리고 그 맥락이 무엇인지 등에 대한 이해의 폭이 넓어진다. 상담자는 자신의 참조체제를 내려놓고, 즉 판단을 중지하고 내담자의 참조체제를 통해 대상을 바라본다.

(3) 내담자의 지금 여기에서의 내적 경험에 대한 민감성

내담자가 매 순간 어떤 대상을 지각하면서 경험하는 감정, 사고, 욕구, 소망, 갈등을 정확하게 알아차려야 한다. 그러기 위해 내담자가 말하고 있는 내용뿐 아니라 내담자 스스로 알아차리지 못하거나 겉으로 표현하

지 못하는 속마음까지 알아차리는 민감성이 요구된다. 공감은 내담자가 체험하는 감정을 전달받고, 상담자가 내담자의 감정의 진동에 의해 공명하는 것임을 아는 동시에 자신의 감정과 구분할 수 있기 때문에 그에 빠져들지 않는 것이다.

(4) 소통

내담자가 몸과 마음을 통해 경험하고 있는 내용을 상담자가 이해하고 있음을 언어적 · 비언어적으로 전달한다. 내담자가 표현한 언어뿐 아니라 표정, 자세, 몸짓, 기분 등 다양한 비언어적 메시지로 표현되는 정서와 그 배경을 알아차리고 이에 대해서도 공감을 한다. 상담자 역시 감정언어뿐 아니라 그에 일치하는 비언어적 메시지를 활용하여 공감을 나눈다.

2) 공감의 중요성과 역할

공감은 내담자의 내적 참조체제에 근거하는 동시에 지금 여기에서 내담자가 언급한 내용과 정서상태에 대해 공명하는 반응이다. 로저스(Rogers, 1957)는 내담자의 내적 참조체제에 대한 이해와 그에 근거한 공감이 무엇인지에 대해 다음과 같이 기술하고 있다.

> 상담자에게 내담자의 세계가 명료하고 그 안에서 자유롭게 움직일 때, 상담자는 내담자에게 명확하게 알려진 것이 무엇인지에 관해 자신의 이해를 전달할 수 있고, 내담자는 거의 자각하지 못하는 내담자 경험의 의미에 대해서도 말할 수 있다(p. 100).

공감적인 상담자는 표면적으로 드러낸 이야기에 공감할 뿐 아니라 내담자가 거의 자각하지 못하는 내면의 의미까지도 읽어 주는 공감을 한다. 이러한 과정은 내담자에 대한 존중과 깊은 이해가 전제되어야 가능한 것으로, 내담자는 스스로 자신에 대한 이해를 높일 수 있을 뿐 아니라 깊이 이해받는 경험을 하면서 스스로를 수용하게 되고, 이러한 과정을 통해 상담자를 신뢰하면서 상담에 더욱 협조적인 태도를 발전시켜 나간다.

엘리어트 등(Elliot et al., 2004/2013)은 공감의 중요한 역할을 세 가지로 제시하고 있다. 첫째, 공감은 긍정적인 치료동맹을 촉진한다. 상담자의 공감반응은 내담자가 안전감을 느끼게 하고 자신의 관심사에 더 집중하게 하며, 상담목표와 다룰 과제에 대한 동의를 구하는 데 필수적이다. 둘째, 공감은 내담자 자신과 타인에 관한 세계관, 해석, 가정들에 대해 탐색하고 해체하는 데 도움이 된다. 즉, 공감적 탐색은 내담자가 어느 수준까지는 알고 있으나 온전히 알지 못하는 것들을 인식하도록 돕고, 공감적 탐색을 통해 자신의 가치관, 목표, 욕구와 더불어 세계와 자신에 대한 시각에 대해 점검하고 재평가할 수 있게 한다. 셋째, 공감은 정서조절기능을 돕는다. 자신의 강렬하고 고통스러운 감정에 대한 온전한 이해는 엄청난 안도감과 위안을 느끼게 하고, 자신의 감정과 접촉하고 다루는 것을 도움으로써 정서경험에 대한 인식, 적응적 · 기능적 표현으로 연결되어 내담자가 정서적 회복력을 갖게 한다. 또한 상담자의 공감적 태도는 내담자가 긍정적이고 양육적인 자아도식을 개발하도록 도와, 내담자 자신을 돌보는 방식으로 대할 수 있게 한다.

3) 공감방법

공감에 대해 이해하는 또 다른 방법은 공감한 내용을 소통하는 방법에 초점을 둔 것이다. 글래딩(Gladding, 2006)은 공감을 "내담자의 느낌, 생각, 그리고 어떤 상황이나 관점에 대한 참조체제에 대해서 알아차리고, 개념화하고, 이해하고, 효과적으로 소통하는 능력”(p. 56)이라고 정의하고 있는데, 이는 앞에서 제시한 공감의 주요 내용을 함축하고 있다. 지금부터 공감을 내담자에게 전달하는 방법, 즉 소통에 대해 살펴보기로 한다. 공감에는 앞에서 제시한 주의 기울이기와 관찰, 경청, 재진술, 요약 등의 방법이 모두 관련된다. 그럼에도 공감은 내담자의 감정을 알아차리고 수용해 주는 데 더 많은 초점을 둔다. 즉, 공감은 '내담자에 대한 이해를 바탕으로 내담자의 감정과 그 맥락을 알아차리고, 감정적인 공명을 통해 내담자의 경험에 함께하고 있음을 전달하는 작업'이라고 할 수 있다.

(1) 공감이 필요한 시점과 대상의 선택

공감은 기법이기보다 내담자와 온전히 함께 존재할 때 자연스럽게 경험하는 반응의 일부로, 공감표현의 기회를 놓쳐서는 안 되는 골든타임이 있다. 내담자가 이야기를 하던 중 깊은 감정과의 접촉을 경험한다면, 상담자는 이를 알아차리고 함께해 주어야 한다. 내담자가 정서적인 체험을 할 때 상담자가 이를 알아차리지 못하거나 무시하게 되면 내담자는 거절당한 느낌과 함께 상담자와 멀게 느낄 수 있다. 또는 상담자가 받아 주지 않음으로 해서 내담자가 자신이 경험한 감정에 머물지 못한 채 부지불식(不知不識)간에 이를 회피하거나 덮어 버릴 수 있다. 이러한 경우 내담자는 자신의 감정에 머물며 더 깊이 탐색하고 온전하게 접촉할 기회를 잃게 된다. 많은 상담자가 “지금 느낌이 어떠세요?” “그 일에 대한 느낌은 어떤가요?” 등의 말로 느낌을 묻지만, 정작 내담자가 자발적으로 내비친 감정을 알아차리지 못하고 흘려 버리는 경우가 많다. 이는 상담자가 지금 여기에 온전하게 머물지 못하고 내담자를 판단하는 데 더 많은 에너지를 쏟고 있거나 반응을 준비하는 등 자신에게 더 많은 주의를 기울이고 있기 때문이다.

대부분의 경우 내담자가 감정을 드러내는 시점은 내담자의 미해결과제나 해소되지 않은 감정과 관련된 지점에 도달했을 때이다. 해결이 필요하고 더 깊은 탐색과 접촉이 필요한 부분이기 때문에 상담자는 이를 알아차리고 내담자가 그 지점에서 짧은 시간이라도 머물면서 자신에 대해 자각하고 접촉할 수 있는 기회를 주어야 한다. 즉, 감정반영이나 공감은 내담자가 필요로 할 때 시기적절하게 전달되어야 도움이 된다.

어떤 상담자는 자신이 공감하고 싶을 때를 선택해서 공감표현을 한다. 내담자가 정서적일 때는 무반응이다가 이야기를 다 듣고 종합정리를 하면서 공감하는 경우가 그 예이다. 물론 이것도 잘못된 것은 아니나 공감적 이해를 전달하고 있을 뿐 정서적으로 공명하고 있는 시점에서는 벗어난 것이며 요약이나 해석에 가깝다. 회기를 종결할 때쯤 전체적인 정리를 하면서 내담자의 입장에서 공감표현을 하는 것은 흔히 있는 일이다. 그러나 앞에서 전혀 공감전달을 하지 않던 상담자가 어느 시점에 비로소 나는 당신을 이해하고 당신이 어떤 느낌인지 알고 있다고 전달한다면 이는 대부분 공감하고 있다는 주지적인 설명을 넘어서지 못해서 호소력이 떨어질 것이다. 그러므로 상담자는 내담자가 어떤 상황, 대상을 떠올리면서 감정을 느낄 때 내담자의 입장에서(내담자의 내적 참조체제에 근거하여) 그 감정을 함께 느끼며 공감하는 것이 효과적이다.

내담자가 어떤 정서경험을 할 때는 그러한 정서를 불러일으킨 대상, 즉 어떤 상황이나 사람 또는 사건 등 특정 지각대상이 떠올랐다는 것이다. 상담자는 내담자가 그 대상에 대해 언급하면서 정서를 드러낼 때 이를 민감하게 알아차리고 그에 초점을 두어 감정을 반영하거나 공감을 하는 것이다.

내1: 저 요즘 살맛이 안 납니다. 지난 한 주가 정말 힘들었어요.

상1: 많이 지쳐 보이시네요. 무슨 일이라도?

내2: 인사가 있었어요.

상2: (약간 놀라며) 그랬군요.

내3: 제 꿈이 다 물거품이 됐어요. (얼굴이 붉어지고 화난 표정이 되면서) 저를 ○○부로 보내 버렸어요. 제가 이 부서에 얼마나 공을 들였는데, 이게 뭐냐고요.

상3: 어머나! 이 부서에서 할 수 있는 많은 계획을 세워 놓았는데 부서가 바뀌다니! (잠시 멈춤) 정말 황당하고 실망이 컸겠어요. (내담자의 침묵을 조용히 기다린다.)

상1은 내담자의 표정이나 모습에 드러난 감정을 반영한다. 상3은 내담자가 내놓은 주제(대상: 인사결과 부서가 바뀌었다)에 대한 공감을 표현하는 것이다. 상담자는 내담자의 입장에서 내담자의 내적 참조체제에 근거하여 이러한 인사결과가 내담자에게 얼마나 실망스러운 것인지 헤아리며 공감을 하고 있다.

상3-1: 어머나! 어떻게 그럴 수가 있어요. (목소리가 잠깐 올라갔다 다시 내려오며) 아… 너무하네! 정말 공을 많이 들이셨는데 어떻게 해요. 정말 속상하다. (눈물까지 글썽이며)

한편, 상3-1은 내담자에 대한 공감을 넘어서 상담자의 감정이 더 많이 섞여 있는, 감정적인 호들갑이 담겨 있는 반응으로 제시되었다. 상3-1을 예시한 이유는 내담자의 감정을 넘어서는 것이 좋은 공감이 아님을 전달하기 위해서이다. 내담자의 감정을 함께 체험하고 있는 것을 표현하기 위해 내담자보다 더 안타까워하는 등의 반응이 도움이 되는 것은 아니다. 내담자를 위해 다소 과장된 반응을 했다면 진솔성에 문제가 있는 것이고, 그렇지 않고 상담자의 감정이 내담자의 감정을 넘어서는 것이었다면 이는 상담자 감정의 투사(또는 측은지심)인 것이다.

상3-2: 어머나, 부서가 바뀌었다고요? 참, 실망스럽지만 직장에선 언제나 있을 수 있는 일이죠.

상3-2는 내담자가 겪고 있는 심정에 민감하지 못하거나 내담자의 내적 체험을 무시한 채 이를 앞질러 다른 데로 움직이고 있는 반응이다. 내담자는 이번 인사와 관련해서 애써 "이건 직장에서 얼마든지 있을 수 있는 일이야. 화내면 안 돼."라고 자신을 달래고, 주변사람들에게도 그렇게 말하면서 자신의 감정을 억제하고 있는 중인지 모른다. 그러나 그는 자신을 수용하고 이해해 주고 있는 상담자 앞에서 솔직한 실망감을 드러내 보이고 있는 것이다. 상담자가 앞질러 가거나 과장하고, 상담자의 정서, 생각, 해석을 끼워 넣고 그것을 공감이라고 착각하는 일은 없어야 한다. 그것이 로저스(Rogers, 1957)가 강조한 '마치'의 질감('as if' quality)을 잃지 않는 태도인 것이다.

(2) 깊은 수준의 공감

소통, 즉 공감을 전달하고 이를 확인하는 것은 매우 중요한 과정이다. 단지 내담자와 함께 있다는 것만으로 '당신의 입장이 무엇인지 이해하고, 지금 여기에서 당신의 내적인 경험을 알아차리며, 그에 대해 함께 느끼고 있다'는 것이 전달되지는 않기 때문에 이를 정확하게 전달하는 기술과 전달하려는 적극적인 노력이 필요하다. 물론 상담자로부터의 공감이 꼭 언어적으로만 전달되는 것은 아니다. 내담자에 대한 반응으로 침묵하거나, 바라보거나, 눈을 감았다 뜨는 등 비언어적인 공감방법이 적절하게 사용될 수 있다. 그러나 보다 명확하게 전달되는 공감을 위해 언어적 반응을 연습할 필요가 있다.

깊은 수준의 공감은 내담자가 말한 내용에 표면적으로 나타나 있는 것을 넘어서 말이나 내용 속에 함축되어 있거나 내담자가 채 의식하지 못하지만 드러내고 싶은 감정과 의미, 소망까지 발견해서 이에 대해 이해하고 있음을 전달하는 방법이다. 이때 내담자의 이면 감정과 생각에 대한 알아차림은 현재 내담자가 말한 내용을 넘어서 상담 전 과정에서 이루어진 내담자 이해에 근거한다.

앞에서 감정반영 연습을 했던 두 사례를 예로 감정반영과 깊은 수준의 공감을 비교해 보기로 하자. 공감을 위해 내담자가 언급한 내용이나 감정 이외에 내포된 생각과 감정을 살펴보고 그에 기초해서 공감표현을 제시해 보겠다. 우선 앞의 〈연습〉에 등장했던 50대 주부의 사례를 살펴보기로 하자.

사례 1 50대 주부

비슷한 시기에 자녀 혼사를 치르는 친구가 같은 한복집을 소개해 달라고 했다.

내1: 그 친구가 그 집을 다녀와서는 옷감, 디자인, 가게 분위기, 하나하나 흠을 잡더니 자기는 다른 집을 찾았다는 거예요. 듣자니 저까지 무시당하는 것 같아서 기분이 나쁘더라고요.

상1: 그 집뿐 아니라 나까지 깎아내리는 것 같아서 마음이 언짢으셨군요. (감정반영)

- 표현된 내용과 감정: 나를 깎아내리는 것 같아서 기분이 언짢다. 짜증난다.
- 내포된 생각과 감정: ① 이 친구는 늘 나를 이기기 위해 안달인 것을 알기에(내적 참조체제의 활용) 이런 행동에 넌더리가 난다. ② 이번에도 자신이 우월한 듯 나를 깎아내리는 행동에 화가 난다.

상1-1: 그 집 흠을 잡는 행동에서 (아무개) 씨를 깎아내리고 싶은 의도가 느껴져서 많이 불쾌했군요. (깊은 수준의 공감)

다음은 이어지는 내담자의 말이다.

내2: 이번이 처음이 아니라니까요. 그 친구는 은근히 자신이 저보다 낫다는 걸 인식시키고 싶어서 안달이 났어요. 그것도 교묘하게. 저한텐 너무나 확실한데… 친구들은 그걸 모르는 것 같아서 더 서운해요.

- 표현된 내용과 감정: 나에게는 확실한 사실을 친구들이 눈치 못 채는 게 서운하다.
- 내포된 생각과 감정: ① 친구들이 그러한 사실을 알아주면 좋을 텐데 모르는 것 같아서 답답하다. ② 친구들은 정말 그걸 모르는 걸까 하는 의구심이 든다.

상2: 그런 느낌을 다른 친구들은 알아채지 못하니 드러내 놓고 표현하기도 힘들고 답답하시겠네요. (깊은 수준의 공감)

사례 2 30대 남성 회사원

내1: 제가 살 집인데 아버지는 못 하나 박는 것까지 간섭을 하시는 거예요. 집사람 보기 정말 창피하고, 아버지를 만날 때마다 제가 미쳐요.

상1: 지금 말씀하는 동안에도 벽에 부딪힌 듯 갑갑함이 전해져요. (감정반영)

- 표현된 내용과 감정: 사사건건 참견인 아버지 때문에 아내에게 창피해서 속이 탄다.
- 내포된 생각과 감정: ① 아내와 살 집에 대한 나의 로망이 아버지로 인해 깨질 것 같은 불길함으로 어쩔 줄 모르겠다. ② 아내에게 창피한데 아버지와 이런 갈등을 끝낼 자신이 없어 난감하다.

상1-1: 내 가정을 제대로 꾸미고 살 수 있는 좋은 기회에 아내 보기도 민망하고, 과연 그게 가능할지 막막하기도 해서 속이 타시는 거죠. (깊은 수준의 공감)

내2: 이젠 저 혼자가 아니잖아요. 아버지는 오실 때마다 잔소리를 해대실 거예요. 저를 초등학생 취급하면서 모든 것에 참견이신데 어떻게 아내가 그걸 받아들이겠어요? 아내도 힘들고, 제 체면도 말이 아닌 거죠. 그런데 아버지는 여전하시고.

상2: 아내에게 보여 주고 싶지 않은 모습을 보이는 게 마음에 걸리는군요. (감정반영)

상2-1: (아무개) 씨도 힘들지만 아내가 언제까지 잘 견디어 줄까 하는 걱정도 되고, 뭔가 방법을 찾아야겠는데 아버지를 감당할 자신이 없어 난감하군요. (깊은 수준의 공감)

상2-2: 이사하면서 가장으로서 내 집, 내 가정을 제대로 꾸며 보자고 결심했는데(성장동기), 그러기 위해서는 아버지와의 관계정립이 큰 과제군요. 그런 생각 때문에도 가장으로서의 부담이 큰 것 같아요. (깊은 수준의 공감)

내3: 아버지가 집으로 돌아가시고 아내가 아무 말 않고 있어서 더 불편했어요.

상3: 아내 눈치 살피느라 더 거북했겠어요. (감정반영)

상3-1: 아내도 하고 싶은 말이 많을 텐데 남편을 지켜보면서 함부로 끼어들지 않는 게 더 부담스러운 거죠. (깊은 수준의 공감)

깊은 수준의 공감을 위해서는 내담자가 말한 내용을 넘어 다음과 같은 내용에 귀를 기울이고 그 속에 담긴 감정을 읽어 준다.

- 내담자가 말로는 표현하지 않았지만 마음에 담고 있는 남겨진 이야기를 읽어 준다.
- 내담자가 언어로 표현한 내용에서 더 많은 에너지를 사용하고 있는 내용, 즉 중요한 지각대상에 초점을 맞춘다.
- 내담자의 이야기 중에 나타나는 사고, 감정뿐 아니라 성장동기, 바람에 대해서도 알아차리고 이에 대해서도 공감한다.

공감의 방법을 간단히 기술하면, 내담자가 표현하고자 한 내용을 요약하고 그에 따른 내담자의 감정을 적절한 말로 표현하는 것이다. 여기에 공감표현을 할 때 주의할 점과 강조점을 덧붙이면 다음과 같다.

첫째, 다른 사람을 공감하려 들지 말고 현재 상담 중인 내담자를 이해하고 공감하라.

상담은 여러 사람의 관계가 얽혀 있는 인생사를 다룬다. 그런데 자칫 상담자가 다른 사람의 편에 서서 내담자에게 그 사람의 입장과 감정을 대신 전달하려는 경우가 있다. 예를 들면, "아내가 참으로 답답할 거예요." "어머니가 정말 많이 힘드셨겠네요." 등과 같이 내담자보다는 다른 사람의 입장에 서는 것이다. 상대에 대한 내담자의 생각이나 감정에 공감하는 경우라 해도 "아내가 답답했을 거라고 걱정하시는군요." "어머니에 대한 안쓰러움이 있네요." 등과 같이 상담자는 그렇게 느끼고 생각하는 내담자에게 초점을 맞춘다. 심지어 내담자와 맞서서 다른 사람에 대해 공감하는 것은 내담자를 소외시키는 결과가 된다. 내담자는 현재 이 사람임을 잊지 않아야 하며, 공감의 주어는 내담자가 되어야 한다. 그리고 내담자 주변의 중요한 타인에 대한 탐색이 필요한 경우라면 내담자와 그 목적이나 이유를 공유한 상태에서 목적을 갖고 진행할 수 있다.

둘째, 내담자가 '지금 여기서' 내놓은 내용을 중심으로 공감하라.

이전 회기에 들은 정보나 내담자에 대한 이해가 공감의 배경이 되지만 공감은 지금 여기서 이루어져야 효과적이다. 물론 상담자도 당시 놓친 부분에 대해 시간이 경과한 다음 깨닫고 이를 전하는 경우가 있지만, 이것은 뒤늦은 이해를 전하는 것이지 당시의 감정에 공감하는 것은 아닐 것이다. 이때는 이미 내담자의 감정에 또 다른 변화가 일어났으므로 그 당시의 감정에 초점을 맞추어야 한다.

연습 깊은 수준의 공감

다음 내담자의 언급에 대해 깊은 수준의 공감을 연습해 봅시다.

1. 그 사람이 저보고 화려한 싱글인데 어떻게 자기네 집안에서 궂은일을 하며 살겠냐고 말하면서 거절했다는 거예요. 왜 저를 그렇게 왜곡해 보는지 모르겠어요. 저는 의외로 소탈하고 가정적인 사람인데, 나를 화려하게만 보고 단정 짓는 것에 화가 나요. (35세의 여성 내담자)

2. 엄마는 바보예요. 그렇게 열심히 일하면서 사는데도 대접도 못 받고… 제가 제발 엄마를 위해서 살아 봐라. (화난 말투로) 나한테만 뭐라고 하지 말고, 아빠한테 죽어 살지 말고, 머리도 하고, 친구도 만나고… 엄마를 보면 불쌍한데 화가 나요. (중3 여학생)

3. 우리 시댁은 정말 이상하고, 그중에서도 큰형님은 더 이상해요. 어떻게 같은 며느리인데 시어머니보다 더 무섭게 호령을 하고 어머니는 그걸 묵인하는 건지 잘 모르겠어요. 왜 제가 시댁식구 모두 있는 자리에서 그렇게 야단을 맞아야 해요? '왜 이런 대접을 받아야 하지?' 하는 맘으로 머리가 어질어질했다니까요. (신혼 주부)

4. 저는 생각해 보면 애들한테 붙어 다니긴 하지만 친한 친구도 없고, 솔직한 표현도 제대로 못하고, 눈치도 없어서 헛다리짚고, 여럿일 때보다 혼자일 때가 많고… 상담하면서 이제야 그게 나구나 알게 된 것 같아요. (여대생)

5. 오랜 세월을 정리하는 게 쉽지만은 않지만 제 경우 마음을 정리한 게 벌써 오래전부터였고 그걸 누누이 전달해 왔다고 생각합니다. 그쪽에서 마음을 정리 못했다고 제가 계속 끌려다녀야만 하는 건 아니지 않습니까. 이젠 정말 (여자친구가) 저를 놓아주었으면 좋겠고 더 이상은 지긋지긋해요. (30대 남성)

6. A는 제가 소문을 냈다고 했다는데 정말 억울해요. A가 어디서 그런 말을 들었는지 모르지만 저는 정말 그런 일이 없었거든요. A한테 말을 하고 싶어도 항상 B, C가 함께 있어서 정말 힘들어요. A는 원래 그런 애가 아닌데, B, C와 다니더니 이상해졌어요. (중2 여학생)

7. (갑작스러운 회사일로 늦게 퇴근한 날) 정말 피곤했지만 집에 도착할 때쯤엔 배가 너무 고파서 계속 먹을 거만 떠오르는 거예요. 그런데 현관문 열고 들어가도 내다보지도 않고, 게다가 밥이 없다는 거예요. 성질이 머리 꼭대기까지 나면서, 눈물도 날 것 같고, 주체가 안 되더라고요. (평소 아내의 무심함이 불만인 40대 회사원)

8. (외가 쪽 결혼식장에서) 엄청 잘난 척하고 사람 가리기로 유명하다고 말씀드린 적 있는 작은 외숙모요, 그 외숙모가 웃으면서 제 쪽으로 오시기에 인사드리려고 앞으로 갔어요. 근데 저를 쓱 지나쳐서 제 뒤에 있던 이종사촌(연예인)한테 달려가는 거예요. 우와~ (화난 표정으로 얼굴이 붉어진다.)

9. 엄마한테 당하기만 하고, 받아 주니까 제가 밥이에요. 물론 저는 소리 지르고 싸우는 언니도 싫어요. 그래서 저라도 참고 지내자 하는 건데 가끔 엄마가 저를 막 대하시면 기운이 다 빠져나간 것 같고 아무것도 하고 싶지 않아요.

10. (부부갈등 상황에서 자녀들 이야기를 하며) 아이를 아빠와 갈라놓는 것도 못할 짓 같고, 그렇다고 남편과 이 생활을 지속하는 게 아이에게 좋은 건지도 모르겠고. 어떤 쪽이든 아이에게 조금이라도 나은 선택을 하고 싶은데 여전히 갈팡질팡하면서 제가 모든 판단력을 잃은 것 같아요.

4. 공감훈련을 위한 역할연습

지금까지 상담초기부터 활용할 수 있는 상담기법들을 소개해 왔다. 이러한 기법들은 초기에 내담자가 상담자를 신뢰하고, 자신을 더 개방하며, 자신에 대해 탐색하는 데 도움이 되는 기법들이다. 물론 이런 기법들은 중간 및 종결 과정에서도 많이 사용되는 기본적인 상담기법들이라고 할 수 있다.

이러한 초기기법들을 잘 사용하는지 자기점검을 할 수 있는 역할연습의 방법을 소개하겠다. 우선 역할연습 1은 상담분야에서 가장 많이 활용되고 있는 실습방법인데, 이 방법은 상담자로서의 각자 기술을 점검하고 수정할 수 있는 기회를 갖는 데 도움이 된다. 이때부터는 앞서 학습한 기본적인 상담기법 및 감정반영, 공감기술을 적절하게 활용할 수 있다.

역할연습 1

1. 3인 1조의 실습팀을 구성한다.
2. 각자 번호를 정하고 (1)은 상담자, (2)는 내담자, (3)은 관찰자의 역할을 맡는다.
3. 상담자와 내담자가 상담을 15분 동안 진행하고, 관찰자는 상담자의 자세 및 비언어적 태도를 포함해서 지금까지 학습한 기법들을 적절하게 사용하며 상담을 진행하는지 관찰하며 메모한다. 관찰자는 상담 중간에 개입하는 일이 없이 상담자와 내담자가 회기를 이끌어 간다.
4. 15분이 지나면 먼저 내담자가 상담자에게 상담을 받으며 느낀 소감을 전달한다. 관찰자의 객관적인 피드백이 있기 전 내담자로서 느꼈던 긍정적이거나 부정적인 생각과 느낌, 특별한 이벤트가 있었던 지점 등에 대해 전달하고, 상담자의 발전에 도움이 되는 객관적인 피드백을 전달한다.
5. 다음은 관찰자가 관찰한 내용을 중심으로 긍정적인 부분과 개선할 부분, 특별히 논의할 내용이 있는 부분 등에 대해 솔직하고 객관적인 입장에서 상담자의 발전에 도움이 되는 피드백을 전달한다.
6. 다 함께 기법사용과 관련된 유의사항에 대해 토론한다. 4~6과정에 10분 정도의 시간을 할애한다. 이러한 토론시간은 훈련을 위해 유용할 뿐 아니라 초보상담자에게 매우 새로운 경험일 수 있어서 대개는 10분이 짧게 느껴지므로 가능한 여건이라면 토론에 15분 정도

의 시간을 할애해도 좋다.

7. 다음은 관찰자를 맡았던 (3)이 상담자, (1)이 내담자, (2)가 관찰자로, 그다음은 (2)가 상담자, (3)이 내담자, (1)이 관찰자로 역할을 바꾸어 앞의 과정과 같은 실습기회를 갖는다.

역할연습 2는 브레이지어(Brazier, 2009)가 제안한 방법 중 하나를 필자가 일부 변형해 소개하는 것이다. 이 방법은 상담자들의 각기 다른 듣기 스타일, 내담자와 다른 관점을 갖는 경우 상담에 미치는 영향, 그리고 공감역량 등에 대해서도 살펴볼 수 있는 기회를 제공한다.

역할연습 2

1. (1)은 상담자, (2)는 내담자, (3)은 관찰자가 되어 15분간 상담을 진행한다.
2. 이어서 (1)은 내담자, (2)는 관찰자, (3)은 상담자로 역할을 바꾼다. (1)은 내담자가 되어 앞서 (2)가 상담했던 내용을 그대로 반복한다. 이때 (1)은 자신이 이해한 대로 진행하면서 도중에 이야기가 어떤 방식으로 흘러가든 허용하고 계속 진행한다. 이때 상상력을 동원해도 무방하다.
3. (3)은 상담자가 되어 적절한 기법을 사용하며 반응한다. 이때 이전의 상담내용과는 무관하게 현재의 내담자 (1)이 말하는 내용에 집중해서 상담을 진행한다.
4. (2)는 관찰자로 행동하면서 (1)이 자신을 깊이 이해한 부분과 놓치고 있는 부분에 대해 발견한다.

이후 참가자들은 두 번째 상담한 내용에 기초해서 다음의 질문에 대해 15분 정도 토론할 기회를 갖는다.

1. (1)은 이전 내담자(2)의 상황을 잘 이해하고 있는가? 내담자(2)가 미처 표현하지 못한 감정이나 내용을 표현하는 것이 있는가?
2. (1)이 놓치고 있는 부분은 무엇인가?
3. (1)이 (2)의 상황에 대해 다른 관점을 나타내고 있는가?

(1)은 이후 자신의 경청과 공감 스타일에 대해 점검을 하고 개선해 나가는 데 피드백과 토론내용을 참고한다. 이어서 (2)와 (3)도 상담자의 역할을 하면서 자기점검과 개선할 점이 무엇인지 확인하는 데 도움을 받는다.

맺는말

라포는 상담과정이 순조롭게 진행될 수 있는 인간관계가 형성된 것을 함축하는 상담 전문용어로, 이러한 관계형성에 중대한 영향을 미치는 상담자 반응의 하나가 공감이다. 공감은 내담자의 지각대상을 알아차리고 내담자의 내적 참조체제에 기반을 두어서 내담자의 지금 여기에서의 정서적인 경험을 마치 상담자 자신의 것처럼 지각하지만 객관성을 잃지 않고 지각하는 것, 그리고 그 이해한 내용을 언어적 · 비언어적으로 전달하는 과정이라고 할 수 있다. 공감은 상담자가 내담자에 대한 주의 기울이기, 경청, 관찰, 따라가기 및 재진술, 요약 등의 모든 상담기술을 통해 내담자와 그 지각대상에 대해 깊은 이해를 이룬 결과이며, 판단을 중지하고 내담자의 내적 참조체제를 취하여 내담자와 같은 위치에 나란히 서서 대상을 바라보고 마치 그 사람처럼 느끼고자 하는 노력의 결과인 것이다. 적시에 이루어진 공감은 내담자와 상담자 간에 거리를 좁히고 내담자를 보다 자유롭게 하지만, 공감의 타이밍을 놓치면 그만큼 손실이 크므로 상담자의 주의와 민감성 또한 중요하다. 상담자는 내담자가 어렵게 내놓은 내적인 경험과 그에 수반되는 정서적 체험에 집중하고, 이러한 체험을 할 때 그에 공감하면서 함께 있어 주는 것을 잊지 말아야 한다. 내담자는 상담자가 자신을 이해하고 적절하게 공감표현을 할 때 자신의 말에 귀 기울이고 깊이 이해하는 사람이 있다는 안도감을 느끼고 스스로도 자신을 존중하며 더 깊은 자기탐색과 개방에 대한 용기를 갖고 상담에 보다 효율적으로 참여하게 된다.

| 연습에 대해 가능한 반응 |

연습 감정반영

1. 부딪치지 않으려고 애쓰면서도 속에선 부글부글 끓었겠구나.
2. 그 선생님이 후배라고 함부로 대하는 게 몹시 불쾌하군요.
3. 엄마가 그렇게 힘들어하시는 걸 보고 있자니 가슴이 많이 아플 거예요.
4. 부장님의 인정 한 방으로 속이 뻥 뚫렸네요. 정말 좋았겠어요.
5. 친구의 불평을 들으며 나까지 깎아내리는 것 같아서 마음이 언짢으셨군요.
6. 흥분하지 않고 차분하게 행동하고 난 후 스스로도 흡족했군요.
7. 전혀 생각지 않은 결과가 나와서 어리둥절하고 혼란스러울 거예요.
8. 너무 늦었지만 남친 보러 나간 건데 그런 자리라 기분이 상했군요.
9. 친구를 따라 간 자리인데 챙겨 주지 않은 게 지금까지 서운하네요.
10. 아빠가 그렇게 화를 내신 다른 이유가 있는 것 같아서 마음이 편치 않군요.

연습 깊은 수준의 공감

1. 좀 더 기회가 있었으면 (아무개)가 어떤 사람인지 제대로 알 수 있었는데 성급하게 단정하고 일방적으로 행동했으니 그냥 아무 이유 없이 당한 것 같아서 몹시 불쾌했을 거예요.

2. 엄마가 안쓰러우면서도 무조건 헌신하는 게 답이 아니라는 생각에 화가 나고, 화를 내면서도 마음이 아프군요.

3. 아직은 낯선 시댁식구들 앞에서 느닷없이 호령을 들어서 굴욕감을 느꼈고, 게다가 시어머니까지 나 몰라라 하고 계셨다니, 완전히 혼자 된 기분이었겠어요.

4. 그러니까 지금부터는 친한 친구도 만들고 솔직한 표현도 하고 눈치도 키우고 싶다는 말로 들리네요. (성장동기를 읽어 준다.) 그게 나구나 생각하니까 부끄럽기도 하지만 이젠 변하고 싶다는 마음도 함께 느껴져요.

5. 제가 알기로도 결별은 이미 오래전부터 결심했던 것 같은데, 이젠 더 이상 받아들일 마음의 여유도 없고, 더 이상 끌려 다니지 않겠다는 단호함이 느껴지네요.

6. A와 단둘이 이야기할 기회가 생기면 오해를 풀 수 있을 것 같은데 다가가기조차 힘들어서 속만 태우고 있구나.

7. 힘들수록 편안한 내 집과 집 밥이 그립죠. 그런데 아내가 반겨 주지도 않고 밥까지 없다고 하니까 피로와 설움이 한꺼번에 치솟아서 자제하기가 힘들었나 봐요.

8. 저런! 그런 외숙모가 반겨 주는 것 같아서 기뻤을 텐데 잘 나가는 이종사촌에게 밀려서 투명인간 취급을 당했으니 그 순간 민망하기도 하고 정말 기분 나빴겠어요.

9. 웬만하면 엄마를 받아 주려고 하지만, 가끔 지치고 너무 몰라 주는 것 같을 땐 맥이 빠질 것 같아요.

10. (아무개) 씨는 어떤 쪽이든 아이에게 더 나은 선택을 하고 싶지만 우선은 자신이 그렇게 중요한 판단을 할 수 있는 사람인가에 대한 회의감 때문에 혼란스러우시군요.

| 참고자료: 감정언어 목록 |

이 감정언어 목록은 감정구분에 목적이 있기보다 내담자가 자신의 감정을 나타내기 위해서 사용하거나, 상담자가 감정을 반영하거나 공감반응을 할 때 적용 가능한 언어들을 필자가 임의로 범주화한 것이다.[2)]

기쁨, 즐거움, 만족스러움

기분 좋다
즐겁다
기쁘다
재밌다
흥겨운
만족스럽다
흐뭇하다
부족함이 없다
마음에 들다
흡족하다
반갑다
유쾌하다
아주 좋다
그냥 좋다
입꼬리가 올라가는

발걸음이 가볍다
뿌듯하다
꽉 찬 느낌
가슴 벅차다
속이 뻥 뚫리다
웃음이 절로 난다
행복하다
기분이 들뜨다
살 맛 난다
생기가 샘솟다
짜릿하다
끝내준다
들뜨다
더없이 행복하다
신이 난
콧노래가 절로 난다

해냈다
기분 최고
오늘만 같았으면
더 바랄 게 없다
시간 가는 줄 모르다
엄청 재밌다
흥분된다
황홀하다
희열을 느끼다
하늘을 날 듯 기쁘다
구름 위에 떠 있는 기분
세상을 다 가진 듯하다
여한이 없다
좋아서 눈물이 날 지경이다
이보다 좋을 순 없다

호감, 사랑

관심이 간다
끌린다
호감을 느낀다
더 알고 싶은
마음이 기우는

내편 같은
대화가 즐거운
나를 오픈하고 싶은
매력을 느끼는
함께하고 싶은

흠모하는
사모하는
반한
눈에 밟히는
수시로 떠오르는

---

2) 이 목록에는 대학원생들이 수업 중 팀 작업을 통해 발굴한 것들 중 일부(사용을 허락받음)가 포함되어 있다.

통하는 느낌
가까이하고 싶은
미소 짓게 되는
보살펴 주고 싶은
챙겨 주게 되는
든든한
신뢰하는
흐뭇한
터치하고 싶은
애지중지하는
설레는
사랑스러운
다정한
정다운
마음이 들뜨는
가슴이 따뜻해지는
자꾸 궁금해지는
눈이 가는
문득문득 생각나는
자꾸 건드리게 되는
사로잡힌
열렬한
열광하는
함께 있어서 행복한
잊을 수 없는
보고 싶다

존경

존경스럽다
공경하다
닮고 싶다
감탄하다
경외심을 느끼다
좋은 점이 많다
배울 점이 많다
우러러 보인다
추앙하다
숭배하다
선망하다
흠모하다
인정하게 되는
어른을 느끼다
지혜로움이 느끼다
따르고 싶은
믿을 만한
마음을 다해 모시고 싶은

꺼려짐, 싫음, 미움

싫다
밉다
얄밉다
꺼려지다
내키지 않는
신경이 쓰이는
거북하다
불편하다
거절하고 싶다
피하고 싶다
꺼림직하다
마음에 걸린다
거부감이 드는
거리를 두고 싶은
실망스럽다
서운하다
주는 것 없이 밉다
날이 서는
가증스러운
야속한 마음
마주하기 싫은
가소롭다
같잖다
상처를 주는
밥맛조차 잃은
상종하기 싫다
적의를 느끼다
때려 주고 싶다
볼 때마다 화가 난다
꼴 보기 싫다
눈꼴시다
괘씸하다
무례함을 느끼다
마음이 싸늘해지는
애증이 엇갈리는
증오심

편치 않다
탐탁찮다
달갑지 않다
별로인
못마땅한
미덥지 않은
거슬리다
성가시다
이해할 수 없다
정이 안 가는
반감을 사는
지겹다
경계하다
마음이 굳는 느낌
이유 없이 싫다
재수없다
비난하게 되는
지우고 싶다
연을 끊고 싶다
원수 같다
원한을 품은
독을 품은
밟아 주고 싶다
공격하고 싶다
심사가 뒤틀리다
미치도록 싫다

분노

짜증나다
성내다
화가 남
아니꼬운
언짢다
성질나는
기분이 상하는
억울한
분한
신경질 난다
불쾌한
어처구니없는
견딜 수 없는
열받는
열불이 나다
격노하다
격분하다
진노하다
분통 터지다
울화가 치밀다
화가 풀리지 않는다
화를 부르는
노발대발하다
분개하다
원통하다
굴욕감을 느끼는
치 떨린다
앙심을 품게 되는
부글부글 끓다
혈압이 오르는
원망스러운
혼내 주고 싶은
복수심을 느끼는
한 대 때려 주고 싶은
콱 쥐어박고 싶다
심사가 뒤틀리는
배알이 꼴리는
약 올라 미칠 것 같은
뚜껑이 열리는
돌아버릴 것 같은
피가 거꾸로 솟는
펄쩍펄쩍 뛸 것 같은

시기, 질투심

이기고 싶은
경쟁심을 부추기는
비교하게 되는
열등감을 부추기는
시샘하다
넘사벽
질투하는
대적할 수조차 없는
사랑을 앗아가는 느낌
배가 아픈
약이 오르는
늘 앞에 있는
우월함이 느껴지는

역겨움

혐오스러운	참을 수 없는	질색하는
메스꺼운	넌더리가 난다	끔찍한
역겨운	싫을 뿐인	소름 끼치는
경멸하는	환멸을 느끼는	속이 뒤집히다
구역질 나는	정말 싫다	기분이 더럽다
	욕이 튀어나오는	

슬픔, 비통함, 우울함

슬프다	애절하다	마음이 아픈
서글프다	울컥하다	참담하다
구슬프다	울고 싶다	비참하다
울적하다	음울한	비탄에 빠지다
짠하다	침울한	억장이 무너진다
서럽다	비통하다	눈물이 앞을 가리다
먹먹하다	침통하다	눈물이 핑 도는
목이 메이다	애통하다	눈물을 삼키는
눈물이 핑 돈다	상처 입은	웃음을 잃은
코끝이 찡한	가슴 아프다	우울하다
애틋하다	가슴이 아리다	가라앉는 느낌
애석하다	가슴을 저미는	시무룩한
애잔하다	가슴이 찢어지는	울적한

죄책감, 미안함

미안함	뉘우치는	사죄하는
죄송함	마음이 무거운	속죄하는
민망함	자신을 탓하는	벌 받는
잘못을 저지르다	사과하고 싶다	스스로 꾸짖는
죄지은	책임을 느끼다	송구스러운
자책하는	죄책감을 느끼다	할 말 조차 없는
고개를 못 드는	쥐구멍이라도 찾고 싶다	몸 둘 바를 모르는

수치심

(자신이) 쓸모없는 느낌	조롱당하는 느낌	치욕스러운
모멸감이 들다	얼굴이 화끈거리는	떳떳치 못한
굴욕감을 느끼다	쥐구멍을 찾고 싶은	인간적인 가치를 잃은 듯한
자괴감이 들다	한심하게 느껴지는	부끄러운
망신스러움	사라지고 싶은	열등한
벌거벗은 느낌	고개를 들 수 없다	어리석음을 개탄하는

자신감, 활기, 희망감

할 수 있다	대담한	의기양양하다
희망적인	도전적인	용기가 난다
유능감을 느끼다	대견함	아직 끝이 아니다
확신에 찬	활발한	길이 보이는
활기가 넘치는	자긍심을 느끼는	해 볼 만하다
잘 될 것이다	야심찬	안개가 걷히는 듯
칭찬하고 싶다	자신만만한	순조롭게 느끼는
자랑스러운	충만한	전도유망한
힘이 나는	거침이 없는	내 자리를 찾은 느낌
기가 사는	낙관하다	천군만마를 얻은 느낌
당당하다	으쓱하다	바닥치기는 끝난
성취감	고양되다	새롭게 시작하는 느낌
효능감	후련한	내일의 태양을 기다린다
능력 있는	우쭐하다	

무력감,[3] 소진

지친	감당이 안 되는	풀이 죽은
기운이 안 나는	위축되다	맥 빠지는
자신 없는	잘 하는 게 없는	기진맥진한
포기하고 싶은	확신이 안 서는	기죽은
아무것도 할 수 없는	못할 것 같다	꼼짝하기 싫은

3) 무력감이란 '스스로 힘이 없음을 알았을 때 드는 허탈하고 맥 빠진 듯한 느낌'을 의미한다(표준국어대사전).

실의에 빠진
무력감
의기소침
변변찮은
의욕이 없는
에너지가 고갈된
흥이 나지 않는
일이 손에 잡히지 않는
기 빨린 느낌
진이 빠지다
탈진한
소진한
만사 귀찮은
자신을 믿을 수 없는
심신이 지친
손가락도 까딱하기 싫은
모든 일에 흥미를 잃은
사는 게 재미없는
축 처지다
늘어지다

후회, 낙담,[4] 절망감

후회스러운
아쉬움으로 가득 찬
왜 그랬을까 싶다
무엇을 할 수 있을까
회환에 찬
뼈저린 후회
한탄하게 되는
어리석음을 개탄하는
자포자기한
루저(loser)가 된 느낌
눈앞이 깜깜한
실의에 빠진
어그러진 느낌
내팽개치고 싶다
낙담한
좌절감
주눅 들다
활기를 잃은
가라앉는 듯한
시무룩한
체념하고 싶다
망연자실
낭패감
속수무책
맥이 풀리는
하고 싶지 않다
더는 안 될 것 같다
불운 탓을 하게 되는
나락으로 떨어진
암담함
비참함
막막함
무망감
허망감
가망이 없다는 느낌
절망적인
뭘 해도 안 될 것 같은
미래가 없는
앞이 보이질 않는
하늘이 무너진 듯
막다른 골목에 갇힌
숨 쉬기조차 힘든
모든 걸 포기하고 싶은

근심, 걱정, 불안

걱정되는
염려스러운
마음이 쓰이는
안쓰러운
과민해지는
곤혹스러운
어쩔 줄 모르는
우려하다
노심초사하다
골 아픈
지레 겁먹는
조심스러운
주저되는
신중하게 되는
앞 일이 걱정되는

4) 낙담이란 '바라던 일이 뜻대로 되지 않아 마음이 몹시 상함'을 의미한다(표준국어대사전).

긴장되는
불안한
뒤숭숭한
조마조마한
초조한
신경이 쓰이는
찜찜하다
미심쩍다
조바심이 난다
수심이 가득한
번민하는
불행이 덮칠 것 같은
공황이 올 것 같은
잘 못할 것 같은
가슴이 두근거리는
조짐이 좋지 않은
애간장이 타는
스트레스를 느끼는
마음이 어수선한
불길한
부담스러운
좌불안석하다
위태롭게 느끼다
속이 타들어가다

놀라움, 공포

놀라운
당황스러운
정신이 번쩍 든다
어이가 없다
말문이 막히다
충격적이다
숨이 막히다
골 때린다
상상도 못한
휘둥그레지는
위협을 느끼는
압도당하는
오싹하다
무섭다
두렵다
얼어붙다
몸이 굳어 버린다
식겁하다
경천동지할
경악한
황당한
겁먹은
기겁한
기함한
대박!
헐~
아연실색
소름 끼친다
섬뜩하다
간담이 서늘하다
다리가 후들후들
온몸이 얼어붙다
간이 콩알만 해지는
가슴이 철렁 한다
심장이 멎는 기분
식은땀이 나는
머리칼이 곤두서는

혼란감

아리송한
혼란스러운
당황스러운
당혹스러운
불안정한
산만한
집중이 안 되는
의심스러운
방향을 잃은 듯한
미궁에 빠진
마음이 요동치는
제정신이 아닌
돌아 버릴 듯한
휘둘리는
이러지도 저러지도 못하는
머뭇거리게 되는
결정이 쉽지 않은
흔들리는
휘청거리는
멍한
얼빠진 듯한

어수선한
갈팡질팡하는
허둥지둥하는
머리가 띵한
어찌할 바를 모르는
종잡을 수 없는
조절이 안 되는
자제력을 잃은
통제력을 잃은
어리둥절한
뭐가 뭔지 알 수 없는
어지러운
정신이 없는
얼떨떨하다

호기심, 바람, 욕구

흥미로운
관심이 쏠리는
알고 싶은
궁금한
알수록 새로운
알수록 깊이 빠져드는
진심으로 알고 싶은
호기심을 자극하는
영감을 느끼는
빠져든다
바라다
되면 좋으련만
기대하다
희망하다
고대하다
기원하다
염원하다
필사적인
원하다
소망하다
탐하다
갖고 싶다
간절하다
열망하다
갈구하다
목이 마르다
욕심이 난다
이루고 싶다
기원하다

외로움, 소외감

외롭다
고독하다
적막하다
혼자인
뻘쭘한
어색한
텅 빈
아무도 없는
적적한
허전한
쓸쓸한
존재감 없는
혼자가 된 느낌
혼자인 게 편한
혼자라서 서글픈
허허벌판에 홀로 있는
버려진 듯한
고아가 된 듯
소외감
동떨어져 있는
아무도 관심이 없는
의지할 데가 없는
이방인이 된
따돌림당하는
다가가기 어려운
거리가 좁혀지지 않는
외면당한
거절당한
경계심을 느끼는
나만 다른 느낌
(주변인들) 썰물처럼 빠져나가다
다 소용 없다는 느낌
내 편이 없는

감동, 감사, 감격

고마움	가슴이 벅차오르는	빛진 느낌
감사함	가슴 깊이 와닿는	결초보은하고 싶다
은혜롭다	마음을 흔드는	무엇으로 갚을 수 있을지
감동을 느끼다	깊이 연결된 느낌	보상받은 느낌
가슴이 뭉클하다	감격스러운	잘 살아온 느낌
감명받다	큰 깨우침으로 다가온	받은 만큼 베풀고 싶은
가슴이 뛰다	감사로 겸손해지는	

안정감, 편안함

느긋하다	여여(如如)하다	안전하고 안심되는
여유롭다	담담하다	속이 편안한
한유하다	흔들리지 않는	모든 게 다행스러운
평화롭다	고요한	자유로움을 느끼는
평온하다	편안한	긴장감이 없는
안락하다	차분한	안정되다

제 3 부

상담의 초기과정

내담자 이해 및 상담의 구조화

제4장 접수면접과 내담자 평가
제5장 첫 회기 상담
제6장 상담 목표 및 계획

상담의 초기과정은 내담자를 맞이할 준비를 하고, 접수면접 및 첫 면접을 실시하며, 상담목표를 정하고, 그 목표에 도달하기 위해 계획을 세우는 시점까지라고 할 수 있다. 상담의 초기과정에 포함되는 회기가 정해져 있는 것은 아니지만 대략 1~3회기 정도가 이에 속한다. 접수면접에는 내담자의 호소문제 파악 및 내담자에 대한 포괄적인 평가와 적합한 상담자 배정, 그리고 상담자 또는 해당 상담기관에서 담당할 수 있는 내담자인지 확인하는 과정 등이 포함된다. 그리고 내담자 평가과정에서 내담자의 자살시도 및 자살사고에 대한 평가, 응급처치 필요성 등도 확인할 수 있으며, 이러한 접수면접 기회가 공식화되어 있지 않은 상담현장에서도 그러한 과정의 필요성과 운영방법에 대해 숙지하고 있을 필요가 있다. 초기과정을 겪으면서 상담자는 내담자가 상담 작업 및 상담자에 대한 신뢰를 경험하고, 상담의 구조적 특성을 이해하고, 문제해결에 대한 희망을 갖고, 상담에 참여하고자 하는 동기를 높이도록 도와야 한다. 초기과정은 내담자 문제파악 및 목표수립 외에도 상담자와 내담자가 이후 상담을 진행해 나가는 것에 대해 동의하고 상담관계를 맺는 등 상담의 토대를 구축하는 과정이기 때문에 이후의 상담개입과 성과에 큰 영향을 미치게 된다. 특히 첫 회기는 상담자와 내담자 모두에게 의미 있는 회기임을 알고, 상담자는 이를 위한 준비를 할 뿐만 아니라 성공적인 운영에 힘써야 한다. 우선 접수면접의 목적과 기능, 구체적인 내용에 대해 살펴보고, 이어서 첫 상담의 중요성과 운영방법, 그리고 상담목표와 상담계획을 수립하는 과정에 대해서 살펴보기로 하겠다.

제 4 장

접수면접과 내담자 평가

접수면접은 꼭 필요한가? 접수면접은 고유기능과 목적을 갖고 있는 만큼 가능한 한 접수면접의 기회를 공식화하는 것이 바람직하다. 그러나 기관의 규모나 형태에 따라 공식적인 접수면접의 과정이 없는 곳도 많다. 김계현(2002)은 접수면접은 규모가 큰 기관이나 내담자의 수가 많은 기관에서 주로 실시하며, 접수면접자가 곧 상담자가 될 가능성이 높은 개업상담자의 경우에는 불필요한 반복이 될 수 있다고 기술하고 있다. 이러한 주장에는 다음과 같은 이유가 포함된다. 첫째, 내담자 수가 많으면 문제의 유형, 심각도, 응급성 등이 다양해지므로 접수면접을 통한 선별(screening)이 필요하고, 둘째, 기관이 클수록 내담자가 호소하는 문제의 성격에 따라 어느 전문가, 어떤 처치방법이 적절할지 결정하는 절차가 필요하기 때문이라는 것이다(김계현, 2002). 필자는 이러한 의견에 동의하는 한편, 소수의 상담자가 근무하는 상담센터나 개업 상담자 역시 접수면접의 고유기능과 목적을 의식하면서 첫 회기를 진행해야 한다는 것을 강조하고 싶다. 즉, 첫 회기에는 내담자에 대해 핵심적인 정보수집과 함께 문제의 심각도, 응급성을 체크하고, 상담자 본인의 전문성으로 도움을 줄 수 있는 내담자인지, 상담서비스기관이나 상담자와 연결하는 것이 필요할지 체크해야 한다. 이러한 판단과정 없이 진행해 가다 보면 길을 찾게 될 것이라는 안일한 생각으로 상담을 시작하는 것을 경계해야 한다. 특히 초보상담자들은 상담지속이 곧 상담의 성공이라는 생각으로 내담자가 꼬박꼬박 잘 찾아와 상담에 임하면 그 자체로 자신의 수행에 만족하는 경우가 있다. 그러나 예후가 좋지 않거나 평가에 혼란을 주는 사례 등에 대해서는 수시로 의문을 제기하고 수퍼바이저의 지도를 받도록 권한다. 그런 의미에서 접수면접은 내담자에 대한 정보수집 이외에 내담자에 대한 평가와 응급성의 확인과 개입, 그리고 내담자 선별 및 전문적 안내를 위해 매우 중요한 절차이다. 이 장에서 살펴보는 내용은 별도의 접수면접과정이 공식화되어 있지 않은 경우 첫 회기에서도 고려해야 할 사항인 것이다.

1. 접수면접의 실제

접수면접은 상담신청 후 상담자 배정에 앞서 호소문제 및 배경정보, 현 상태, 위기 정도 등을 파악하는 면담으로 정의할 수 있다(이영은, 차영은, 민경화, 2013). 이러한 정의에도 나타나 있듯이 구체적으로 접수면접에는 몇 가지 주요 내용이 포함된다.

첫째, 내담자의 주 호소내용을 듣고 문제영역을 확인한다. 둘째, 내담자에 대한 기본 정보를 수집하고, 셋째, 내담자에 대해 포괄적이고 객관적인 평가기회를 가지며, 넷째, 응급조치를 요하는 경우 즉각적으로 개입 · 조치하고, 다섯째, 내담자에게 필요한 서비스가 현재의 기관이나 상담자들의 전문성에서 벗어나거나 외부 협력이 요구되는 경우 신속하게 이에 맞는 상담자와 연결해 주거나, 협력이 필요한 외부 기관과 연계할 수 있는 계획을 세운다. 공식적인 접수면접의 과정이 포함되어 있지 않은 소규모의 상담센터 또는 개업상담자 역시 첫 회기에는 이러한 몇 가지 주요 사항을 점검하고 확인할 것을 다시 한번 강조한다.

접수면접은 내담자가 상담 장면에 첫 발을 내딛고 상담 작업에 대한 첫인상을 형성한다는 점에서 중요하다. 즉, 접수면접자를 통해 그 기관에 대한 신뢰, 상담에 대한 호감 및 상담동기의 향상, 전문성에 대한 신뢰를 경험하기 때문에 접수면접자의 역할은 매우 중요하다. 대부분의 내담자는 매우 망설이던 끝에 상담약속을 잡는다. 그리고 드디어 상담센터에 발을 딛는 순간 모든 것에 예민해질 수밖에 없다. 접수면접은 내담자가 그렇게 망설이다가 처음 겪게 되는 상담의 문고리인 셈이다.

접수면접의 중요성으로 볼 때 상담경력이 많은 전문가가 이를 담당하는 것이 바람직하고, 실제 이렇게 실천하는 기관들도 많다. 그러나 인력과 예산상의 여건으로 인해 수련생들이 일정교육을 받고 접수면접을 진행하는 기관도 많은 실정이다. 이러한 경우는 충분한 사전교육을 받고 접수면접에 대한 수퍼비전을 받으면서 진행하는 등의 조치가 병행되어야 할 것이다. 연구에 의하면 수련생들이 대학상담소에서 진행한 접수면접의 경우 심각도 진단이 정확하지 않은 경우가 발생하고, 그로 인해 적절한 상담자 배정이 이루어지지 않는 경우가 있는 것으로 나타났다(이영은 외, 2013). 또한 상담신청을 하면 상담 시작 전에 심리검사를 하고, 이를 해석하면서 접수면접을 병행하는 경우도 있는데, 이 과정을 수련생들이 담당하는 기관도 있다. 이 경우 접수면접과정은 본래의 기능보다는 심리검사 해석상담 및 상담 오리엔테이션 상담에 국한되곤 한다. 여기서는 접수면접이 매우 중요한 과정이며, 그 중요성에 비추어 철저한 준비와 후속작업이 병행되어야 함을 강조하고 싶다. 지금부터 접수면접에서 다루는 주요 내용, 즉 기본 정보 수집, 내담자에 대한 포괄적인 평가, 자살위험에 대한 평가, 기타 응급상황에 대한 조치 등을 중심으로 접수면접의 실제에 대해 살펴보기로 하겠다.

2. 내담자에 대한 기본 정보 수집

내담자가 상담현장을 방문했을 때 일반적으로 가장 먼저 하는 작업은 상담신청서를 작성하는 일이다. 그리고 대부분의 상담신청서는 내담자에 대해 알아야 할 가장 기본적인 정보를 기입하도록 구성되어 있다. 즉, 기본적인 인적사항(신분, 학력, 결혼상태 등), 내방경위, 상담받고자 하는 문제, 가족사항, 과거 상담경험 유무, 건강상태 및 기타 정보 등이 포함된다. 이러한 내용 중 특이사항이 있는 경우 접수면접에서 좀 더 구체적인 탐색을 하게 된다. 이러한 신청서 사용은 불필요한 질문을 줄이는 데 도움이 되기도 하지만 아직 낯선 상황에서 자기노출에 부담을 느끼는 내담자도 많아서 기록을 누락하거나 모호하게 작성해 놓는 일도 있다. 예를 들면, "가족사항을 꼭 적어야 하나요?"라고 질문을 한 내담자가 있었다. 가족사항은 내담자를 이해하기 위해 매우 중요한 정보이지만 신청서에 기록되어 있지 않다 해도 상담을 진행하면서 확인할 수 있는 기회를 갖게 된다. 또한 현재 꼭 필요한 정보라 하더라도 내담자의 불편감을 수용하고 내담자의 입장과 선택을 존중하는 것이 무엇보다 중요하다.

이 외에 접수면접과정에서 내담자의 행동 중 특이사항이 있으면 이를 기록해 둔다. 접수면접에서 나타난 내담자의 특이한 행동은 낯설고 어색한 사회적 상황에서의 내담자 행동, 상담진행 전 내담자의 행동특징을 살펴보는 데 도움이 되는 등 매우 중요한 정보가 될 수 있다. 예를 들어, 앞의 예에서 가족사항을 신청서에 적는 것에 대한 거부감도 한 예가 될 수 있다. 이 외에 내담자의 특이한 말투, 특이한 옷차림, 눈에 뜨이는 기분(mood) 상태, 상담자를 대하는 태도 등 다양한 정보가 눈에 띄면 이를 기록해 둔다.

또한 접수면접자가 확인할 수 있는 중요한 정보에는 상담에 대한 내담자의 기대와 동기 파악 등이 포함된다. 상담에 대한 내담자의 기대가 어떻게 언급되었으며, 적절한 것인지를 확인할 수 있고, 필요시 접수면접자가 이를 조정하면서 상담에 대한 오리엔테이션을 전달할 수 있다. 예를 들어, 부모와 갈등 중인 청소년 내담자가 상담자가 부모를 만나 자신의 이야기를 대신 전달해 달라든가, 구체적인 경제적 · 사회적 지원을 요구하는 경우도 있을 수 있다. 첫 방문 시 자신에게 유리한 법적 지원을 요구할 수도 있다. 이런 경우 접수면접자는 내담자의 기대가 상담의 실제와 다른 부분에 대해 조정하는 역할을 하고 이를 기록으로 남긴다.

접수면접자가 파악할 수 있는 중요한 사항 중 하나는 내담자의 상담동기에 대한 것으로 접수면접과정을 통해 내담자가 나타내 보이는 동기수준을 파악하여 이를 상남자에게 전달하면 첫 내방 당시의 동기수준을 인지하고 그에 맞는 접근을 계획하는 데 도움이 된다. 단기해결중심치료 이론가인 드 세이저(De Shazer, 1988)는 내담자를 방문자, 불평자, 고객으로 구분하였다. 방문자형 내담자(visitor)는 자발적이기보다는 내담자에게 문제가 있다고 염려하는 다른 사람에 의해 내방한 경우로(예: "아내가 상담을 받아야 떠나지 않겠다고 했습니다."), 자신의 문제를 인정하지 않을 수도 있어서 이후 상담참여도는 미지수이다. 불평자형 내담자

(complainant)는 문제가 있음을 인정하지만, 문제해결의 책임은 자신이 아닌 다른 사람에게 있다고 생각하고, 상담자가 그 사람을 변화시켜 줄 것을 기대한다(예: "남편만 바뀌면 됩니다. 남편이 오도록 도와주세요."). 고객형 내담자(customer)는 문제에 대한 인식뿐 아니라 상담목표에 도달하려면 노력이 필요하다는 것을 알고, 상담자에게 협력하는 내담자이다.

3. 내담자에 대한 포괄적인 평가

내담자에 대한 심리평가(psychological assessment)는 한 개인의 행동, 역량, 기타 특징들을 감정(evaluate)하기 위해 자료를 수집하고, 이를 통합해서 진단을 내리거나 치료방안을 제안하기 위해 진행하는 작업이다(VandenBos, 2015). 내담자에 대한 일차적 · 포괄적인 평가를 실시하여 개입수준과 시기, 상담자 배정 등에 반영하는 것은 접수면접의 매우 중요한 절차 중 하나로, 내담자에 대한 정보수집, 심리검사 실시 및 해석, 관찰, 면접 등의 전 과정과 결과를 통합하여 이루어 내는 작업이다. 그러나 접수면접의 짧은 과정 동안 내담자를 심층 이해하고 평가하는 것은 어려울 뿐 아니라 상담과정 내내 이루어지는 작업인 만큼 접수면접과정에서는 몇 가지 확인할 주요 사항을 중심으로 평가 작업을 진행한다. 우선 몇 가지 주요한 사항에 대해서는 직접 질문을 하는 등의 방법을 통해 확인하는 과정을 거치고, 이 외의 사항에 대해서는 내담자의 특징이나 진술에서 관련사항이 드러날 때 그 부분에 초점을 두어 탐색하는 과정을 거치게 된다.

1) 접수면접 시 확인할 사항

접수면접 시 어떤 사항을 확인할 것인가에 대한 결정 역시 누가, 어디서, 어떤 특징의 내담자를 주로 만나는가에 따라 약간씩 차이가 있을 수 있다. 우선 대학상담센터과 정신건강지역센터에서 사용하고 있는 체크리스트를 예로 살펴보고 일반적으로 어떤 항목이 포함되는지에 대해 논의할 것이다. 이영은 등(2013)의 연구에 참가한 국내 6개 대학 상담소에서는 접수면접에 인적사항, 상담신청 경위, 이전상담 또는 약물치료 경험, 주 호소문제, 대인관계나 학점 등의 현재 상태를 점검할 수 있는 내용, 가족사항, 원하는 상담자 유형, 내담자 인상 및 행동관찰 등의 내용이 포함된 것으로 보고되었다. 한편, 최근 대학뿐 아니라 청소년상담 현장, 학교상담 현장, 사설상담 현장 등 각 상담현장마다 내담자들이 우울, 불안, 자살사고, 성격장애, 폭력문제, 충동조절장애 등의 다양하고 심각한 정신건강문제를 호소하는 경우가 적지 않아서 접수면접 시점부터 이에 대한 상담자의 민감성이 요구된다.

마이어와 멜처트(Meyer & Melchert, 2011)는 대도시 정신건강센터를 찾은 30~40대 성인 내담자 163명의 접수면접 기록으로부터 〈표 4-1〉과 같이 생물심리사회적 접근에 속하는 25개의 평가목록을 분류해 내었다. 접수면접 시 이러한 목록 모두를 일일이 확인하기는 어려운 일이지만, 이러한 목록은 관심을 기울여야 할 부분이 무엇인지 체크리스트에 포함시킬 항목을 검토하고 선별하는 데 유용한 정보를 제공한다. 연구결과에 의하면 이들 목록 중 모든 사례기록에 포함된 것은 현재문제, 정신의학적 문제, 자살사고, 고용상황, 법적 문제, 관계 등이었으며, 상대적으로 빈도가 낮게(100사례 이하) 나타난 목록은 아동기 건강, 개인발달사, 영성, 개인 취미활동, 행동관찰, 성격양식과 특징 등이었다. 아동기 건강과 개인

표 4-1 접수면접 시 생물심리사회적 평가목록

구분	평가목록
생물학적 요소	• 일반적인 의학정보 • 약물치료 • 아동기 건강
심리학적 요소	• 현재문제* • 정신의학적 문제* • 자살사고* • 약물남용 • 아동기 학대 • 정신상태검사(Mental Status Examination) • 심리적 외상 • 성격양식과 특징 • 행동관찰 • 개인발달사
사회문화적 요소	• 고용상황* • 법적 문제* • 관계(relationships)* • 현 생활환경 및 주거형태 • 교육배경 • 종교 • 가족상황 • 다문화적 특징 • 재원 • 군복무 관련 • 개인 취미활동 • 영성

주: *는 100% 빈도로 나타남.
출처: Meyer & Melchert (2011), p. 81에서 발췌.

발달사를 적게 보는 경향은 연구에 참여한 센터가 성인 내담자를 대상으로 하고 있기 때문일 것이다. 반대로 아동 및 청소년 상담현장에서는 내담자의 양육 및 발달사에도 많은 비중을 둘 수 있다.

이러한 목록 중 몇 가지는 상담신청 당시 체크리스트로 제공하여 본인이 해당 유무를 체크하거나 신청서에 기입도록 안내하고, 면접 시 해당되는 항목에 대해 좀 더 자세히 확인하는 방법을 취할 수도 있다. 그리고 현재문제와 발달사, 관계, 가족상황, 정신상태검사, 자살사고 등의 몇 가지 목록은 접수면접자가 면접 시 직접 확인하거나 보완할 필요가 있을 것이다. 일반적으로 현재문제와 고통수준, 현재의 기능상태(학업 또는 직업, 대인관계 등), 관계(가족관계 및 친구 등 대인관계), 정신건강상의 문제경험과 상담 및 치료경험, 자살사고, 법적 · 사회적 문제, 위기개입 및 의뢰의 필요성 등을 다루고, 주요 언급이나 행동특징, 심리검사 결과 등의 객관적 정보를 포함하여 내담자의 현재수준과 위기개입의 필요 유무를 종합 평가하면 적절할 것으로 판단된다.

현대인의 삶의 형태가 다양화되고 개인적 삶의 가치도 다양하기 때문에 접수면접자의 고정관념이나 편견에 근거한 평가가 되지 않도록 주의해야 한다. 예를 들어, 우리나라 성인들도 서구와 마찬가지로 삶의 방식이 전통적인 형태에서 보다 다양한 방식으로 변화하는 추세에 있어서 관계(relationships)를 살펴볼 때 결혼 유무 및 결혼에 대한 생각, 생활형태, 부모 및 가족에 대한 독립과 의존, 자녀관 및 이성관 등에서 개인차가 나타날 수 있다. 또한 오늘날의 청소년들 중에는 학교와 학업, 미래에 대한 생각이나 계획이 획일화되거나 과거 인습적인 수준과는 다른 경우도 많으므로, 이러한 차이를 무조건 문제시하지 않도록 주의해야 한다. 우선은 주 호소문제에 초점을 두어 접수면접을 진행하고, 더 깊은 탐색이 요구되는 주제는 추후과제로 남겨 두는 것이 무리가 없다. 이에 덧붙여 내담자의 개인적 자원 및 환경적 자원에 대해서도 살펴볼 필요가 있다.

2) 접수면접과 심리검사

기관에 따라서는 접수면접이 있기 전 내담자에게 몇 가지 사전심리검사를 권하고, 그 결과를 참고하여 검사해석을 하면서 접수면접을 하는 곳도 있다. 이러한 방법은 상담자나 기관의 정책에 따라 선택적인 것이지 의례적인 것이라고 볼 수는 없다. 대학상담소 등에서는 사전심리검사가 필수과정이 아니어도, 심리검사 결과해석 등을 통해 개인상담으로 접근하는 내담자가 많아서 심리검사 실시기회를 크게 열어 내담자를 적극 유치하는 방법으로 활용하는 경우도 볼 수 있다. 재학생들의 심리검사 실시기회는 대학당국의 지원으로 이루어지므로 학생들은 일종의 혜택을 누리는 셈이고, 그 결과 많은 학생이 자발적으로 이러한 프로그램에 참여하고 있는 추세이다. 그러나 통상적으로 심리검사는 상담자의 판단에 따라 선별·실시되는 것이 바람직하며 접수면접과정의 필수과정이라고 볼 수는 없을 것이다.

일반적으로 상담초기에 객관적인 정보를 얻기 위해 몇 가지 기본적인 검사를 권하곤 한다. 그 어떤 경우이든 심리평가 전에 내담자 또는 미성년 내담자의 법정 대리인에게 사전 동의를 받아야 하며, 사전 동의를 구할 때에는 검사의 목적과 용도, 비용에 대해 내담자가 이해할 수 있도록 정보를 제공할 뿐 아니라 내담자는 거부할 권리가 있음을 유념해야 한다(한국상담심리학회, 2018). 정신건강문제가 심각하거나 장애가 의심되어 정확한 심리평가가 요구되는 내담자의 경우 종합심리검사를 실시하여 평가에 참고하는 경우가 있는데, 이 경우 상담자는 정신장애에 대한 '진단, 평가가 지니는 긍정적·부정적 함의를 신중하게 고려해야 한다'(한국상담심리학회, 2018).

4. 자살위험에 대한 평가

내담자의 자살위험 다루기는 상담 전(全) 과정 어느 때나 예고 없이 등장할 수 있는 과제로, 일부 내담자는 접수면섭과정에서부터 자살생각이나 위험신호를 내보이기 때문에 상담자는 늘 준비하고 있어야 하는 주제이다. 안타깝게도 우리나라 자살률은 1988년 외환위기 이후 급격히 증가하면서 2011년도에 가장 높았고 이후 2017년도까지 감소하는 추세였으나 2018년과 2019년 조금씩 증가하는 추세를 보였으며, 2017년 기준 OECD 평균보다 2.1배로 회원국 중 가장 높다(보건복지부, 한국생명존중희망재단, 2021).

일부 상담자는 자살이라는 무거운 주제를 떠올리기조차 힘들어하고, 내담자들로부터 자살에 대한 언급이 있을 때 이에 압도되는 경우도 있지만 자살생각을 다룰 수 있는 기술과 이에 대한 효능감을 높인다면 이러한 어려움을 극복하고 내담자에게 적절한 도움을 줄 수 있을 것이다. 많은 상담자가 자살에 대한 징조를 발견하면 이를 다뤄야 하고, 자살 예방 및 서약 등의 방법으로 개입을 해야 한다는 것에 대해서는 잘 알고 있으나 이에 대해 보다 구체적인 지식과 준비를 갖추지 못한 상태에서는 당황하고 두려움에 휩싸일 수밖에 없다. 여기서는 내담자의 자살생각을 확인하ㄱ 위헙수준올 평가하는 데 도움이 되는 정보와 상담개입 시 고려할 주요 사항에 대해 살펴보고자 한다.

1) 자살생각에 대한 확인

자살생각 또는 자살사고(suicidal thoughts)란 자살계획 및 자살시도 이전에 나타나는 인지적인 사고로, 자살행동에 대해 몰두하는 생각을 말한다(유형근, 김윤희, 김지혜, 이유미, 2010). 자살생각은 자살시도, 완결된 자살과 관련해서 강력한 위험요인으로 작용한다. 내담자들 중에는 심리적 어려움을 호소하면서 자살에 대한 생각을 해 본 적이 있다고 솔직히 내비치는 경우가 더러 있는데, 이 경우 모두 자살시도를 하는 것은 아니지만 자살위험에 대해 자세히 살펴보고 혹시라도 있을 수 있는 위험한 선택에 대비해야 한다. 또한 어떤 내담자들은 자살생각을 갖고 있지만 이를 굳이 드러내지 않는 경우도 있으므로 내담자의 주 호소문제와 고통수준에 대해 토로하는 내용을 들으며 필요하다면 접수면접자가 직접 물어보면서 확인할 수 있다. 다음은 면담과정에서 자살사고를 감지하고 이에 접근하는 과정을 살펴볼 수 있는 예이다.

내1: 정말 어떤 날은 잠도 안 오고 우울하고 참기 어려울 때가 있어요.

상1: 밤에 많이 힘들 때가 있군요. 그런 날은 어떻게 하시나요?

내2: 몸을 패대기치면서 괴로워하고… 가끔 자포자기하는 마음도 들어요.

상2: 자포자기하는 마음…? 자신을 포기하고 싶다는 건… 혹시 죽고 싶을 만큼 괴롭다는 의미인가요?

내3: 음… 음, 가끔 죽고 싶다는 생각이 들어요.

상3: 죽고 싶을 만큼 힘들 때가 있으시군요. 그런 생각을 얼마나 자주 하시나요?

내4: 몇 번, 단지 몇 번이에요. 살아야죠.

상4: 죽고 싶을 만큼 괴롭지만 살아야 한다고 마음을 다잡으시는군요. 저도 그 괴로움을 극복하실 수 있게 몇 가지 확인하고 도와드릴 방법을 찾고 싶은데… 죽고 싶다는 생각에 대해 더 얘기를 나눠도 될까요?

내5: 네, 뭐….

상5: 혹시 지난 일주일 동안 죽고 싶다는 생각을 한 적이 있나요?

이어서 자살위험 수준을 평가하는 기회를 이어 갈 수 있다. 상담자는 내담자가 처해 있는 것으로 판단되는 수준에 따라 다음의 질문을 적절히 사용할 수 있다. 다음은 자살위험 수준을 평가하는 데 도움이 되는 질문의 예이다(유형근 외, 2010, p. 72).

- 자살생각 여부: 지난 일주일 동안 죽고 싶다는 생각을 한 적이 있는가?
- 자살계획 여부: 지난주 동안 구체적으로 자살계획을 세운 적이 있는가?
- 자살생각 빈도 5회 이상: 일주일에 몇 번 죽고 싶은 생각이 들었나?
- 자살시도 여부: 지난주에 자살을 시도해 본 적 있는가?

내담자와 자살에 대해 언급하는 것이 자살생각을 부추길 수 있다는 것은 오해이며, 오히려 대부분의 내담자는 자살생각에 대해 이야기할 기회를 갖는 것에 안도감을 느낀다(Sommers-Flanagan & Sommers-Flanagan, 1995). 자살생각을 경험하는 내담자들은 누군가 자신을 이해하고 현 상황을 이겨 낼 수 있도록 도와주기 바라는 간절함이 있고, 기회가 주어진다면 기꺼이 자신의 괴로움과 자살생각에 대해 이야기를 나누고 싶어 하기 때문에 자살에 대해 분명하게 언급하고 관심을 갖는 것은 이러한 소통의 기회를 여는 작업인 것이다.

2) 자살 예측변인 및 경고신호

자살생각 이외에도 자살위험을 예측하는 것과 관련된 변인에 대해 알고 있는 것이 징조를 읽고 개입하는 데 도움이 될 수 있다. 소머스-플래너건과 소머스-플래너건은 선행연구자들이 발견한 자살 예측변인을 다음과 같이 정리하여 제시하고 있다(Sommers-Flanagan & Sommers-Flanagan, 1995에서 재인용).

- 정신장애가 있음
- 45세 이상(성인은 무기 소지[1]가 가능하며, 자살계획을 덜 노출하는 경향)
- 남성(>여성)
- 결혼상태(이혼, 사별, 별거, 미혼자, 특히 남성이 더 높은 위험을 나타냄)
- 경제적 · 직업적 요인들(경기침체와 불황)
- 만성적 신체질병
- 최근의 상실(재력, 능력, 지위, 사랑하는 사람의 상실)
- 퇴원 및 병으로부터의 호전(정신장애로부터의 개선)
- 인종(미국 인디언, 알래스카 인디언 및 백인이 미국 내 다른 인종에 비해 높은 비율)
- 이전의 시도경험

이러한 예측변인은 선행연구에서 발견한 자살 관련 변인에 관한 연구 또는 연구대상 집단 간의 차이분석을 통해 나온 결과들이므로 일반적인 적용이나 과해석은 삼가야 한다. 예를 들어, 정신장애를 갖고 있는 것이 자살과 관련되지만, 모든 정신장애자가 자살가능성이 있다거나 자살생각을 갖고 있는 사람들은 정신의학적 문제가 있다는 식의 해석은 성립되지 않는다. 또한 문화적 차이가 있을 수 있다. 그럼에도 몇 가지 관련변

1) 미국의 성인들은 총기 소지가 가능하다.

인을 알고 있는 것은 보다 높은 위험수준을 확인하는 데 도움이 될 수 있으므로 참고자료로서 활용할 가치가 있다.

우리나라에서 이루어진 연구결과에서도 관련 지식을 구할 수 있다. 우리나라 만 40세 이상 65세 미만의 중년들의 자살생각에 영향을 미치는 요인에 성별 차이가 있는지 살펴보는 연구가 있었다(엄현주, 전혜정, 2014). 그 결과, 중년기 남녀 모두 공통적으로 자살생각과 관련이 있는 변인은 우울이 유일한 것으로 나타났다. 성차로 나타난 것은, 중년기 남성은 소득이 낮을수록, 우울감이 높을수록 자살생각을 할 가능성이 높은 반면에 중년기 여성은 배우자가 없는 경우, 우울이 높을수록, 자아존중감이 낮을수록, 가족 상호 간 갈등에 대처하는 방식이 부정적일수록 자살생각을 할 가능성이 더 높은 것으로 나타났다.

자살위기로 진단되어 학교상담실에서 관리를 받고 있는 남녀 청소년들의 자살시도 유무를 변별하는 변인을 밝히려는 연구도 있었다(정묘순, 서수균, 2014). 이 연구에서 사용한 변별변인은 무망감, 품행장애, 충동성, 알코올/약물남용, 공격성의 5개 변인이었는데, 5개 변인 모두 자살시도 유무를 변별하는 유의미한 변인이었으며, 단계적 판별분석 결과 무망감과 공격성이 자살시도를 할 것인지를 예측해 주는 중요한 변인인 것으로 나타났다.

보건복지부는 자살예방 프로그램 및 자살유족 지원사업의 일환으로 자살자에 대한 심리부검면담을 실시해 오고 있다. 심리부검면담의 목적은 분석결과를 자살예방정책 수립에 반영하고 더 나아가 자살 유족의 건강한 애도를 돕기 위한 것이다(중앙심리부검센터, 2020). 보건복지부와 중앙심리부검센터[2)]가 최근 5년간(2015~2019년)의 성인 자살사망자 566명

2) 구 중앙심리부검센터와 중앙자살예방센터를 통합하여 보건복지부 산하 재단법인 한국생명존중희망재단으로 2021년 출범함.

(남성 384명, 여성 182명)[3]의 자료와 분석에 참여한 683명 자살사별유족의 자료를 분석한 결과를 살펴보면 자살사망자 중 93.5%가 사망 전 경고신호를 보냈으나 75.2%가 주변에서 이를 인지하지 못했고 경고신호를 인지한 경우는 22.5%로 나타났다(중앙심리부검센터, 2020).

다시 2016년 개정된 심리부검 도구를 사용하여 2016~2019년 심리부검을 한 사례 445명의 자료를 분석한 결과 〈표 4-2〉와 같은 경고신호가 나타났다.

〈표 4-2〉에서 보여 주듯이 200사례 이상에서 나타난 자살사망자의 경고신호는 감정상태의 변화(326명), 수면상태의 변화(290명), 무기력/대인기피/흥미상실(253명), 자살이나 살인, 죽음에 대한 말을 자주 함(247명), 식사상태의 변화(246명), 신체적 불편함을 호소(206명)인 것으로 나타나 자살가능성이 의심되는 내담자의 경우 위험수준 평가 시 이러한 상태를 점검할 필요가 있어 보인다.

이 보고서를 중심으로 상담현장에서 관심을 갖고 관찰할 필요가 있는, 사망시기에 근접했을 때 나타나는 몇 가지 주요 경고신호를 살펴보면 다음과 같다(보건복지부 보도자료, 2020. 11. 27; 중앙심리부검센터, 2020).

자살사망자 전(全) 연령에서 수면, 감정상태의 변화가 두드러졌으며, 특히 '수면상태의 변화'와 '자살이나 살인, 죽음에 대한 말을 자주 함'은 사망 1년 이상 전부터 보고된 경고신호 중 높은 빈도를 차지했다. 사망 3개월 이내에 높은 비율로 나타난 경고신호는 '주변을 정리함'이었고, 이외에 '어긋났던 인간관계를 개선하려고 노력하거나 신변을 정리함' '평소 소중히 여기던 물건을 다른 사람에게 줌' 등이었다. 자살가능성이 우려되는 경우 이러한 신호들은 임박한 자살을 나타낼 수 있으므로 특별한 관

3) 2015~2019년까지 총 576사례, 691건의 면담을 시행하였으나 본 통합분석에는 566사례가 사용됨.

심을 기울일 필요가 있을 것이다.

표 4-2 자살사망자의 경고신호

범주	내용
언어	자살이나 살인, 죽음에 대한 말을 자주 함
	신체적 불편함을 호소
	자기비하적인 말을 함
	자살하는 방법에 대해 질문함
	사후세계를 동경하는 말을 함
	자살한 사람들에 관한 이야기를 꺼냄
	편지, 수양록, 노트 등에 죽음과 관련된 내용을 적음
행동	수면상태 변화(불면이나 과다수면)
	식사상태 변화(과식이나 소식, 체중증가/감소)
	주변을 정리함(통장, 집안정리, 물건정리)
	자신의 자살에 대한 계획을 세움
	평소와 다른 비일상적인 행동, 공격적/충동적 행동
	집중력 저하 및 사소한 일에 대한 결정의 어려움
	외모관리에 대해 무관심
	자해행동이나 물질남용을 보임
	죽음에 관련된 음악, 시, 영화에 과도하게 몰입
	인간관계 개선(평소 관계에 대한 개선, 용서를 구함)
	평소 소중히 여기던 물건을 다른 사람에게 줌
정서	감정상태의 변화(죄책감, 무기력감, 과민함)
	무기력, 대인기피, 흥미상실(외출을 줄이고 집에서만 지냄)

출처: 중앙심리부검센터(2020), p. 62.

3) 자살의 위험수준 및 위험요인 평가

〈표 4-2〉에 나타난 자살사망자의 경고신호에는 생각수준을 넘어서 이를 계획하고, 실행에 대한 의지를 나타내는 내용이 포함되어 있다. 예를 들어, 죽음에 대한 직접적인 언급이나 주변정리, 자살에 대한 계획 등은 생각을 넘어서 계획이 구체화되고 있음을 나타낸다. 접수면접자는 자살 생각을 넘어 시도 가능성이나 위험수준을 판단하기 위해 몇 가지 점검을 할 수 있다.

소머스-플래너건과 소머스-플래너건(Sommers-Flanagan & Sommers-Flanagan, 1995)은 자살생각의 위험수준을 점검할 때 계획, 자기통제력, 의지 등에 초점을 두라고 제안하고 있다. 이들이 제안한 점검사항을 중심으로 이해를 돕기 위한 설명을 덧붙이면 다음과 같다.

(1) 계획

계획에 대한 구체성, 치명성, 가능성, 근접성을 통해 위험수준을 확인할 수 있다.

- 구체성: 계획이 상세하고 구체적일수록 위험
- 치명성: 치명적인 방법을 택할수록 위험
- 가능성: 계획이 실천 가능한 것일수록 위험
- 근접성: 계획을 시도했을 때 도와줄 사람이 얼마나 근접해 있는가? 도와줄 수 있는 사람이 멀리 있는 가운데 시도하는 계획일수록 위험

(2) 자기통제력

내담자의 자기통제력 수준이 어느 정도인가에 따라 위험수준이 달라

지며, 과거 통제력을 잃은 경험이 있는 내담자일수록 위험하다. '여유 있는 고속도로에서 초고속으로 달리다가 핸들을 놓아 버린 일이 있었으나, 곧 정신을 차리고 핸들을 잡아 위기를 피했다.' '아내와 싸우다가 베란다로 달려가 창문까지 열었는데 아내가 죽기 살기로 끌어내어 위험을 피할 수 있었다.' '만취상태에서 비 오는 자동차전용도로를 걷다가 달려온 경찰차에 실려 갔다.' '끝까지 가 보자고 다량의 독주를 마셨고 병원에 실려 갔다.' '분노를 못 이겨 위험한 자해소동을 벌였다.' 등의 위험한 행동을 한 이력은 내담자의 자기통제력에 문제가 있음을 드러낸다.

이들 내담자를 위해서는 몇 가지 대비책을 세워 놓는 것이 바람직하다. 이러한 상황의 위험성을 경고하고, 이렇게 통제력을 잃을 위기에 놓였을 때 도움을 청할 수 있는 가까운 사람을 세 명 정도 떠올려 그 이름을 적게 하고, 극도로 힘들 때는 이들을 만나기로 약속한다든가, 도움이 되는 호흡법을 알려 주어 사용하게 한다든가, 음악을 크게 틀어 놓고 듣기와 같은 방법(박상칠, 조용범, 1998) 등의 대비책을 찾아 이를 지키도록 독려할 수 있다.

(3) 의지

내담자가 자살하고자 하는 의지가 확고한 정도에 관한 것이다. 어떤 내담자는 충동적으로 자살시도를 한 적이 있지만 그 이후 자살생각조차 안하는 경우가 있는가 하면, 어떤 내담자는 이에 대해 집착하고 끝내 감행할 방법을 찾고자 한다. 자살행동을 굳게 결심한 사람은 별도의 계획을 세우지 않고도 기회를 찾아 치명적인 시도를 해서 자살사망자가 되기도 한다. 내담자에게 1에서 10의 수치로 의지를 확인하는 것도 방법이 될 수 있다. 의지가 임박한 자살감행수준이면 상담자는 비밀보장의 의무를 깨고 가족에게 알리고 입원을 권하는 등 적극적인 조치에 나서야 한다.

(4) 자살에 대한 대인관계이론

자살에 대한 대인관계이론[4]을 제창한 조이너(Joiner, 2005; Joiner, Van Orden, Witte, & Rudd, 2009)는 자살생각을 넘어 실제 자살을 감행하는 사람들에 대한 설명으로 다음의 3요인을 제시하고 있다.

첫 번째 요인은 습득된 능력(acquired capability)으로, 자살로 죽음을 맞이할 수 있는 사람들은 과거 고통과 도발적 사건들을 겪으면서 자해의 두려움과 고통에 익숙해져 있는 사람들이라는 것이다. 그리고 이러한 경험에는 의도적인 자해만이 아니라 상해, 사고, 폭력, 무모한 행동, 폭력에의 노출, 경우에 따라서는 전투나 일터에서의 신체적 상해 등 다양한 경험이 포함되며, 이러한 경험은 습관화(habituation, 친숙함)를 통해 치명적 자해에 대한 습득된 능력이 된다는 것이다. 특히 이전의 자해 · 자살시도는 미래의 자해에 대한 두려움과 고통에 익숙해지는 가장 강력한 습관적 경험이 될 수 있다는 것이다. 조이너 등(Joiner et al., 2009)은 자해에 대한 두려움이나 인내가 낮은 경우 자살위험성을 눈여겨볼 필요가 있다고 권한다. 두 번째 요인은 지각된 부담감(perceived burdensomeness)으로, 이것은 자신의 존재가 가족, 친구, 사회에 부담을 주며 자신의 죽음이 주변을 위해서 더 가치 있다고 생각하는 것이다. 세 번째 요인은 좌절된 소속감(failure belongingness)으로, 고립감이나 사회적 소외와 유사하며, 가족, 친구 또는 다른 가치 있는 집단으로부터 소외된 경험을 하는 것이다.

이 이론에서는 사람들이 지각된 부담감과 좌절된 소속감을 동시에 느낄 때, 즉 타인들을 위한 자신의 보살핌이 하찮거나 심지어 해롭다고 느끼고 자신도 보살핌을 받지 못하는 걸로 느낄 때 삶에 대한 모든 중요한 유대관계를 끊고 죽음에 대한 욕구가 생겨난다고 주장한다. 이 두 가지

---

4) The Interpersonal Theory of Suicide

요인은 항상 고정된 것이 아니어서 유동적인 변화가 가능하므로 정기적으로 위험수준을 살펴봐야 하지만, 이미 습득된 능력은 변화가 잘 일어나지 않고 단기간으로는 개입효과가 낮으므로 예방이나 개입에서는 우선 지각된 부담감과 소속감 등 부정적인 감정완화에 비중을 두는 것이 효율적이다(Joiner, 2005).

(5) 현재상황과 위험요인

내담자가 자살의지를 갖는 배경이 될 수도 있는 현재상황과 위험요인에 대해서도 살펴볼 필요가 있다. 예를 들어, 현재 중요한 타인들과 단절되어 있다든가, 최근의 상실경험(사랑하는 사람, 건강, 경제력, 지위, 명예 등의 상실)과 그로 인한 극도의 스트레스 경험, 높은 우울수준과 같은 정신건강상의 부정적인 지표들도 위험요인이 될 수 있다.

중앙심리부검센터(2020)가 최근 5년간(2015~2019년)의 심리부검 대상 566명을 대상으로 유족의 보고와 의무기록 등의 자료를 분석한 결과, 503명(88.9%)이 정신질환을 앓고 있었을 것으로 추정되었으며, 우울장애가 64.3%로 가장 높은 비율을 차지했고 물질관련 및 중독 장애가 26.2%로 그 뒤를 이었다. 이들 503명 중 293명(51.8%)은 사망 전 치료 및 상담을 받은 적이 있다. 이들이 자살을 떠올리게 될 만큼 커다란 고통을 겪으면서 우울증이나 물질관련 및 중독 등의 정신건강문제가 깊어진 것인지, 아니면 이러한 문제에 대해 적절한 치료가 이루어지지 않아서 완결된 자살에 이르게 된 것인지는 확인하기 어렵다. 그러나 이는 어느 단계에서든 정신적인 문제가 발견되는 즉시 더욱 심각해지는 것을 막기 위한 예방적 · 전문적 개입이 이루어질 필요가 있음을 시사한다. 대상자 중 사망 전 1년 이내에 자해행동을 보인 경우는 61명(10.8%)이었고, 자살시도가 있었던 경우는 199명(35.2%)이었다. 이 외에 가족관계 문제(성인기 이

전 부모의 방임, 가정폭력 등) 63.3%, 경제적 문제 59.4%, 직업문제 58.5% 등 개인별 평균 3.8개의 생애 스트레스 사건이 사망 당시까지 순차적 또는 복합적인 영향을 미친 것으로 나타났다. 또한 259명(566명 중 45.8%)이 가족 중 자살을 시도했거나 자살로 사망한 구성원(부모 68명, 형제 · 자매 · 남매 57명, 기타 가족이나 친척 146명 등)이 있었던 것으로 나타났다. 이러한 자료들은 이전의 자살시도, 우울이나 물질관련 및 중독문제, 생애 스트레스 사건의 누적과 복합적인 영향, 주변인의 자살이나 자살시도 등이 자살의 위험요인으로 작용할 수 있음을 시사한다.

4) 자살징후에 대한 접수면접자의 태도와 조치

상담자가 예고 없이 내담자의 자살생각을 접할 가능성은 누구에게나 열려 있다. 이때 상담자가 취해야 할 가장 중요한 태도는 내담자의 힘든 상황을 인정하면서 이러한 주제를 함께 다루는 전문가로서의 태도를 유지하는 것이다. 내담자의 입장에서는, 죽음을 떠올릴 만큼 힘든 경험을 하고 있다는 것에 공감하는 동시에 자살가능성의 심각성을 체크하고, 도움이 되는 전문적 조치를 하기 위해 노력하는 믿을 만한 전문가와의 만남이 잡고 싶은 생명의 끈이 될 수 있다.

자살생각 등 자살에 대한 언급을 접할 때 상담자의 기술뿐 아니라 태도가 매우 중요한 역할을 한다. 우선, 상담자는 자살에 대해 다룰 수 있는 전문적 지식과 기술에 근거한 효능감을 갖고 있어야 한다. 상담자의 효능감은 갑작스러운 자살언급에 대해 크게 동요하지 않고 이를 다룰 수 있는 안정된 정서상태의 유지와 적절한 실무로 이어진다. 준비되어 있지 않은 상담자는 자살에 대한 두려움, 과도한 책임감과 부정적인 생각에 억눌려 자신의 안전까지 의심하면서 내담자에게 집중하기 어렵다. 상담자는 내담자의 고통스러운 삶에 귀 기울이고 내담자의 고통을 인정하면서 그 주제를 축소하거나, 주의가 분산되거나, 급하게 안심시키려 하거나, 얼어붙지 않도록 자신의 정서와 태도를 마음챙김 하면서 관리해야 한다.

접수면접자는 내담자에게 상담을 시작하면서 가질 수 있는 희망감을 불어넣어 주고, 자신의 삶에 대한 소중함을 북돋우는 기회를 제공할 수 있다. 자살행동은 어떤 욕구를 충족시키려는 수단이기도 하므로 치료자는 이러한 욕구충족을 위해 자살을 시도하는 것보다 더 안전하고 효과적인 방법이 있다는 것을 알려 주어야 한다(Brent, Polling, & Goldstein, 2011/2016). 접수면접자는 상담이 이러한 방법을 찾아내는 기회가 될 수 있을 것이라는 희망감을 갖도록 도울 수 있다.

조이너(Joiner, 2005)는 자살금지서약서를 권장하지 않는다면서 그 이유가 효과가 없고, 내용에서 하지 말아야 할 것만 다룰 뿐 무엇을 할 것인지에 대한 내용이 부족해서라고 한다. 이러한 점을 고려하면서 자살금지서약서에 어떤 내용을 담을 것인지를 숙고할 필요가 있다. 자살을 하지 않겠다는 약속 외에 자살충동이 일어날 경우 할 수 있는 대안을 연구해서 포함시키는 것이 내담자에게 도움이 될 것이다. 우선 이 서약서에는 자살생각이나 충동이 일어날 경우 내담자가 연결할 수 있는 긴급 연락처와 가족 또는 지인들의 명단을 적어 넣도록 한다. 이것은 내담자 주변의 관계에 대해서 알 수 있을 뿐 아니라 내담자가 주변인에 대해 갖고 있는 지각을 점검해 볼 수 있는 기회가 된다. 또한 내담자가 자살생각으로 힘들 경우 취할 수 있는 행동 등 전문가로서의 지시를 포함시킬 수 있다. 접수면접에서는 이러한 시간여유가 없을 수도 있지만 일반 면접회기에서는 자살생각이 올라오는 상황과 이때의 생각, 감정, 행동을 점검한 뒤 즉각 취할 수 있는 대안을 찾아보는 것이 도움이 된다. 접수면접과정에서 작성한 자살금지서약서는 나중에 담당 상담자가 확인하고, 상담자도 서약서에 접수면접자와 병행 서명하여 공동 서약의 의미를 부여할 수도 있다. 자살에 대한 명백한 계획을 갖고 있는 자살 고위험군의 내담자와는 비밀보장의 한계를 넘는 것에 대해 미리 알려 주고, 필요시 내담자를 보호할 수 있는 사람들과 연락을 취하는 등 적극적인 조치를 취해야 한다.

자살위험에 대한 개입

상담자로서 자살생각을 갖고 있는 내담자에게 어떤 도움을 줄 수 있을지에 대해서는 이 책의 범위를 넘어서는 깊은 숙고와 노력이 따라야 할 것이다. 하지만 현재 고위험수준이 아닌 것으로 판단될 경우 자살위기에만 초점을 맞추기보다는 삶의 가장자리에 선 내담자를 위해 접근할 수 있는 심리적 개입이 무엇인지 고민하지 않을 수 없다. 결국은 자살위험에 대한 평가와 발견을 넘어 삶의 위기를 극복할 수 있도록 최선을 다해 돕는 것이 상담자의 역할이기 때문이다. 이에 따라 자살위기에 있는 내담자를 돕기 위해 적용해 볼 수 있는 몇 가지 개입방법[5)]을 제안해 보고자 한다.

첫째, 자살생각의 배경이 되는 내담자의 힘든 경험에 대해 충분히 듣고 공감하는 기회를 갖는다. 관련된 내담자는 자살을 떠올릴 만큼 힘든 이유와 그 이유의 개인적 정당성을 갖고 있으며 누군가와 그 절박함을 나누고 싶어 한다. 이렇게 자신의 이야기에 귀 기울여 줄 사람을 찾는 것은 많은 자살 사망자가 주변에 경고신호를 보낸 것에서도 알 수 있다. 상담자는 자신이 정해 놓은 목적을 위해 내담자를 달래거나 이끌고 가기보다는 수용적이고 자유로운 소통이 가능한 진실한 관계로 다가가야 한다는 가장 중요한 원칙에 충실할 필요가 있다.

둘째, 현재 죽고 싶은 생각에 대한 척도질문(1~10)을 활용해 본다. 예를 들어, 죽고 싶다가 7 정도라고 하더라도 나머지 3은 그 사람이 잡고 싶은 삶의 끈이 남아 있다는 것이다. 내담자의 무망감을 충분히 인정하고 수용하는 동시에, 상담을 통해 지금까지 소홀히 해 왔던 자신과 자신의 삶에 대해 조망해 보는 의

5) 이러한 개입방법들을 기술적으로 다루기 위해서는 이 책에서 다루고 있는 상담자의 태도와 기술 외에도 수용전념치료와 실존치료에 대한 훈련이 요구된다.

미 있는 시간을 가져 보는 기회를 갖자고 제안한다. 그가 살아야 할 이유를 들어보고 그에 대해서도 인정과 공감을 하면서 더 확장해 볼 수 있는 부분이 무엇인지, 새롭게 검토해 볼 부분이 무엇인지 함께 살펴본다.

셋째, 내담자가 중요하게 여기는 삶의 핵심 가치를 다룬다. 수용전념치료(ACT)의 핵심은 내담자가 자신이 선택한 가치와 일치하는 삶을 살도록 돕는 것으로, 이러한 가치는 한 개인의 삶의 의미와 방향감을 창조할 수 있다(Hayes, Strosahl, & Wilson, 1999/2009). 많은 내담자, 특히 자살생각을 하는 내담자들의 대부분은 더 이상 나아갈 길을 잃고 벼랑 끝에 선 것과 같은 느낌에 압도되어 있다. 개인적인 삶의 가치를 명료화하고 그 방향을 향해 전진하는 의미의 발견과 실천은 경직된 삶의 조망으로부터 벗어나는 계기가 될 수 있다.

넷째, 내담자가 봉착해 있는 문제를 다룰 수 있는 삶의 레퍼토리[6]를 점검하고 함께 이 부분을 확장해 나가는 작업을 해 볼 수 있다. 절박감은 당면한 문제를 해결할 방법이 더 이상은 없다는 데서 올 수 있다. 내담자 자신의 제한된 해결방법이나 경직된 마음상태가 그를 상자 속에 가둬 두고 있는 것일 수 있다. 이러한 경우 상담자는 보다 적극적인 개입으로 새로운 대안 발굴을 위해, 새로운 조망을 위해 함께 노력해 볼 수 있다.

다섯째, 조이너(Joiner, 2005)가 제안한 바와 같이 비교적 변화가능성이 큰, 주변인들에 대한 지각된 부담감과 소속감 등 관계문제에 초점을 두는 동시에 모든 인간이 처해 있는 실존적 고립(Yalom, 1980)에 대해 살펴본다. 즉, 내담자의 현실적인 관계문제의 개선에 도움을 주는 것에 덧붙여 융합, 의존, 희생, 도구적 관계 등 현재의 관계적 소외의 문제와 자기소외를 돌아볼 기회를 갖는다. 모든 인간은 혼자(alone)이며, 실존적 소외에 직면할 수 있을 때 타인들과 더욱 건강한 관계를 맺을 수 있을 뿐만 아니라 한 개인으로서 성장의 기회가 된다는 실존적 명제를 내담자의 관심수준에 맞게 다루는 것은 이후 모든 관계에서의 존재방식에 도움이 될 수 있다.

6) 이것은 경제력 향상, 취업, 새로운 만남 등의 구체적이고 현실적인 방법일 수도 있지만 사고, 정서, 행동 등에서 심리적 유연성을 갖는 것이 포함된다.

‖ 참고 ‖

보건복지부에서 자살관련 보도 시 자살예방을 위해 게재 요청하는 상담전화 안내문

우울감 등 말하기 어려운 고민이 있거나 주변에 이런 어려움을 겪는 가족·지인이 있을 경우 자살예방 상담전화 1393, 정신건강 상담전화 1577-0199, 희망의 전화 129, 생명의 전화 1588-9191, 청소년 전화 1388 등에서 24시간 전문가의 상담을 받을 수 있습니다(보건복지부 보도자료, 2021. 7. 5).

5. 기타 응급상황에 대한 조치

어떤 상담현장에서도 예상치 못한 시점에 응급상황이 벌어질 수 있는 만큼 이에 대한 철저한 준비를 해야 함은 재론의 여지가 없지만, 개업 상담현장은 대부분 예약제를 실시하기 때문에 상담신청과 실제 상담 간에 시간차가 발생하고, 이로 인해 접수면접과정에서의 응급상황이 상대적으로 적은 편이다. 이와는 달리 공공서비스에 목적을 둔 지역상담센터와 같이 불특정의 내담자가 불시에 방문할 가능성이 있는 곳이나 학교상담실, 대학, 기업체 내 상담센터 등 소속원들에게 늘 개방되어 있는 상담현장에는 언제든 응급조치를 요하는 내담자가 방문할 가능성이 더 크다. 예를 들어, 자살사고 또는 심각한 우울상태에서 방문하는 내담자 이외에도 폭력피해 직후 또는 직·간접적인 외상경험 직후 극도의 정서적 혼란을 겪고 있는 내담자가 찾아올 수 있으며, 어떤 사유로 격분한 상태에서 타인에 대한 공격행동으로부터 자신을 조절하기 힘들어 찾아오는 내담자도 있다.

이러한 가능성을 안고 있는 상담센터들은 접수면접과정에서 응급조치가 요구되는지 확인하고, 이에 맞는 조치를 할 수 있는 시스템을 갖추고 있어야 한다. 대학상담센터에서는 위기전담 상담교수제를 두고 있거나 응급상황의 내담자가 방문한 경우 즉시 전문가급 상담자가 접수면접을 진행하도록 운영하고 있는 것으로 나타났다(이영은 외, 2013). 만일 수련생들이 접수면접을 진행한다면 최소한 이런 응급조치가 필요한지를 식별할 수 있는 전문적 안목을 갖추어야 하고, 즉시 수퍼바이저나 전문가급 상담자와 상의하여 적절한 조치를 취해야 한다.

경우에 따라서는 상담실 내에서 처리하기 힘든 응급상황이 벌어질 수도 있다. 예를 들어, 받아들이기 힘든 일을 경험한 직후 도움을 받기 위해 상담실을 방문했으나 극도의 정서적 혼란으로 면담조차 힘든 상태이거나 공황발작을 일으키는 내담자를 만날 수도 있다. 실제 필자가 현장에서 근무할 때 약속 없이 찾아온 내담자가 상담자를 만나자마자 잠시 억눌러 놓았던 감정을 폭발시키며 진정시키기 어려운 혼란에 빠져 몸부림을 치고 심각한 자해위기까지 간 일이 있었다. 그 상황에서 필자는 연계가 가능한 정신의학과와 상의하여 내담자를 설득하고 급히 이송하여 우선 진정시키는 응급조치를 진행하였다. 상담현장에서는 이처럼 다양한 응급상황에 대한 가정과 그에 맞는 조치방법을 구안해 놓아야 한다. 또한 그 과정에서 연계할 수 있는 기관 등이 어디인지 인근의 다양한 자원에 대해 구체적인 정보를 갖고, 평소 이들 기관과 협력할 수 있는 방안을 상호 모색해 놓는 것이 필요하다.

연습 자살평가를 위한 종합정리

면담 중 내담자(37세 남자)가 괴로움을 호소하며 혼자 죽어 버릴까 하는 생각까지 들었다고 말했다. 사전 실시한 MMPI-2의 결과에서 2번과 7번 척도가 높게 나타났고(>T 70) 결정문항에도 자살사고가 포함되어 있었다. 상담자는 자살위험도에 대한 종합적인 평가가 필요한 것으로 판단했다.

앞에서 학습한 내용을 종합하여 어떻게 자살위험도를 평가하고 위험수준에 대한 판단을 할 수 있을지 그 과정과 구체적인 내용을 간략하게 기술하시오. (이러한 평가과정은 내담자의 위험수준에 대한 파악 및 이에 따른 개입방안을 세우는 데 도움이 된다.)

맺는말

접수면접을 공식적인 절차로 두고 있는지의 여부는 상담현장의 규모나 여건에 따라 다르게 나타나고 있지만, 접수면접과정에서 다루는 내용은 고유의 목적과 기능을 갖고 있어서 이후의 상담과정에 크게 영향을 미치는 등 중요성을 갖는다. 내담자는 접수면접과정을 통해 상담을 처음 접하고 상담에 대한 기대 또는 실망을 경험할 수도 있다. 또한 접수면접 결과 상담자를 배정하거나 개입과정을 결정할 수 있으므로 이상적으로는 수퍼바이저급이나 경력이 많은 상담자가 이를 담당하는 것이 바람직하지만 그렇지 못할 경우 면접상담의 기능을 명료화하고, 접수면접에 대한 사전교육 및 수퍼비전을 강화할 필요가 있다.

접수면접과정을 따로 두지 않는 경우에는 첫 상담에 접수면접과 유사한 기능의 과정을 포함해야 한다. 접수면접에서는 내담자에 대한 기본 정보를 수집하고, 내담자의 심리적 특성 및 주변여건 등 포괄적인 평가를 위해 다양한 항목을 조사하며, 이러한 과정에서 심리검사를 활용할 수도 있다. 최근에는 상담현장에 정신건강상의 문제를 갖고 있거나 극도의 스트레스로 인해 심각한 정서적 불안상태에 놓여 있는 내담자들의 방문 비율이 높아지고 있어 접수면접과정에서 이들 내담자에 대한 정확한 평가와 판단이 이루어질 필요와 함께 상담자에게 높은 수준의 임상적 지식이 요구되고 있다. 특히 내담자에 대한 평가과정에서 자살사고나 시도가능성에 대한 확인 및 개입방법에 대해 준비된 상담자는 이러한 문제에 압도되지 않고 이를 정확하게 평가하고 문제를 예방하는 데 도움을 줄 수 있을 것이다. 접수면접과정에서 내담자에게 응급조치가 필요한 경우에 대비해서 각 상담현장은 이에 대한 시스템을 갖출 필요가 있다.

제 5 장

첫 회기 상담

1. 첫 회기의 중요성

1) 내담자의 첫 회기경험

내담자의 입장에서 첫 회기경험은 매우 새롭고 낯선 경험이 아닐 수 없으며 기대도 크지만 동시에 상담 자체와 상담자에 대한 의구심도 클 수밖에 없다. 첫 회기경험은 내담자에게 상담과 상담자에 대한 신뢰와 자신의 문제해결에 대한 희망감을 갖게 하는 시금석이 된다. 또한 상담에 대해 좀 더 친숙해지고 상담에 대해 동기를 높이는 계기가 될 수도 있다. 또 어떤 내담자는 첫 회기를 마친 후 스스로 문제해결에 대한 자신감을 얻고, 막연하게나마 문제해결의 방향을 떠올리는 등 의미 있는 경험을 한다.

상담자 입장에서 첫 회기 상담은 단순히 내담자와 인사를 나누고 친숙해지며 앞으로 상담진행을 잘 해 보자고 상호의지를 다지는 시간만은 아니다. 이 점을 강조하는 이유는 첫 회기에 소극적으로 내담자의 호소내용을 듣고 상담을 구조화하고 내담자와 친해지기 위해 노력할 뿐 본격적인 상담은 다음부터라는 생각으로 임하는 초보상담자 사례를 종종 봐 왔기 때문이다. 이 경우 첫 회기를 마친 내담자의 입장에서 내 문제가 무엇인지 상담자에게 전달했고, 상담자와 대면을 했고, 구조화를 통해 상담진행에 대해 낯설음은 약간 해소되었으나 여전히 상담자와 상담의 전문성, 시간과 노력을 투자할 만한 가치는 전달되지 않아 의구심이 해소되지 않는다. 어떤 상담자는 첫 회기에 내담자의 환심을 사는 데 집중하고, 무조건 내담자를 지지하는 데 집중한 나머지 표면적으로는 내담자와 매우 가까워진 듯했으나 내담자의 입장에서는 비교적 편안한 이웃을 만난 느낌 이상의 가치를 못 느끼고 그로 인해 상담의 필요성을 전달받지 못하는 경우도 있다. 첫 회기를 마친 내담자는 다음과 같이 상담자로부터 전문성과 편안함을 동시에 느낄 수 있어야 한다.

- 상담 작업 및 상담자의 전문성에 대한 신뢰
- 상담자의 태도 및 상담기술에서 전문적 차이를 느끼고 상담참여가 자신에게 도움이 될 것이라는 기대감
- 상담참여, 상담자, 상담현장에 대한 모호함, 긴장감이 줄어들고 보다 편안해짐
- 미미한 수준이지만 자신과 당면문제를 대하는 태도와 인식에 변화가 일어남
- 문제해결 및 고충완화에 대한 희망감이 회기 전보다 높아짐

2) 첫 회기 상담자의 자세와 준비

내담자는 첫 회기부터 자신과 관련된 매우 의미 있는 단서들을 내보인다. 상담의 주 고객인 비교적 정상 범주에 속하는 내담자들은 자신의 문제에 대해 깊이, 오랫동안 고민해 왔기 때문에 대부분 첫 회기부터 상담자가 관심을 기울여야 하는 의미 있는 자료를, 일부는 두서없이 내보이곤 한다. 두서가 없다는 말은 상담자가 느끼기에 그럴 수 있다는 말일 뿐 내담자는 상담자를 만나 다뤄야 할 중요한 내용에 초점을 둔 이유가 있는 자기호소를 하고 있는 것이다. 비자발적인 내담자조차 자신에게 의미가 있다고 의식하는 내용을 드문드문 드러내 보이곤 한다. 두서없이, 드문 드문이라는 표현에는 내담자들이 평소 논리적이고 표현력이 좋다 해도 한 회기에 자신에 대해 중요한 내용을 다 전달하기는 어렵고, 더욱이 아직은 방어와 탐색적인 태도를 보이는 현상이 함축되어 있다.

사실 내담자가 내놓은 모든 자료는 어느 하나 버릴 것이 없다. 그럼에도 상담자는 내담자의 주 호소문제 또는 당면과제에 초점화하여 문제를 이해하고 목표를 정해야 하기 때문에 우선적으로 다룰 필요가 있는 내용을 알아차리는 감각을 활용해야 한다. 내담자를 처음 만나서 이 모든 내용의 중요성이나 의미를 있는 그대로 알아차리기는 어렵지만 여기서 강조하고 싶은 점은 중요한 정보들이 첫 회기부터 전달될 가능성이 크다는 것을 간과해서는 안 된다는 것이다. 첫 회기부터 전달되는 내용에는 ① 자신의 문제에 대한 내담자의 지각, ② 그 문제와 관련된 중요한 요소들, ③ 고착이 일어난 부분, ④ 주요 방어기제, ⑤ 변화에 대한 기대와 장해요소 등이 포함되는데, 이는 상담자가 일찍부터 이러한 의미를 알아차리고 다룰 준비를 할 때 상담진전에 크게 도움이 되는 것들이다. 이러한 정보들은 파편처럼 흩어져 관련성이 없어 보이기도 하고 심지어는 은유적인 형태로 표현되기도 한다.

숙련된 상담자들은 첫 회기에 이러한 정보들을 발견하여 마음의 형광펜을 긋고, 이후 더 깊이 탐색해 나가거나 확장시킬 부분이 무엇인지에 대한 단서로 삼는다. 몇 회기 진전되면서 첫 회기에 등장하지 않은 다른 주제들로 옮겨 다닐 수도 있지만 다시 첫 회기에 등장했던 주제가 떠오르기도 하고 각기 다른 주제인 듯 보였던 내용의 관련성이 보다 명료하게 드러나기도 한다. 그래서 첫 회기 내담자의 호소내용에는 많은 의미가 담겨 있음을 유념해야 한다. 몇 회기 진전되어 내담자에 대한 이해가 깊어졌을 때 첫 회기 내용을 다시 돌아보면 첫 회기는 마치 오페라의 서곡처럼 시작단계이지만 이후 다뤄야 할 많은 주제를 함축하고 있는 중요한 회기였음이 드러나곤 한다.

첫 회기를 시작하면서 성공적인 작업을 위해 상담자가 유념하고 가져야 할 자세로 다음 몇 가지를 강조하고 싶다.

첫째, 회기 전 내담자를 맞이할 준비를 하라.

내담자의 신청서, 접수면접 기록 등 사전정보를 정리하고 내담자를 이해하는 데 필요한 지식을 갖춘다. 예를 들어, 우울이 높은 내담자이면 우울에 대한 자신의 지식을 점검하고 불충분한 부분은 관련문헌이나 수퍼바이저, 전문가의 의견 등을 참고한다. 심리검사 해석이 필요하면 그에 대한 정확도를 높이기 위해 준비를 한다. 그리고 면담을 앞두고 최소 10분 정도 마음을 비우고 내담자를 위한 마음자리를 만들어 둔다. 잠깐의 명상이 큰 도움이 될 수 있다.

둘째, 내담자의 내적 참조체제에 익숙해지기 위해 고정관념을 버리고 몸과 마음을 개방하라.

심리학적인 지식, 상담에 대한 지식과 경험이 내담자 이해에 도움이 되는 것은 사실이지만 그 지식조차 내담자에게 도움이 되려면 우선은 지금 여기에서의 내담자에게 더 많은 초점이 가 있어야 한다. 원래 내담자는 이런 사람일 것이라는 상담자의 판단을 떠나 지금 여기에서 보이는 모습 그대로 내담자를 보고 이해하는 것이 보다 정확한 지각이다. 상담자 입장에서 볼 때 지금 여기에서의 모습이 곧 내담자인 것이다. 비교적 첫 회기에 내담자에 대해 많은 의미 있는 발견을 하고 있는 숙련된 상담자라 해도, 첫 회기 직후 내담자에 대해 가정한 내용과 이어지는 회기에서 확장되고 명료화되는 내담자의 모습 간에는 차이가 있기 마련이다. 한 개인의 세계는 쉽게 단정하기 어려울 만큼 크고 깊기 때문이다.

내담자와 상담과정이 한동안 모호한 채 흘러가는 경우도 많다. 그럴 때 상담자가 할 수 있는 것은 지금 여기에서의 내담자와 자신을 믿고 그에 집중하면서 성실하게 따라가는 것이다. 우선은 몸과 마음을 다해 진솔한 태도로 내담자를 대할 때 두 사람 간에 순수한 '심리적인 접촉'이 이루어진다(Rogers, 1961). 상담자는 모든 내담자를 낯선 사람으로 바라보고 그를 이해하기 위해 하나하나 얻은 정보를 쌓아 머릿속에 그 사람의 방을 꾸며 가는 것이다. 새로운 내담자를 만나는 것은 내 머릿속에 내담자의 폴더(folder)를 만들어 그 사람의 방식대로 생각하고 느낄 수 있는 시스템을 갖추는 것과 같다. 상담회기가 지속되면서 초기에는 각기 다른 조각처럼 보이던 정보들이 점차 쌓이고 통합되면서 그 의미가 명료해지기 시작한다. 상담자의 지식과 경험은 특정 정보를 선별해 내거나 정보들을 통합하고 의미를 부여하는 데 활용되는데, 고정관념이나 선입견은 이러한 지식과 경험을 활용하는 데조차 방해가 될 수 있다. 어디까지나 내담자의 내적 참조체제를 통해 내담자처럼 지각하고 느끼고 생각하는 데 익숙해져야 한다.

셋째, 첫 회기로 상담을 마무리 짓는 내담자조차 도움이 되게 하라.

초보상담자들은 다음 회기를 약속한 내담자가 나타나지 않는 것에 큰 상처를 입고 그 이유를 전적으로 자신의 능력에 귀인하면서 좌절하는 일이 많다. 심지어 일방적인 종결이 두려운 나머지 내담자의 환심을 사기 위해 부적절하게 비위를 맞추는 등 진솔하지 않은 태도를 보일 때도 있다. 물론 첫 회기를 잘 운영하여 내담자가 진전에 대한 기대를 갖게 되었을 경우 상담이 지속될 가능성이 커지겠으나, 첫 회기로 마무리된 사례라 하더라도 내담자에게 도움이 되도록 노력하고, 일방적으로 장기적인 과정으로 이끌고 가려 해서는 안 될 것이다. 어떤 내담자들은 애초부터 상담을 일회적인 자문으로 생각하고 왔기 때문에 지속적인 참여에 대해 주저하고, 또 어떤 내담자들은 지속적인 상담이 가져다주는 변화나 성과 등에 대해서 들은 바가 없어서 일회상담 내용에 만족하고 만다. 그래서 상담자가 생각하는 상담기간과 내담자가 생각하는 기간 간에는 차이가 있을 수 있음을 알고, 이를 상담과정에 반영해야 한다. 자발적으로 상담현장을 찾은 내담자들도 첫 회기를 마친 다음 상담을 지속할 것인가를 스스로 결정하는 과정을 거치게 되는데, 상담자는 내담자의 다양한 특성을 알아서 이들에게 도움이 되는 방향으로 상담을 안내해야 한다.

2. 첫 회기의 운영과 기법

대화기법을 주로 사용하는 심리상담 회기의 경우 고등학생 및 성인을 기준으로 한 회기는 일반적으로 50분가량 진행된다. 초등학생, 중학생은 수업시간 길이에 맞추는 것이 가장 무난하며, 초등학생은 30~40분, 중학생은 40~50분을 따르는 것이 보편적이다. 이러한 회기시간은 해당 연령대의 내담자가 효율적으로 주의집중할 수 있는 시간길이에 따른 것이다. 첫 회기 진행방식이 정해진 것은 아니나 시간길이에 관계없이 크게 세

부분으로 나눌 수 있다.

- 만남과 시작: 내담자 맞이하기, 인사 나누기 및 분위기 조성하기, 상담주제로 들어가기
- 호소내용 듣기: 내담자 따라가며 경청하기, 정보수집 및 이야기 촉진을 위한 최소의 질문사용, 초기감정의 해소, 대략적인 문제이해, 내방계기 및 상담에 대한 기대 확인하기, 문제해결에 대한 희망감 및 상담에 대한 기대 갖게 하기
- 마무리하기: 전반적인 요약 및 회기경험 나누기, 앞으로의 계획 세우기, 다음 회기 약속하기, 상담자의 정리
- 기타 주요 과제: 녹음에 대한 동의 구하기, 구조화

첫 회기에서는 상담신청을 하거나 내방하게 된 계기(내방경위 포함)와 상담에 대한 기대를 다루고 상담을 구조화하게 되는데, 이는 앞의 세 부분 중 어느 때나 자연스럽게 다룰 수 있다. 이러한 첫 회기의 주요 과제가 자연스럽게 다뤄질 기회가 생기지 않으면 마무리 단계에서 상담자가 이를 다루기도 한다. 우선 첫 회기를 구체적으로 어떻게 진행하는지 살펴보겠다.

1) 만남과 시작

(1) 만남과 상호관찰

앞에서도 강조했듯이 상담자는 면담 전 준비를 하고 내담자를 맞이한다. 이때 상호 간에 서로를 관찰하게 되는데, 내담자는 대부분 상담자가 자신의 현재 관심사를 함께 나눠도 좋은 사람인지 매우 예민하게 관찰

을 한다. 내담자 눈에는 상담자의 언어적 · 비언어적 태도와 표정, 옷차림새, 내담자를 대하는 태도, 상담실 인테리어, 책장 속의 도서목록 등 세세한 모든 것이 주시의 대상이다. 간단히 말해서, 상담자가 내담자를 관찰하는 것보다 상담자 자신이 훨씬 더 예민하게 관찰당하고 있음을 강조하고 싶다. 어떤 내담자는 상담실 문을 두드리기 전 복도를 서성이며 상담자를 살피고 나서 입장하기로 결심을 굳혔다고 말한다. 물론 사람들의 첫인상은 자신의 지각적 편향에 의해 자기방식대로 형성되는 경우가 많다. 또한 우리는 정보가 불충분한 채 비교적 낯선 사람의 성격을 추측할 때가 있는데, 이때 개인적 편견으로 불충분한 부분을 채우는 경향이 있고, 그러한 편견이 그 사람의 인상형성에 영향을 미치게 된다(암묵적 성격이론; Pedersen, 1965 참조). 그렇다고 좋은 인상을 주기 위해 연출을 할 필요는 없다. 가능한 한 진솔하고 편안하게 내담자를 맞이하는 것이 좋을 것이다.

예전에 먼 거리에서 찾아오겠다는 내담자를 인근지역의 상담자에게 소개한 일이 있었다. 그런데 그 내담자는 전화로 약속을 잡던 중 그에게 상담을 받고 싶지 않았다고 말하는 것이었다. 그 상담자는 매우 좋은 평을 듣고 있는 사람이었는데 전화 목소리만으로도 거절을 당할 수 있구나 하는 놀라움과 아쉬움을 경험한 사건이었다. 내담자는 상담자에 대해 지극히 개인적이고 감각적인 판단기준을 적용할 수도 있다는 것이다.

상담자는 낯선 장소에 들어선 내담자와 인사를 나눈 후 손짓과 함께 앉을 자리를 권해서 편하게 자리를 잡도록 안내한다. 한편, 장소가 넓고 선택할 수 있는 좌석이 다양하게 마련되어 있는 면접실인 경우 상담자는 내담자에게 편한 자리에 앉으라고 말할 뿐 특별히 좌석을 지정하지 않을 수도 있다. 이러한 경우라면 내담자가 어떤 자리를 선택하느냐를 보고 타인을 대하는 사회적 태도 등을 관찰할 수도 있다. 즉, 상담자와 어느 정도 거리를 두는지, 어떤 위치, 즉 중앙 또는 맨 끝자리에 앉는지 등을 관찰하고 참고할 수 있다.

(2) 인사 나누기

상담자 자신을 소개하고, 내담자와 인사를 나눈 후 단도직입적으로 내담자의 문제에 초점을 맞추기보다는 잠시 첫 대면에서의 서먹함이나 긴장을 풀어 주는 데 도움이 되는 편안한 일상적 대화를 나누는 것이 분위기를 부드럽게 하는 데 도움이 된다. 예를 들면, "오는 길이 힘들진 않았나요?" "상담신청을 하고 오래 기다리게 해서 죄송합니다. 그리고 기다려 주셔서 감사합니다." "날이 더운데 오시느라 수고하셨습니다." 등과 같은 이야기를 할 수 있다. 내담자도 "상담실이 어떤 곳인지 궁금했어요." "선생님 책을 읽은 적이 있어요."와 같이 편안하고 사교적인 대화를 꺼내는 사람이 있는가 하면, 긴장과 어색함으로 상담자가 이끌어 줄 때까지 침묵하면서 표정이 굳어 있는 내담자도 있다. 이때 상담과는 무관해 보이는 내담자가 무심코 건네는 말에도 그 사람의 특징이 담겨 있다. 얄롬(Yalom, 2002/2005)은 모든 내담자에게 자신의 사무실까지 찾아오는 길을 똑같은 방식으로 알려 주었는데 각 내담자마다 오는 길에서 경험했던 것에 대한 반응이 매우 다른 것에 주목했다. 그리고 이렇게 한 가지 자극에 대해 수많은 반응이 나타나는 것을 통해서 "각 개인이 서로 다른 내적 세계를 가지고 있으며, 그 자극은 각자에게 다른 의미를 지닌다."(p. 53)라고 설명을 덧붙였다.

(3) 상담주제로 들어가기

인사와 함께 첫 만남의 분위기를 좀 더 부드럽게 이끌기 위한 짧은 대화를 나눈 후 내담자의 분위기가 다소 편안해진 듯 보이면 주제를 내방 목적에 맞게 전환하면서 이야기를 시작한다. 예를 들어, 다음과 같은 말로 시작할 수 있다.

- "제가 도움이 되었으면 하는 일이 뭔지 들어볼까요?"
- "상담을 통해서 도움을 받고자 하는 내용이 뭔지 말씀해 주시겠습니까?"
- "신청서에 가족에 대해 이야기하고 싶다고 쓰셨네요."
- "접수면접 기록을 통해서 상담받고 싶으신 내용을 전달받긴 했습니다만…."
- "엄마가 상담을 부탁하시면서 (어떤어떤 일에 대해) 도와줬으면 하시던데, (아무개)는 어떻게 생각하는지 그 얘기부터 시작할까?"

2) 호소내용 듣기

첫 회기에는 주로 내담자가 내방하게 된 배경과 호소내용을 듣는다. 비교적 상담동기가 높은 내담자는 상담이 필요한 부분에 초점을 맞추어 자신이 하고 싶었던 이야기를 하므로, 상담자는 경청기술을 활용하면서 적극적인 자세로 듣는다. 그 이야기의 내용이나 언어적 표현을 넘어 이면감정과 생각, 바람(want) 등을 읽으려고 노력한다. 이전 장들에서 다뤘던 초기상담기법을 활용하여 이야기의 핵심을 되돌려 주고(재진술), 감정을 읽어 주며(반영), 공감을 전달하는 등 내담자가 편하게 이야기를 풀어 갈 수 있도록 촉진적인 태도로 이야기를 듣고 그에 대해 반응한다.

(1) 내담자 따라가며 경청하기

첫 회기를 포함하여 상담초기에는 주로 내담자의 호소내용을 듣고 한 개인으로서의 내담자와 내담자의 현재문제를 이해하는 것이 목적이다. 따라서 내담자가 선택한 주제에서 벗어나거나 상담자의 주의를 끄는 특정 주제에 대해 더 깊이 들어가기 위해 이야기의 흐름을 끊는 것에 신중해야 한다. 내담자를 따라가면서 이야기를 듣고 모호하거나 좀 더 구체화가 필요한 부분 또는 정보가 요구되는 부분에 대해서는 개방형 질문을 통해 확인해 나간다. 어떤 사실을 확인하거나 구체화가 필요해서 어느 지점에 잠시 머문 경우에도 다시 내담자가 이야기하고자 하는 흐름을 확인하고 내담자를 따라가며 경청한다.

사례 여자 대학원생 Y

다음은 내담자가 자신의 문제를 조심스레 꺼내 놓았으나 상담자가 신중하지 못하게 화제를 다른 데로 돌리고 엉뚱한 반응을 하는 예이다. 우선 다음 대화내용에서 무엇이 문제인지 살펴본 후 다음 내용과 비교해 보기를 권한다.

내1: 요즘 과제가 많은데 과제하다 말고 인터넷 검색하고, 톡하고, 재밌는 동영상에 빠지고… 낭비하는 시간이 많아요. 그러다가 왜 이러지 놀라고요.

상1: 대학원 공부가 학부 때와는 다르죠, 과제도 많고. 학부 때도 동일 전공이었나요?

내2: 네. 동일 전공이었죠. 학부 땐 성적이 좋아서 우수장학금도 탔는데….

상2: 그 전공이 워낙 쉽지 않다고 들었어요. 공부가 생각과는 달리 잘 안 되는 건 Y 씨뿐만 아니라 다른 친구들도 마찬가지일 거예요.

이러한 대화패턴은 일상적인 대화에서는 매우 흔한 것이지만 상담 장면이라면 부정적인 예에 속하는 것으로, 상담자는 내담자가 학업에 어려움을 느낄 때마다 다른 소일거리로 주의를 기울이고 있음을 알아차리고 수용하는 데 민감하지 않다. 그리고 주제를 내담자의 학습태도가 아닌 전공에 대한 것으로 돌리고 전공공부가 어려운 것에 착안하여 내담자를 안심시키고자 한다.

다음은 내담자가 내놓은 주제(학습태도의 문제)를 따라가면서 확장할 기회를 갖고 경청하는 반응의 예이다.

내1: 요즘 과제가 많은데 과제하다 말고 인터넷 검색하고, 톡하고, 재밌는 동영상에 빠지고… 낭비하는 시간이 많아요. 그러다가 왜 이러지 놀라고요.

상1: 과제를 앞에 놓고도 집중이 잘 안 된다고요. (재진술)

내2: 학부 땐 집중을 잘했던 것 같아요. 그런데 요즘은 결심을 하고 책상 앞에 앉았다가도 막상 진전이 안 되면 곧장 다른 데로 빠져 버리네요.

상2: 대학 때는 집중을 잘했는데 요즘은 뭔가 달라졌네요. (재진술, 서술식 질문)

내3: 사실 환경이 바뀌었어요. 그땐 부모님과 함께 살았는데 지금은 학교 근처로 와서 자취를 하고 있거든요. 남들은 혼자 있으면 공부에 더 몰두할 거라고 하는데 저는 그렇지 못한 것 같아요. 학교 근처로 온 것도 제가 오고 싶어 온 게 아니라서…. (목소리가 작아진다.)

상3: 그렇군요. 계속 들어봐도 될까요? (따라가기)

내4: 사실은… 엄마, 아빠가 이혼을 하셨어요. 그 과정에서 저 혼자 자취할 수밖에 없게 된 거죠. 엄마, 아빠랑 헤어져 지낸 적이 없다가 혼자 있는 게 좀 힘들어요. 가끔 혼자라는 게 두렵기도 하고.

상4: 저런, 불가피하게 혼자 생활을 하게 되면서 학업도 생활도 큰 영향을 받고 있네요. (앞부분의 요약)

내5: 모든 게 힘들어요. 우리 집이 산산조각 난 것도 힘들고, 엄마, 아빠, 동생 다 잘 있는지 궁금하고, 불쌍하고 (울음) 혼자 있으면 다른 세상에 온 것 같기도 해요.

상5: 갑작스럽고 큰 변화가 한꺼번에 닥쳐와서 감당하기 힘들었을 것 같아요. (네.) 게다가 공부도 마음처럼 되지 않아서 좌절감이 크군요. (공감)

내6: (계속 눈물을 닦아내며) 마음만이라도 이전 상태로 돌아가고 싶어요. 공부에 집중하고 친구들과 웃고. 그런데 친구들도 만나기 싫고 그렇다고 혼자 있으면서 공부를 하는 것도 아니고. 자취방에 있다 보면 자꾸 우울한 생각만 들어요. 그래서 이것저것 뒤지며, 일종의 도피처를 찾게 돼요.

상6: 상황은 변하지 않아도 마음의 안정을 찾아 공부에 전념하고 친구들도 만나야겠다. 더 이상 혼자 우울해하거나 엉뚱한 데로 도피하지 말자. 이런 마음을 갖고 상담신청을 한 거네요. (상담기대 요약)

내6: 네, 맞아요.

(2) 최소의 질문사용을 통한 정보수집

첫 회기를 포함하는 초기에는 내담자가 내놓는 이야기의 내용을 보완해 나가는 수준의 탐색일 뿐 내담자가 준비되어 있지 않은 수준까지 파고 들어가는 질문이나 탐색은 삼가야 한다. 첫 회기부터 깊이 파고드는 질문이나 이어지는 질문은 내담자의 준비상태를 앞질러서 내담자를 불편하게 하고 방어하게 만드는 요인이 된다. 또한 이어지는 질문은 상담자가 던지는 질문에 답만 하게 되는 수동적인 내담자를 만든다. 상담자가 질문을 던지면 내담자는 기꺼이 답할 것이라는 생각과 그래야 한다는 생각은 큰 착각에 속하는데, 이러한 상담진행은 내담자를 곤혹스럽게 할 뿐 아니라 두 사람 간의 심리적인 접촉에 방해가 된다. 특히 내담자가 상담자보다 나이 어린 사람일 때 이어지는 질문 일변도의 면담방식을 보이는 상담자들이 있는데, 이는 어린 내담자보다 우위에 서서 내담자에게 답하라는 압력을 행사하고 있는 것이다. 이런 경우 내담자의 답변은 대개 빈약하고 기계적이며, 내담자가 매우 곤혹스러워하고 있음을 알 수 있다. 첫 회기 질문이 많아지는 것은 내담자를 따라가기보다 상담자의 관심사에 치중하고 있거나 상담에 협조하지 않는 내담자를 이끌기 위한 것이지만 어느 쪽이든 적절한 방법이 아니다.

첫 회기를 포함하는 상담초기에는 질문의 주제에 따라 질문사용방법에 차이를 두게 된다. 즉, 내담자의 주관적 경험이나 생각, 감정에 대해서는 탐색적 질문을 자제하고 수용, 재진술, 반영, 요약 등을 하면서 이야기를 촉진한다. 그럼에도 이러한 주제에 대해 탐색적 질문이 필요할 때는 성급하게 초점화하기보다 큰 범주에서 묻고 가능한 개방형 질문방법을 사용한다. 한편, 사실 확인이 필요한 부분에 대해서 질문을 간간이 하게 되는데, 예를 들어 "그 일이 언제 있었나요?" "그 후로도 계속됐나요?" "근무기간이 어떻게 되었나요?" 등과 같은 질문이다. 이러한 질문에 대해서는 폐쇄형이든 개방형이든 필요에 따라 적절한 질문유형을 선택하면 될 것이다. 그러나 상담초기에는 어떠한 질문도 과다하게 사용하면 이야기의 흐름에 방해가 되고 내담자를 불편하게 할 수 있다. 초기에는 내담자의 이야기 흐름에 방해가 되지 않을 만큼 최소의 질문을 사용하면서 내담자를 따라가며 이해하는 데 중점을 둔다.

(3) 초기감정의 해소

내담자의 상황이나 문제를 인지적으로 이해할 뿐 아니라 첫 회기 동안 내담자가 표현하고 경험하는 감정에 대해 반영하고 공감하면서 주 호소를 듣는다. 내담자들은 상담실을 찾기 전 자신의 호소내용에 대해 주변인들로부터 부정적인 평가를 받고 거절당한 경험이 있을 수 있다. 또한 주변으로부터의 부정적인 평가나 거절에 대한 두려움으로 솔직한 심정을 억압해 왔거나 축소해 왔을 수 있다. 또한 스스로도 자신의 감정을 부적절한 것으로 평가해 왔을 가능성도 있다. 많은 내담자가 표현하기 어려웠던 억눌린 감정을 가슴에 간직한 채 상담실을 찾는다. 강도에는 차이가 있으나 이러한 감정이 첫 회기부터 표현되곤 한다. 특히 부정적인 감정의 해소가 급선무인 내담자는 예기치 않은 상황에서 감정이 터져 나오곤 한다. 따라서 내담자가 경험하는 감정에 대해서 지속적으로 관찰하고 이를 존중하고, 허용하고, 표현할 수 있도록 격려해야 한다.

사례 앞에서 등장했던 여자 대학원생 Y

내1: 지금 방이 궁색하긴 하지만 제가 우울해하는 게 그 방 때문이 아니잖아요. 그런데 엄마는 아빠한테 방이 좁아서라고 얘기하고 넓은 데로 옮겨야 한다고 한 거예요. 아빠는 모녀가 돈 뜯을 생각만 한다고, 너도 네 엄마 닮아 큰일이라고…. (울음을 터트리고 흐느낌)

상1: 저런, 그렇게 아빠를 그리워하는데 그 말씀이 얼마나 서운했을까.

내2: (흐느낌을 멈추기 위해 애씀)

상2: (티슈를 건네며) Y의 깊은 슬픔과 서러움이 그대로 느껴지네요. 그냥 편하게 표현하세요.

내3: (잠시 울고 난 후) 아빠는 그런 일 아니면 저한테 전화도 안 거실 것 같아요.

상3: 아빠가 점점 더 멀어지는 것 같아서 안타까운 마음에 더 슬퍼하고 있군요.

한편, 상담자는 감정을 표현하고 이를 다루는 것이 얼마나 중요한지 공부를 한 사람으로서 감정노출을 자연스럽게 여기고 격려할 수 있지만, 각 개인의 감정표현에 대한 과거력이나 습관, 신념에는 개인차가 있을 수 있다. 덧붙여 성격유형이나 성별, 민족성 등에 따라서도 감정표현에서 개인차가 나타난다. 즉, 모든 내담자가 수시로 자신의 감정을 체크하고 드러내 주기를 기다리고 있거나 상담자가 사용하는 감정언어에 대해 편안한 것만은 아님을 고려해야 한다. 특히 아직 상담 작업에 대해 익숙하지 않은 초기과정에 있는 내담자의 감정을 다룰 때는 이러한 개인차를 고려하면서 조심스럽게 접근하는 것이 바람직하다. 심지어는 자신에 대해 온정을 담아 감정반영을 하는 낯선 상담자의 행동을 가식이라고 지각하는 내담자도 있다.

"지금 어떤 느낌이세요?" "지금 어떻게 느끼세요?"라는 말이 상담자에게는 매우 익숙한 표현이지만 내담자에게는 처음 접해 보는 낯선 질문일 수 있다. 어떤 내담자는 느낌을 물으면 생각을 말하기도 한다. 상담초기에 이러한 특징이 발견되면 이를 감정언어로 바꾸도록 권유하기보다 내담자의 특성으로 수용하고 이해하는 것이 바람직하다.

감정반영이나 공감이 필요할 때는 내담자가 경험하는 정서의 범주와 강도를 확인하고, 이에 맞는 감정언어를 사용해서 반응을 하되, 무엇보다 내담자중심이어야 한다. 여기서 내담자중심을 강조한 것은 내담자가 편하게 느끼고 자신의 감정을 수용할 수 있는 선이 무엇인가 내담자의 준비도를 적절하게 고려해야 한다는 의미이다. 내담자에 대한 과도한 관심과 온정의 표현으로 과장된 반응을 하지 않도록 주의한다.

(4) 대략적인 문제이해

앞에서도 강조했듯이 첫 회기에는 내담자가 다소 방어적인 태도로 참여할 때조차 자신에 내해 의미 있는 내용을 드러내 보인다는 사실을 잊지 않아야 한다. 그래서 첫 회기부터 내담자의 이야기 중 전체 상담과정을 통해 보다 깊은 탐색이 요구되는 부분, 즉 문제를 이해하고 해결하기 위해서 더 들어가 봐야 할 부분이 무엇인지 알아차리는 감각이 필요한데, 이러한 능력은 상담자의 경력에 따라 다를 것이다. 초보상담자라면 성급한 판단에 주의하면서 내담자에게 온전히 집중하고 이해하려는 민감한 알아차리기를 꾸준히 훈련해야 한다.

첫 회기를 마칠 때쯤 내담자의 현재문제가 무엇이고, 그 문제가 언제부터 시작되어 어떻게 전개되어 왔는지 대략의 윤곽을 잡게 되는데, 이는 빠진 부분이 많은 가설적 수준의 것으로 대략의 문제이해쯤에 속한다(제6장의 사례개념화 부분 참조). 이러한 가정수준의 내담자 및 내담자의 문제이해는 이후 확인과 수정 · 보완해 나가는 단초가 된다.

(5) 내방계기 및 상담에 대한 기대 확인하기

내담자의 호소내용을 듣는 가운데 당면문제와 관련하여 현시점에서 상담실을 찾게 된 계기, 그리고 그 문제해결에 대한 바람(want) 및 기대를 확인하는 기회를 갖는다. 상담실을 찾게 된 직접적인 계기는 당면문제와 관련하여 내담자의 현재 상태를 이해하고 시급한 해결을 요하는 문제상황이 무엇인지 아는 데 도움이 된다. 또한 상담에 대한 내담자의 기대는 내담자가 초점을 두는 문제영역을 확인하게 해 주는데, 이는 상담목표 및 방향설정에 도움이 되고, 경우에 따라서는 내담자의 상담에 대한 인식수준을 확인하는 기회가 된다. 어떤 내담자는 심리상담에서 다루는 내용과는 동떨어진 기대를 갖고 오는 경우도 있어서 기대에 대한 조정작업과 상담에 대한 안내가 필요할 수 있다. 내방계기 및 상담 기대에 관한 정보는 내담자가 이야기를 진행하던 중 자연스럽게 전달되는 경우도 있지만 적절한 시점에 다음과 같은 질문을 통해 직접 확인할 수 있다.

- 상담 온 계기에 대한 질문
  "오랫동안 그 문제로 고민해 오셨는데, 지금 상담을 신청하게 된 계기가 있나요?"
  "이번에 상담을 받자고 결심하게 된 배경이라도 있나요?"

- 상담 및 상담자에 대한 기대
  "상담을 받으면 그 문제에 대해 어떤 도움을 받을 것으로 기대하셨나요?"
  "상담자로서 제가 도와주었으면 하는 기대는 뭘까요?"

내담자 중에는 본인이 자발적으로 상담자를 찾기보다 교사나 부모, 배우자나 다른 가족에 의해서 내방하는 경우도 많다. 또한 상담자는 일하는 현장에 따라 법정이나 직장에서 상담명령을 받은 내담자를 만나기도 한다. 명령을 받았거나 의뢰된 내담자들조차 모두 상담동기가 낮거나 동일한 수준은 아니므로 이를 잘 판단할 필요가 있다. 또한 상담자와 내담자 모두 이들의 의뢰사유나 내방경위를 알고 만나는 경우가 대부분이다. 이때는 상담자가 알고 있는 내방경위를 솔직하게 나누면서 의뢰인과 내담자가 문제를 바라보는 시각에 어떤 차이가 있는지 살펴보고, 내담자의 지각을 존중하면서 지금부터의 회기를 내담자 자신의 것으로 만들 수 있게 도와야 한다.

사례 고등학생 M의 첫 회기

M(고1 남학생)은 교사 입장에서 다루기 어려운 아이이다. 수업시간에 엎드려 자고 깨워도 계속 졸며 늘어져 있어서 얘를 깨우다 보면 수업을 망친다는 교과목 담당교사들의 항의가 있었다. 담임교사가 불러다가 주의를 줬더니 궤변을 늘어놓으며 화만 돋웠다. (교사와 가까운 것은 아니지만 기회가 되면 말은 잘하는 편이라고 한다.) M은 담임교사로부터 상담에 의뢰되었고, 다음은 M과 함께 한 1회기 중 인사를 나누고 내방경위를 중심으로 이야기를 나누는 부분이다. (제6장에 등장하는 M과 동일 사례)

상1: 담임선생님이 학교생활을 잘할 수 있도록 도와 달라고 하셨는데… 나를 만나라고 하실 때 어땠어요? (시작하기, 의뢰사유 나누기)

내1: 상담선생님이 도움이 될 거라고 하셔서….

상2: 도움이 될 거라고…. (핵심단어 반복)

내2: 상담이 도움이 될 수도 있고….

상3: 제안은 담임선생님이 하셨지만 상담실은 M의 결정으로 방문한 거네요. M의 입장에서 특별히 상담받아 보고 싶은 내용이 있나요? (재진술, 정보를 구하는 개방형 질문)

내3: 그건 아니고… 수업시간에 많이 졸아서 담임선생님이 보내셨을 거예요.

상4: 그렇구나. 담임선생님이 많이 졸아서 걱정하시던데…. (의뢰 사유 나누기)

내4: 정말 눈이 안 떠져서 미칠 것 같았어요. 그래서 아예 복도로 나가 앉아서 잤더니 담임이 불러서… 정말 미칠 것 같으니까 신경 끊으시면 다른 애들한테도 방해가 안 될 거라고.

상5: 정말 잠 때문에 고생을 많이 하네. 잠이 모자라서인가요? (수용, 확인을 위한 폐쇄형 질문)

내5: 게임을 많이 한 다음날은 그래요.

상6: 게임을 많이 하는군요. (수용, 반복진술)

(6) 문제해결에 대한 희망감 및 상담에 대한 기대 갖게 하기

어떤 내담자는 극도로 지친 상태에서 지푸라기라도 잡는 기분으로 상담자를 찾아왔노라고 말한다. 또 다른 내담자는 자신의 처지에 대해 극도로 부정적인 관점을 내세우며 울음 섞인 호소를 한다. 사람들은 대부분 제한된 문제해결방법을 사용해 오고 있기 때문에 그러한 방법이 작동하지 않을 때 더 이상 길이 있을까에 대해 회의하고 좌절한다. 간혹 상담자도 내담자의 불행한 처지에 압도되어 힘을 잃을 때가 있지만 그럼에도 내담자에게 긍정적인 변화가 일어날 수 있도록 노력해야 한다. 우선 상담자는 두 가지 방향에서 희망적인 메시지를 전달할 수 있어야 한다. 첫째, 내담자가 처한 어려움에도 긍정적인 변화를 위해 움직일 방향이 있다는 것, 둘째, 상담을 통해 우선 내담자가 원하는 바를 명확히 하고 그것에 도달하기 위해 필요한 것들이 무엇인지 하나씩 점검하고 필요하다면 새로운 방법을 찾아 나갈 수 있다는 메시지를 전달하는 것이다.

상담자는 내담자의 문제만 다루는 것이 아니고 그로부터 벗어나려는 내담자의 기대와 소망에 접근하는 작업을 한다. 그러기 위해 내담자의 과거, 현재, 미래뿐 아니라 여러 가지 상황에 대한 감정, 사고, 행동을 다루면서 새로운 문제해결기술을 습득하고 실천해 보는 기회에 동참하는 일을 한다. 그러므로 이러한 메시지는 상담의 본질을 전달하는 것이기도 하다(제1장의 상담의 정의와 과정 부분 참조). 문제해결에 대한 희망감 및 상담에 대한 기대를 갖게 되는 예에 대해서는 이어지는 첫 회기의 마무리에서 소개되는 축어록을 참조하기 바란다.

3. 첫 회기의 마무리

대체로 회기 종료시간 10~15분 전 첫 회기 마무리 시간을 가지며 다음과 같은 내용을 다루게 된다.

1) 전반적인 요약 및 회기경험 나누기

첫 회기는 내담자가 자신의 문제를 개방하고 적극적으로 도움을 청하는 새로운 경험의 기회였던 만큼 짧지만 의미 있는 시간이 되어야 함은 새삼 강조할 필요가 없을 것이다. 이 책의 앞부분에서도 첫 회기만으로도 도움이 되게 하라고 강조한 바 있다. 그러기 위해서는 잠깐씩이나마 내담자가 자신과 주변, 자신의 문제를 객관적으로 바라보는 경험을 하고 이로부터 작으나마 객관적인 인식이나 깨달음이 일어났기를 기대하게 된다. 그리고 끝으로 상담자는 내담자와 이야기하면서 발견한 내용을 내담자의 현재문제에 초점을 맞추어 요약 · 정리하고 이러한 이해에 내담자가 동의하는지 확인하는 기회를 갖는다. 또한 내담자의 첫 회기경험에 대해 소통할 수 있는 기회를 갖고 질문할 내용이 있으면 질문할 수 있는 기회를 제공한다.

앞에서 부모의 이혼 이후 원치 않는 자취생이 된 여자 대학원생(Y)의 경우 상담자는 1회기를 마치며 다음과 같은 요약 및 정리의 말을 전할 수 있다.

사례 Y의 첫 회기 마무리

상1: 오늘 우리가 나눈 얘기를 잠깐 정리해 보면, Y는 부모님의 이혼과 함께 가족들이 흩어져 살게 되면서 그 후유증을 크게 겪고 있네요. 부모님은 여전히 자녀들을 사이에 두고 싸움을 계속하시고, 무엇보다 맏딸인 Y는 집안일을 호전시킬 가능성이 없는 것 같아서 좌절감이 크고요. 그럼에도 당장 할 수 있는 공부에 전념하고자 생각하지만 그조차 마음처럼 되지 않아서 조바심이 나고요. 제가 잘 이해했나요?

내1: 네. 맞아요.

상2: 한동안 Y의 의지와는 상관없이, Y로서는 전혀 손 쓸 수 없이 휘몰아친 일이 너무 많았어요. 그런 일들은 사람들을 무력하게 만들죠. 그 와중에 Y가 얼마나 힘들었을지 상상이 돼요.

내2: (울컥하며) 정말 꿈을 꾸고 있는 것 같아요.

상3: Y 애기를 들어보면 집안일이 복잡해지면서 주변에 비밀로 하고 혼자 이겨 내느라 많이 힘들었을 거예요. 힘들수록 누군가와 상의하면서 이겨 낼 수 있도록 도와줄 사람이 필요한데 마땅히 그럴 사람이 없었던 거겠죠. 그러니 그 마음의 짐이 얼마나 컸겠어요.

내3: (계속 울먹이며) 그래서 상담실을 찾아온 거예요.

상4: 상담이 처음이라고 했는데 오늘 어땠어요?

내4: 조금 편안해진 느낌이에요. 늘 숨이 차 있는 느낌? 죄짓고 숨어 지내는 느낌? 그런데 선생님하고 이야기를 나누면서 편안했고, 기댈 데가 있는 것처럼 든든한 느낌이 들었어요. 감사합니다.

상5: 네. 상담실에 잘 왔어요. 이제부턴 힘든 얘기 함께 나누고, 이 고비 잘 이겨 낼 수 있도록 노력해 봅시다.

사례 M의 첫 회기 마무리

다음은 앞에서 등장했던 고등학생 M의 첫 회기 중 마무리 부분이다. M은 교사에 의해 의뢰된 청소년 내담자이지만 상담에 대한 기대 및 희망감을 갖고 상담을 마무리한다. 또한 첫 회기 마무리 부분에서 상담자가 발견한 현재문제와 일반적 해석을 어떻게 활용하는지를 보여주고 있다.

상1: 상담해 보니까 어땠어요?

내1: 편했는데….

상2: 그래요, 대체로 편해 보였어요. (전반적인 분위기에 대한 반영)

내3: 나도 모르게 아빠 얘기를 많이 하게 됐어요.

상4: 그게 어떤데요? (내담자의 지각에 대한 탐색적 질문)

내5: (조금 생각한 후) 어떤 건지 잘은 모르겠고, 힘들구나.

상6: 음… 힘들구나. (감정을 수용하고, 그에 머무는 반복진술) 우선은 상담이 아빠와 좀 편해지는 데 도움이 되었으면 하는데 어때요? 그러니까 아빠 얘기를 좀 더 해 보자는 거죠. (상담의 방향제안)

내7: 어휴… 힘들 거예요. 우리 아빠는 변하기 힘들어요.

상7: 그래요. 오늘 얘기만으로도 그게 힘든 얘기라는 건 이해했어요. (인정) 그런데 노력해 볼 수는 있을 거예요. 아빠가 힘든 분이긴 하지만 우선 M이 아빠와 불편하게 지내는 게 힘들어 보이는데 내가 이해한 게 맞나요? (현재 문제에 대한 확인)

내8: 힘들어요. (무심히 던지는 말투로 대답)

상8: 나와 함께 아빠와 좀 더 편해질 방법을 찾아보자는 건데, 그런 방법이 있다면 찾고 싶은지가 중요해요. (내담자의 문제 및 상담 제안에 대한 내담자의 관심 확인)

내9: 있다면 찾고 싶어요. 아빠를 어떻게 대해야 할지 잘 모르겠어요. 솔직히 힘들어요. (슬프고 진지한 표정)

상9: 그렇구나. (잠시 감정에 머물 수 있는 시간을 갖고) 사람들이 어려움을 느끼는 일들은 서로 연결이 되어 있곤 해요. 오늘 알게 된 사실은 M이 무서운 아빠로 인해 크게 영향을 받고 있는 것 아닌가 하는 거예요. 예를 들면, 아빠와 힘들고, 그리고 학교생활. (일반적 해석 및 요약) 우선은 나와 함께 아빠와 관계가 좀 더 편해질 수 있거나, 그게 어려우면 아빠의 영향을 덜 받을 수 있는 방법을 찾아보면 어떨까 하는 거예요. 내 제안에 대해 어떻게 생각해요? (상담의 방향제안, 기대감 및 희망감 갖게 하기)

앞의 예에서는 첫 회기 동안 상담자는 대략적이나마 내담자의 현재문제를 파악할 수 있었고, 내담자도 약간이나마 자신의 주요 문제에 대한 인식수준이 높아지는 기회를 가졌다. 상담자는 내담자가 아빠와의 관계 문제에 대해, 그리고 학교생활 등 엉뚱한 데서 반항적인 태도를 보이는 등 비효율적인 행동을 하는 대신에 상담자와 새로운 문제해결방식을 모색해 볼 수 있다는 새로운 대안을 제시하면서 상담에 대한 기대와 문제해결에 대한 희망감을 갖도록 이끈다. 담임교사의 의뢰사유는 학교생활에서의 적응이지만 상담자는 우선 내담자가 불편을 호소한 아버지와의 관계에 초점을 맞추어 상담방향을 정하면서 내담자의 참여동기를 높이고자 하고 있다. 한편, 이러한 결정에는 아버지와의 불편감이 학교생활 및 내담자의 다른 불편감과 연결되었을 가능성을 가정한 것이기도 하다. 상담자는 이에 대해 “무서운 아빠로 인해 크게 영향을 받고 있는 것 아닌가 하는 거예요.”와 같이 가설적이고 완곡한 표현으로 언급하면서 아빠와의 관계에 초점을 맞추고 있다. 아직 상담관계나 내담자에 대한 정보가 탄탄하지 못한 첫 회기에 이렇게 가설적이고 완곡한 표현방식을 사용하는 것은 내담자의 거부감이나 방어를 최소화하는 데 도움이 된다.

내담자는 첫 회기를 마치면서 최소한 자신의 문제에 대해 이전보다는 명료해진 느낌, 부정적인 감정이 일부 해소된 느낌, 또는 상담을 지속해 볼 만하다는 긍정적인 기대감 등을 경험할 수 있어야 한다. 간혹 상담자의 입장에서는 첫 회기의 대화가 두서없고 전반적으로 순조롭지 않은 느낌이 들었는데, 내담자는 긍정적인 회기평가를 하고 기대감을 표현하는 경우를 보게 된다. 이는 상담자의 입장에서는 모호함이 있는 회기였지만 그럼에도 성의 있게 회기를 진행하였고, 그 결과 내담자가 작은 통찰이나 의미 있는 새로운 경험을 하는 순간이 있었기 때문일 것이다. 즉, 이러한 경험은 의도된 어떤 기법이나 이벤트에 의해 만들어지는 것이 아니고 상담자의 전반적인 노력의 결과인 것이다.

2) 앞으로의 계획 세우기

이후 상담을 지속할 경우 도움이 되는 이유에 대해 설명하고, 회기가 이어지는 것에 대한 내담자의 이해와 입장을 확인한다. 가능한 한 잠정적으로나마 예상되는 회기나, 기관의 방침에 따라 기본적으로 정해 놓은 회기 수 등을 안내하고 장기적인 상담이 필요한 경우 장기적인 진행 여부를 결정하는 과정에 대해서도 예고해 둔다. 그리고 다음 회기를 약속한다.

3) 상담자의 첫 회기 정리

상담자는 첫 회기를 마친 후 사례기록을 정리하고, 앞으로의 진행을 위한 몇 가지 메모를 남겨 두는 것이 도움이 된다. 예를 들어, 내담자의 바람과 관련해 초점을 맞추어야 할 부분은 무엇이며, 무엇이 가장 시급하게 해결될 문제인가? 아직 분명하지 않지만 잠재된 문제는 무엇인가? 상담자는 상담 장면에서 지금 여기에 머물며 진술했는가? 상담자 마음에 걸리는 문제는 없는가? 있다면 무엇이 문제였나? 상담자가 내담자를 통해 느끼는 감정은 무엇이며 두드러지게 나타내 보인 태도는 무엇인가? 첫 회기를 마무리하면서 잠정적이고 가설적으로나마 내담자의 문제를 그려 보고, 앞으로 탐색해 봐야 할 부분이 무엇인지 체크해 둔다. 그리고 2회기에 다룰 필요가 있는 내용을 메모해 둔다.

4. 녹음 동의와 구조화

여기서는 첫 회기에 포함되는 주요 과제로 녹음 동의 구하기와 구조화에 대해 설명하고자 한다. 녹음 동의는 주로 회기를 시작하자마자 녹음이 필요한 시점에, 그리고 구조화는 마무리 부분에 진행하는 상담자가 많지만 이 역시 정해진 바는 아니다. 예를 들어, 어떤 상담자는 내담자와 인사를 나누고 어느 정도 편안해진 후 녹음에 대해 이야기하고, 또 어떤 내담자는 숨이 턱에 찰 만큼 절박한 호소를 하기 때문에 녹음에 대해 이야기를 꺼내는 것이 힘들어 2회기나 돼서야 녹음을 제안할 수 있다. 그러나 앞에서도 강조했듯이 1회기 상담내용에는 많은 정보가 담겨 있고, 수련 중인 상담자에게는 수퍼비전과 관련해서 첫 회기 축어록이 필요한 경우도 있기 때문에 가능한 한 1회기부터 녹음 동의를 받고자 할 것이다.

구조화 역시 상담이 시작되자마자 필요한 경우가 있으며 구조화에 포함되는 많은 내용을 어떤 한 지점에 몽땅 풀어놓는 것은 아니기 때문에 정해진 시점을 확언하기는 어려운 점이 있다. 따라서 녹음 동의 구하기와 구조화 기술을 익혀 두었다가 적절한 시점에 사용해야 한다.

1) 녹음 동의 구하기

상담자는 상담내용에 대한 기록을 하고, 이를 잘 보관할 필요가 있다. 상담기록은 이전의 상담내용을 다시 살펴본 후 새롭게 갖게 된 관점을 이후의 상담과정에 반영하기 위해서, 필요시 수퍼비전 자료로 활용하기 위해서뿐만 아니라 상담자가 한 일과 그 세부내용에 대한 입증자료이기 때문에 일정 기간 문서로 보관하고 있어야 한다. 예를 들어, 상담자의 윤리적 문제가 쟁점화되었다고 가정해 보자. 이런 경우 상담기록은 상담자의 행동이 적절했는지를 입증할 자료가 될 수도 있다. 물론 수퍼비전에 상담기록을 활용할 경우에는 녹음 동의와는 별도로 수퍼비전에 대한 내담자의 동의가 있어야 한다.

최근 상담내용 기록을 위해 녹음기를 많이 활용하고 있는데, 녹음기록은 손으로 작성한 기록보다 생생한 자료를 담고 있을 뿐 아니라 손으로 기록하면서 빼앗길 수 있는 주의를 온전히 내담자에게 집중할 수 있는 여유를 제공한다. 따라서 수퍼비전 자료를 수집할 목적이 아니더라도 가능한 한 녹음기록을 하는 것이 효율적이다. 상담자는 상담기록의 안전과 비밀보호에 책임을 지며, 비밀보호 의무의 예외에 속하는 경우 또는 내담자의 서면동의 절차가 있는 경우를 제외하고는 기록에 대한 보호와 비밀을 유지해야 한다(한국상담심리학회, 2018).

한편, 상담기록을 위해 녹음을 하는 것도 내담자의 동의가 있어야 한다. 그것도 첫 회기의 중요성을 감안할 때 가능한 한 시작부터 진행하는 것이 좋을 것이다. 이때 상담자는 녹음의 필요성에 대해 적절한 설명과 함께 이에 대한 동의를 구할 필요가 있다. 상담자가 녹음기록의 중요성에 대해 깊이 인식하고 있고 내담자의 비밀보장에 대한 자기확신을 갖고 있는 경우 기록에 대한 협조의 하나로 녹음 동의를 구하는 것이 그렇게 어려운 일이 아니며 대부분의 내담자가 상담자를 믿고 이에 동의하는 편이다. 이에 반해 초보상담자들은 내담자의 전반적 평가와 협조에 대해 우려하고, 위축되어 있는 경우가 많아서 녹음 동의를 제안하는 것에 두려움을 느끼는 것으로 보인다. 앞에서도 강조했듯이 우선 녹음기록의 중요성과 내담자의 기록물에 대한 보호 책임자로서의 자신을 돌아보는 것이 필요할 것이다. 다음은 녹음기록을 제안하고 동의를 구하는 예이다.

"우리는 상담내용을 기록해 둘 필요가 있습니다. 지금부터 중요한 작업을 함께 하는 만큼 어떤 식으로든지 일정 기간 기록을 남겨 둘 필요가 있습니다. 그런데 그것을 적기보다는 온전히 (아무개) 씨에게 집중할 수 있고 보다 상세한 기록을 남기는 방법이 녹음입니다. 우리 기관의 보관기간은 종결 후 만 3년이므로 그 시점이 되면 자동 폐기합니다.[1)] 두 번째로, 지나 온 상담과정을 돌아보고 이후 상담계획을 세우기 위해서 활용합니다. 실제 저는 가끔 상담기록을 다시 듣고 놓친 부분이 있는지 확인하고 그로부터 도움을 받곤 합니다. 그리고 저는 상담을 더 잘하기 위해 경험이 많으신 제 수퍼바이저 선생님의 지도를 받는 경우도 있는데, (아무개) 씨 사례로 지도를 받을 경우에는 이에 대한 별도의 동의를 구하겠습니다. 상담은 몇 가지 예외적인 경우를 제외하면 철저히 사적인 비밀보호를 원칙으로 하므로 기록도 안전하게 보호될 것입니다. 혹시 질문이 있거나 녹음이 꺼려지면 말씀해 주십시오."

그럼에도 녹음이 꺼려져서 끝내 이에 동의하지 않는 내담자가 있을 수 있다. 내담자가 동의하지 않을 경우 아무리 기록이 중요해도 내담자의 자기결정을 존중하여 이를 강권하지 않는다. 다만, 내담자 자신의 결정으로 녹음기록이 아닌 상담자의 메모 등으로 기록을 대신한다는 내용의

---

1) 우리나라의 경우 법적으로 상담기록의 보존기간에 대해 정해진 바가 없으나 상담자들은 자신이 근무하는 기관의 문서기록에 대한 원칙 및 소속 학회의 윤리규정을 준수하도록 하고 있다. 예: 한국상담심리학회 윤리규정(2018) "5. 정보의 보호 및 관리, 나. 기록: 1. 상담기관이나 상담심리사는 상담의 기록, 보관 및 폐기에 관한 규정을 마련하고 준수해야 한다. 2. 상담심리사는 법, 규정 혹은 제도적 절차에 따라, 상담기록을 일정기간 보관한다. 보관 기간이 경과된 기록은 파기해야 한다. 3. 공공기관이나 교육기관 등은 각 기관에서 정한 기록 보관 연한을 따르고, 이에 해당하지 않는 경우에는 3년 이내 보관을 원칙으로 한다."

동의서를 받아 놓는 것도 도움이 된다. 그러나 이러한 모든 과정은 현장의 성격에 따라 융통성 있게 적용하는 것이 바람직하다. 각 상담기관에서는 내담자 기록의 보관 및 폐기에 대한 원칙을 결정해 놓고, 이를 기관 내 모든 상담자뿐 아니라 내담자들과 공유해서 이에 대한 오해가 없도록 할 필요가 있다.

2) 구조화

구조화(structuring)란 내담자에게 상담 고유의 특징과 상담에 참여하면서 알아야 할 몇 가지 기본 정보를 전달하고 내담자의 적절한 참여를 촉진하는 과정이다. 일부 내담자는 주변으로부터 상담에 대해 간단한 정보를 접하고 오지만 대부분 상담이 구체적으로 어떻게 진행되고 자신이 어떻게 참여해야 하는지 충분한 지식을 갖고 오는 것은 아니다. 또한 잘못된 기대(예: 상담자는 전문가니까 내가 갖고 있는 문제에 대해 명쾌한 답을 줄 것이다, 상담자가 시키는 대로 또는 묻는 대로만 하면 될 것이다, 상담자가 내 의견을 엄마한테 전달해서 내가 원하는 방향으로 가게 해 줄 것이다 등)를 갖고 오는 경우도 있는데, 이러한 오해 역시 상담이 무엇이고 어떻게 도움을 줄 수 있는 작업인지 잘 몰라서 발생하는 것이다. 또 다른 내담자는 상담에 대한 막연한 기대는 갖고 있지만 상담과정이 어떻게 진행될지 몰라서 불안을 느끼기도 한다. 구조화는 내담자가 상담에 대한 기본 정보를 공유함으로써 막연함과 불안감을 줄이고, 보다 적극적으로 내담자의 역할을 수행하여 결과적으로 상담성과에 기여하는 부분을 넓혀 나가는 효과를 가져온다. 이러한 특징 때문에 구조화는 상담에 대한 오리엔테이션에 비유된다.

구조화에 포함되는 내용은 상담과정의 본질, 상담관계의 특징, 상담자와 내담자의 역할, 내담자의 권리, 비밀보장에 대한 약속과 한계, 매 회기별 상담시간과 예상회기, 상담약속 등 진행과 관련된 세부사항, 기타 지켜져야 할 일 등이다. 구조화는 상담의 틀을 세우는 작업이라는 특징에 맞게 주로 첫 회기나 초기과정 중에 이루어지며 상담 중간과정에서도 빠진 부분이 있거나 필요할 경우 구조화를 진행한다. 많은 상담자가 첫 회기 마무리에서 비밀보장, 상담약속과 관련된 사항, 상담자와 내담자의 역할 등과 같은 주요 내용에 관해 설명할 기회를 갖는다. 상담관계의 특징이나 내담자의 권리에 대해서는 관련 건이 있을 때 자연스럽게 연결해서 구조화를 하는 것도 방법이다. 예를 들어, 심리검사를 권할 때나 내담자의 역할에 대해 이야기할 때 내담자의 알 권리나 결정권에 대해 강조할 수 있고, 내담자가 상담자에게 사적인 관계로 이어질 수도 있는 초대나 제안을 했을 때 이를 거절하는 이유와 함께 상담관계를 보다 명료화할 수도 있다.

구조화는 관련된 상황이 벌어지기 전에 전달하는 것이 이상적이다. 또 일부 내용은 문서를 통해 구조화하는 경우도 있는데, 예를 들면 비밀보장에 대한 약속과 한계에 관한 협의서를 주고받을 수 있다. 이러한 내용에는 외부기관을 통해서만 채점이 가능한 심리검사를 활용할 경우 타 기관에 답안지를 제출하는 등 정보공개에 대한 내담자의 동의서가 포함될 수 있다. 첫 회기에 오해의 소지가 될 수 있는 중요한 부분을 빠트리면 안 되겠지만 너무 많은 내용을 처리하느라 사무적이고 기계적인 구조화가 되지 않도록 여유를 갖고 자연스럽게 진행하는 것이 바람직하다. 끝으로 구조화 내용에 대해 내담자가 질문할 기회를 제공한다.

다음은 몇 가지 구조화를 위해 사용할 수 있는 상담자의 언급에 대한 예시이다. 물론 상담자는 다양한 방식으로 상황에 맞는 구조화를 진행할 수 있다.

• 상담자와 내담자의 역할

상1: 오늘 (아무개) 씨가 평소 고민하던 이야기를 솔직하게 해 주셔서 (아무개) 씨를 이해하는 데 크게 도움이 됐어요. 사실 (아무개) 씨에 대해서 (아무개) 씨만큼 잘 아는 사람은 없을 거예요. 우선은 (아무개) 씨가 오늘처럼 의미 있다고 생각하는 내용에 대해 저와 나눠 주시고, 함께 살펴보는 과정을 가졌으면 해요. 저는 상담자로서 더 깊이 생각해 볼 부분이 무엇인지 비춰 드리고, 그 부분에 안전하게 다가갈 수 있게 돕는 역할을 할 거예요. 그러다 보면 우리가 초점화해서 다뤄야 할 주제가 뭔지 더 분명해질 거예요.

내1: 상담실에 오기 전 무슨 얘기를 할지 정해 와야 할까요?

상2: 오늘 주로 (이런저런) 얘기를 나눴는데 일주일 동안 실생활에서 이와 관련된 일이나 생각, 감정을 경험했으면 들려주세요. 상담시간을 어떻게 사용하면 좋을지 생각해 보는 것도 도움이 되지만, 굳이 할 이야기를 과제처럼 정해서 와야 하는 건 아니에요. 저 문을 여는 순간에도 나누고 싶은 이야기는 달라질 수 있고, 그걸 따라가는 것이 자연스러운 일이죠.

• 비밀보장과 한계

"상담내용이나 기록, (아무개) 씨가 상담을 받고 있다는 사실에 대해서는 모두 비밀을 지켜드릴 것입니다. 물론 (아무개) 씨가 비밀을 깬다면 그건 비밀이 되지 않겠지만요. 간혹 내담자들은 자신이 상담받고 있다는 사실을 주변에 스스로 알리는 경우도 많이 있더라고요." (비밀보장)

"그러나 상담에서 일반적으로 비밀보장을 할 수 없는 사항도 있는데, 예를 들어 자신이나 타인의 생명에 위협이 될 정도로 위험한 일이 벌어지고 있다는 것을 알게 되었을 때 저는 우선 그러한 위험에 처한 사람을 보호하기 위해서 비밀을 깨고 보다 적극적인 조치를 할 수도 있어요. 타인을 해치는 행위(폭력, 학대, 감염행위 등 구체적인 예를 들 수 있다), 심각한 자해나 자살과 같이 자신을 해치는 행동이나 계획, 치료가 우선 되어야 하는 심각한 질병 등에 대해 알게 되면 더 큰 위험을 막기 위해서 그 내용을 공개하고 가족이나 관련기관에 도움을 청할 수도 있어요. 그리고 법률문제가 발생해서 법원의 요구가 있을 때에도 상담내용을 공개할 수 있지만 그 어떤 경우가 되더라도 최대한 내담자의 사적인 비밀보호에 초점을 두어 처리하겠습니다." (비밀보장의 한계)

"제가 상담수련을 받기 위해서, 또는 (아무개) 씨에게 도움이 되는 자문을 받기 위해서 상담내용을 공개할 경우에도 (아무개) 씨에게 허락을 받은 후에만 그렇게 할 거예요. 물론 이런 제안에 대해서 거절하실 수도 있습니다." (수퍼비전 관련)

- 매 회기별 상담시간과 예상회기

상1: 상담은 어느 정도 받을 거라고 예상하셨나요?

내1: 저를 소개해 준 친구가 20번 받았다고 하던데 저는 몇 번이나 받아야 할까요?

상2: 몇 번이라고 단정할 수는 없지만 오늘 (아무개) 씨가 해결하고 싶은 문제의 특징으로 볼 때 20회기 이상의 시간이 필요할 수도 있겠다는 생각이 들었어요.

내2: 상담비도 내야 하고, 20회기도 적지 않아 보이는데….

상3: 그럼 우선 20회기를 잠정적인 회기로 정해서 시작해 보고 적절한 시점에 조정이 필요한지 다시 상의해 보도록 하죠. 물론 선택과 결정은 (아무개) 씨에게 달려 있습니다.

"우리 대학에서는 재학생에게 기본적으로 한 학기 동안 상담기회를 제공하고 있기 때문에 이번 학기 우리가 만날 수 있는 기회가 12~14번 정도 될 것 같아요. 물론 특별한 경우 회기를 늘리는 장치가 있지만 그것은 예외적인 것이니까 우선은 주어진 시간을 잘 사용해야 할 거예요. 오늘 이야기한 것 중에서 (아무개) 씨가 가장 크게 도움 받고 싶고 시급하다고 생각하는 부분은 어떤 것인지 살펴보고 내가 발견한 것도 고려해서 목표를 잘 정하는 게 도움이 되겠네요."

"매주 1회 정도 방문해 주시기 바라고, 매 회기 50분간의 면담이 가능합니다. 전체 몇 번의 만남이 필요할지는 융통성 있게 결정하겠지만 대략 3회기 정도 마친 후 목표를 정하면서 상담기간에 대해 다시 이야기 나눌 기회를 갖는 게 좋을 것 같은데 (아무개) 씨 의견은 어떠세요?"

- 상담약속

"상담은 50분간 정해 놓은 시간에 맞춰 진행하고, 만일 (아무개) 씨가 지각을 해도 끝나는 것은 정해 놓은 시간을 지킬 거예요. 그리고 피치 못할 사정으로 상담약속을 못 지키게 될 경우 가능한 한 약속 하루 전까지는 알려 주시고 혹시 당일에 갑자기 오시기 어려운 상황이 되면 사무용 전달 문자메시지로 알려 주세요."

• 상담관계의 특징

내1: 선생님, 마침 점심시간인데 제가 점심 살게요.

상1: 점심초대 감사합니다만 사양해야겠네요. 저와 (아무개) 씨는 상담을 위해 만났고 사적인 만남은 상담에 방해되는 점이 있어서 사양하는 게 제가 지켜야 할 원칙이랍니다. 이것은 저와 (아무개) 씨의 관계에만 적용되는 게 아니고 모든 상담자가 지켜야 할 사항이니까 모쪼록 양해 바랍니다.

• 내담자의 권리

상1: 지금 설명한 심리검사 2종을 받아 보실지 (아무개) 씨의 의견을 듣고 싶어요.

내1: 선생님이 좋다고 생각해서 권하시는 건데 당연히 해야죠.

상2: 물론 (아무개) 씨에게 도움이 된다고 생각해서 권하지만 이후 상담과정에서 제가 제안하는 모든 사항에 대해서 (아무개) 씨가 궁금하거나 설명이 미흡한 점이 있으면 언제든지 질문해 주기 바라요. 또 꺼려지는 게 있으면 언제든지 말씀해 주세요. 그것은 (아무개) 씨의 권리이고, 나는 (아무개) 씨의 의사를 최대한 존중할 거예요.

연습 **첫 회기 축어록 점검하기**

1. 내담자에게 녹음 동의를 구한 후 첫 회기를 녹음하고 축어록을 작성한다.

2. 축어록 내용을 근거로 자신의 반응이나 첫 회기 운영과정을 점검한다.

3. 내담자의 당면과제와 관련하여 의미 있는 내용이라고 판단되는 부분에 실제로

형광펜을 그어 본다. 이때 언어적인 내용뿐 아니라 비언어적인 메시지를 동시에 고려한다.

4. 이어지는 회기에서 형광펜으로 표시해 놓았던 내용들이 어떻게 반복되어 등장하고 어떻게 확장되는지 살펴본다.

5. 수퍼바이저는 이러한 자료를 중심으로 자신과 수퍼바이지의 관점을 비교 · 논의해 볼 수 있다.

맺는말

첫 회기에는 상담자와 내담자가 만나서 첫 대면을 하고, 내담자의 호소를 듣고 대략적인 문제이해를 하며, 내담자에게 상담의 구조를 안내하고, 문제해결에 대한 희망감을 갖고 상담에 참여할 수 있는 동기를 갖게 하는 등 매우 많은 과제가 포함되어 있다. 내담자가 상담 및 상담에 대한 신뢰와 기대를 갖게 하는 것 또한 매우 중요한 과제이기 때문에 상담자는 첫 회기의 과제 및 운영에 대해 숙련된 기술을 갖추어야 한다. 또한 첫 회기에 내담자는 자신에 대해 가장 많이 생각하고 고민해 오던 부분을 드러내기 때문에 첫 회기에 담겨 있는 내용들은 앞으로의 상담과제를 예시하는 중요한 자료가 된다. 첫 회기에는 내담자의 호소내용을 듣고 이해할 뿐 아니라 상담구조를 세우는 데 많은 노력을 기울이기 때문에 상담자에 따라 다른 회기와는 다르게 더 많은 시간을 할애하는 경우도 있다. 각 내담자를 만나기 전 첫 회기 운영방법에 대한 철저한 준비가 필요함을 강조한다.

제 6 장

상담 목표 및 계획

상담은 대부분 내담자의 문제인식이나 변화동기 또는 타인의 의뢰에 의해 시작되며, 어떤 경우든 크고 작은 당면문제와 그로 인한 불안감이 증폭되는 등 내방계기가 있기 마련이다. 이러한 특징으로 인해서 대부분의 상담과정은 내담자의 당면문제 해결에 초점을 두고, 더 나아가 고착이 일어났던 부분으로부터 벗어나 성장 · 발달해 나가는 것을 일반적인 목표로 한다. 첫 상담을 포함하여 초기과정을 거치면서 상담자는 내담자가 해결하기를 원하고, 덧붙여 상담자의 관점에서 해결해야 할 문제가 무엇인지 확인하고 이러한 문제에 대해 다차원적으로 이해하는 과정을 갖는다. 또한 이와 관련된 내담자의 특성과 욕구, 강점 등을 파악하여 문제해결을 위한 정보 및 자원으로 활용하는 계획을 세운다. 이 장에서는 내담자 및 호소문제를 구체화하는 사례개념화와 그에 근거하여 상담목표를 정하고, 설정한 목표에 이르기 위해 상담계획을 수립하는 과정을 살펴보기로 하겠다.

1. 사례개념화

1) 사례개념화의 정의와 특징

사례개념화(case conceptualization)란 '내담자의 주 호소문제와 관련 있는 다양한 정보를 통해 현재까지 내담자의 문제가 지속적으로 유지되는 원인과 경로를 가설적으로 검토한 후 내담자의 주 호소문제를 해결하기 위한 상담전략을 수립하는 일련의 과정'(이명우, 박정민, 이문희, 임영선, 2005), 또는 '상담자가 내담자와의 첫 만남에서부터 일정 기간 동안 내담자에 관한 다양한 정보를 수집하고, 주요 호소문제와 그 원인들을 파악하며, 내담자 및 내담자의 문제와 관련된 다양한 요인 및 맥락을 이해함과 동시에 상담을 계획하는 작업'(성혜숙, 김희정, 2012)으로 정의하고 있다.

사례개념화 과정은 마음지도 만들기(mapping) 또는 퍼즐 맞추기(fitting puzzle) 작업에 비유할 수 있다. 내담자 문제 및 심리적 특징, 주변 환경 등 관련정보에 기초한 지형을 그려 나가고, 목표를 향해 가야 할 방향에 대한 다양한 정보를 담아가는 지도 만들기, 또는 문제와 관련된 다양한 정보를 맞춰 가면서 부분적인 것들의 연결을 이해하며 커다란 그림을 완성해 가는 퍼즐작업과 유사한 특징이 있다. 이러한 작업을 진행하면서 빠진 부분이 무엇인지 확인하고 이를 발견해 가는 작업을 진행할 수 있는 단서를 발견하기도 한다. 사례개념화는 주로 초기 작업에 속하지만 이는 가설적·연속적인 과정이기 때문에 이후 상담이 진행되면서 추가 내용을 발굴해 수정·보완해 나가게 된다.

사례개념화는 특정 사례에 대한 다양한 정보를 종합해서 나온 결과이지만 단순한 정보와 사실의 종합정리나 요약과는 다른 것이다. 사례개념화는 객관적 사실에 근거하나 이로부터 추론할 수 있는 사례에 관한 사실의 요약 너머에 있는 스토리를 구성하는 것으로 이를 위해서는 내담자의 호소문제를 생활패턴 맥락에서 파악하고, 생생한 추론을 하는 등 높은 수준의 추상적 개념이 요구된다(Sparry & Sparry, 2014). 바로 이러한 추론의 부분 때문에 초보상담자들이 가장 어려워하는 것 중 하나가 사례개념화이다. 사례개념화에서 중요한 부분을 차지하는 추론능력은 상담이론 및 실제뿐 아니라 발달심리, 이상행동에 대한 지식, 다양한 특수문제들에 대한 전문지식, 최근의 사회문제 및 문화적 흐름에 대한 이해, 그리고 무엇보다 풍부한 상담경험을 바탕으로 발전해 나가는 것이라고 할 수 있다. 대부분의 상담보고서에는 상담자가 내담자를 어떻게 이해하고 있는지에 대한 설명이 포함된다. 이 부분은 제목(예: 내담자에 대한 전반적인 이해) 그대로 단순히 밝혀진 사실과 정보만을 요약해서 보고하는 것이 아니고, 이러한 자료에 근거해서 내담자를 어떻게 이해할 수 있는지 전문적인 판단과 추론, 가정하고 다룰 필요가 있는 내용 등 내담자에 대한 종합적인 이해에 대한 설명인 것이다. 손은정과 이혜성(2002)의 연구에 따르면 발달수준상 초보상담자는 내담자의 호소문제에 대해 단순하고 포괄적인 방식으로 이해하는 데 반해, 중간경력상담자는 세부적 · 구체적으로 이해하고 있었다. 그리고 전문상담자는 초보상담자에 비해 추론하는 특징을 보이고 초보에서 전문가로 발달해 갈수록 분화하는 특징이 나타났다.

또 다른 연구(이명우 외, 2005)에 의하면 우리나라 상담전문가들[1]은 내담자에 관한 기초정보를 통해 내담자문제를 개념화하는 과정으로, 요소통합하기, 수정 · 보완하기, 사례에 적용해 보기를 사용하며, 끝으로 사례개념화 작업과정에서의 유의점에 대한 고려를 이러한 과정에 포함시

1) 한국상담심리학회 상담심리사 1급 취득 후 5년 이상의 경력, 실무경험 10년 이상인 사람 11명과 면접 후 합의에 의한 질적 연구(Consensual Qualitative Research)로 분석.

키고 있었다. 각 과정에 포함된 하위요소들을 요약하면 다음과 같다(pp. 283-288에서 요약발췌).

• 요소 통합하기

다양한 시각에서 정보를 고려하고 심층적으로 생각해 보며 정보요소를 선택하고 배열하고 상상해 보는 것, 요소를 맞춰 보고 패턴을 잡고 이해하는 것(퍼즐 맞추기, 가설 세우기, 구체적인 요소 엮어 나가기 등 포함), 목표를 수립하고 전략을 세우는 것 등이 포함된 작업이다.

• 수정 · 보완하기

이에 대한 예로는 상담자가 파악하지 못한 것을 추가로 파악해서 전략을 수정하고, 핵심이 잡히면 이후 비슷한 증거를 찾거나 상담자가 파악하지 못한 것을 개념화시키고 생각해 보는 것 등과 같은 작업이 포함된다.

• 사례에 적용해 보기

예를 들어, 상담자가 세운 가설이 맞는지 내담자에게 묻거나 과거사건이 현재문제와 어떤 관계가 있는지 내담자에게 정리해 보게 하는 것, 상담자가 발견하고 엮어지는 것을 내담자에게 알려 주는 것 등이 포함되어 있다.

• 사례개념화 작업과정에서의 유의점

필요한 정보를 명확하게 탐색할 것, 이론숙지와 자기이해를 통해 전문적 준비를 할 것, 단정적인 태도를 버리고 사례개념화가 수정 가능한 것임을 기억할 것, 해결사 역할을 지양하고 내담자를 온전히 이해할 것 등이 포함된다.

요약하면, 상담자는 사례개념화를 위해 요구되는 구성요소에 대한 지식을 갖고 각 구성요소에 해당하는 정보를 수집하면서, 이러한 정보를 종합하고 추론된 가설을 구성한 후 상담목표 및 계획을 수립한다. 그리고 추가적으로 발견한 내용 및 정보, 새로운 통찰에 의해 지속적으로 수정 · 보완할 수 있다.

2) 사례개념화의 구성요소

사례개념화를 위해서 어떤 내용을 포함해야 하는지에 대해 다양한 견해가 있을 수 있다. 또한 상담자들은 자신의 이론적 배경이나 내담자의 특징에 따라 조금씩 다른 사례개념화 방식을 사용하는 경향이 있다. 예를 들어, 맥클러스키(MacCluskie, 2010/2012)는 '한 사회 내에서 단 하나의 주류문화 외의 여러 문화를 인정하고 존중하는' 다문화주의적 철학과, 개인들의 특징이나 속성이 다름을 존중하는 다양성을 반영한 문화적 배경과 생태학적 모델의 영향범위 등을 포함시킨 사례개념화 모형을 제안한다. 이러한 사례개념화에서는 상담자가 다양한 내담자에게 서비스를 제공하기 위해서는 다문화적 서비스를 제공할 역량을 갖출 필요를 강조하고 있다.

스패리와 스패리(Sparry & Sparry, 2012/2014)는 〈표 6-1〉과 같이 문화적 요소를 포함한 사례개념화의 요소를 제시한 바 있다.

또한 심리상담을 위한 사례개념화 요소에 DSM-5 진단평가가 포함되어야 한다고 주장하는 학자도 있다(Russell-Chapin & Ivey, 2004/2007). 이들은 그 이유에 대해 DSM-5 진단평가가 임상전문가들을 연결시켜 주는 보편적인 의사소통 수단이며, 진단절차가 효과적인 정보를 제공하는 또 하나의 퍼즐조각이기 때문이라고 설명하고 있다. 필자는 비교적 정상범

표 6-1 사례개념화 요소 1

사례개념화 요소	내용
호소문제	호소하는 문제 그리고 촉발요인에 대한 특징적인 반응
촉발요인	패턴을 활성화하여 호소 문제를 일으키는 자극
부적응적 패턴	지각, 사고, 행동의 경직되고 효과가 없는 방식
유발요인	적응 또는 부적응적 기능을 촉진하는 요인
유지요인	내담자의 패턴을 지속적으로 활성화하여 호소 문제를 경험하게 하는 자극
문화적 정체성	특정 민족 집단에 대한 소속감
문화: 적응과 적응스트레스	주류문화에 대한 적응수준(심리사회적 어려움 등을 포함한 문화적응 관련 스트레스)
문화적 설명	고통, 질환, 장애의 원인에 대한 신념
문화 대 성격	문화와 성격역동 간의 상호작용 정도
적응적 패턴	지각, 사고, 행동의 유연하고 효과적인 방식
상담목표	단기-장기 상담의 성과
상담의 초점	적응적 패턴의 핵심이 되는 상담의 방향성을 제공하는 중요한 치료적 강조점
상담전략	보다 적응적인 패턴을 달성하기 위한 실행계획 및 방법
상담개입	상담목표와 패턴 변화를 달성하기 위해 상담전략과 관련된 세부변화 기법 및 책략
상담의 장애물	부적응적 패턴으로 인해 상담과정에서 예상되는 도전
문화적 상담개입	해당사항이 있을 경우 문화적 개입, 문화적으로 민감한 상담, 개입의 구체화
상담의 예후	상담을 하거나 하지 않을 경우, 정신건강 문제의 경과, 기간, 결과에 대한 예측

출처: Sparry & Sparry (2012/2014).

주의 사람들을 만나게 되는 심리상담의 경우 이것은 필수요소라기보다는 내담자의 특징에 따른 선택적 요소라고 본다. 물론 상담현장에서도 정신의학적 진단을 받고 약물치료와 심리상담을 병행하기 원하는 내담자나 진단평가가 가능한 증상을 보이는 내담자들을 쉽게 만날 수 있다. 따라서 상담자의 DSM-5 진단 및 통계에 대한 지식은 내담자를 정확하게 평가하는 도구가 되며, 진단이 가능하거나 타 치료자로부터 진단을 받아온 내담자의 특징을 이해하기 위해 필수적이다. 또한 이러한 평가 및 확인은 상담자 자신이 준비된 역량의 범위 안에서 전문적인 서비스를 제공할 수 있는 내담자인지를 판단하는 데에도 도움이 된다. 따라서 모든 내담자의 사례개념화 요소에 포함할 목록은 아니지만 내담자에 따라 이를 포함하고 종합적인 이해, 목표 및 계획수립에 반영할 필요가 있다.

보다 다양하고 폭넓은 사례개념화 요소를 포함할수록 내담자를 깊이 이해하는 데 도움이 되지만 상담의 실제에서는 일반적으로는 보다 간편한 사례개념화 방식을 취하는 경향이 있다. 스패리와 스패리(Sparry & Sparry, 2012/2014)는 이러한 현실적인 이유를 반영하는 세 가지 다른 형태의 사례개념화를 제시하고 있다(pp. 39-40).

- 잠정형 사례개념화

내담자에 대한 초기평가를 하는 동안 형성하는 사례개념화이다. 관찰, 질문, 선행기록(예: 신청서 내용, 접수면접 기록, 사전 심리검사 결과 등)에서 추론해 낸 것으로, 이 추론의 적합성이나 정확성이 충분히 검증되지 않은 상태이기 때문에 잠정형이라고 지칭하는 것이다. 추후 면담이나 추가 정보에 의해 바뀌어 간다.

• 종합형 사례개념화

여기에는 진단적·임상적·문화적 및 상담개입 공식화 등 사례개념화의 모든 요소가 포함된다. 내담자가 성격병리와 관련된 증상 및 기능장애를 호소하고 있고, 현재의 호소문제 이전에도 기능수준에 문제가 있었으며, 임상적 문제가능성이 내포되어 있는 경우 보다 종합적인 개념화에 근거해 개입할 필요를 강조하고 있다.

• 간편형 사례개념화

여기에는 사례개념화의 몇 가지 요소(예: 호소문제, 촉발요인, 패턴, 상담목표, 상담개입)가 선택적으로 포함된다. 전형적으로 기능수준이 높고, 일시적으로 증상이 있는 문제 또는 갈등을 경험하고 있지만 회복탄력성, 대처자원, 변화에 대한 동기와 준비가 높은 내담자의 경우 적합하다.

잠정형 사례개념화는 상담초기에 가까울수록 아직은 내담자에 대한 이해가 불충분하고 확인되지 않은 정보가 포함되어 있을 수 있으므로 추후 수정·보완될 가능성을 고려하는 것이다. 종합형 사례개념화가 임상적 문제를 갖고 있는 내담자에 대해 진단을 하고 이를 토대로 치료계획을 수립할 필요가 있는 현장의 특성을 반영하는 것이라면, 간편형 사례개념화는 앞서 제시된 바와 같이 비교적 정상범주의 기능이 높은 내담자를 돕는 현장, 즉 심리상담 현장에서 주로 사용하는 사례개념화라고 할 수 있다. 한편, 세 가지 사례개념화 모두 정도의 차이는 있지만 상담 및 치료가 진행되면서 내담자에 대한 정보가 축적·확대됨에 따라 지속적으로 수정·보완될 수 있다.

필자가 일반적으로 사용하는 간편형 사례개념화의 요소를 소개하면 〈표 6-2〉와 같다. 우선은 해당 내담자로부터 각 요소와 관련하여 발견되

표 6-2 사례개념화 요소 2

<table>
<tr><th>사례개념화 요소</th><th colspan="2">내용</th></tr>
<tr><td>내담자 문제 및 최근 상황</td><td colspan="2">• 주 호소문제 및 증상
• 상담 오게 된 계기(최근의 관련사건이나 문제)
• 내담자의 상담 기대
• 문제에 대한 내담자 및 중요한 타인(예, 의뢰인, 가족 등)의 인식과 바람</td></tr>
<tr><td>문제의 발생과 배경</td><td colspan="2">• 문제의 발생과 원인(발생 시기, 촉발요인 또는 촉발사건, 발생관련 에피소드, 내담자요인 및 주변요인과 맥락)
• 문제발생 이전의 기능 및 주요 상태
• 문제의 유지요인(개인내적 요인, 주변요인 등)
• 문제해결을 위한 과거력(상담경험 유무 등)</td></tr>
<tr><td>문제와 관련된 내담자의 패턴이해</td><td colspan="2">• 인지능력 및 특징적인 사고패턴(주요 신념, 가치, 사고영역에서 발견되는 특징 등등)
• 핵심정서 및 주요 정동, 정서스타일
• 특징적인 행동패턴
• 대인관계패턴 및 관계문제
• 문제적 패턴과 관련된 에피소드</td></tr>
<tr><td>문제해결과 관련된 내담자의 자원 및 취약점</td><td colspan="2">• 생물학적 특징 및 문제(기질, 신체, 외모, 유전, 섭식, 수면, 건강상태 등등)
• 개인적 지원 또는 취약점(지적 · 신체적 강점 및 약점, 상담동기, 자기개념, 자기표현력, 기능수준, 정신의학적 진단경력 또는 주요 증상 등등)
• 주변여건, 환경적 보호요인 및 위험요인(물리적 · 환경적 여건, 사회적 관계망, 친밀한 관계의 유무 및 관계의 질, 여타의 보호요인 및 위험요인 등등)</td></tr>
<tr><td>내담자 및 문제에 대한 종합적 이해</td><td colspan="2">• 내담자의 주호소와 증상, 상담자의 전문적(이론적 · 경험적) 판단에 근거해서 내담자의 문제가 무엇인지 확인하고, 내담자와 내담자 문제 상황에 대해 이해한 내용을 종합 정리한다.
• 여기에는 당면문제의 발생과 유지요인, 내담자의 특징과 주변환경 요인 등 각 요소별 정보에 근거해서 상담자가 문제 전반에 대해 전문적으로 판단하고 추론한 설명과 함께 상담에서 다룰 필요가 있는 부분들, 도움이 될 수 있는 접근이나 기법, 상담 전망(기대되는 성과, 장애요인 및 도전과제 등) 등이 포함된다.</td></tr>
<tr><td rowspan="2">상담 목표 및 계획</td><td>상담 목표</td><td>내담자 및 문제에 대한 종합적인 이해에 근거해서 상담을 통해 도달할 필요가 있는 장 · 단기적 목표</td></tr>
<tr><td>상담 계획</td><td>상담의 초점과제
상담목표에 도달하기 위한 구체적인 방법 및 전략</td></tr>
</table>

는 내용을 중심으로 한 개인으로서의 내담자와 내담자의 문제를 이해하고, '내담자 및 문제에 대한 종합적 이해'를 작성한다. 이어서 그러한 이해를 바탕으로 상담목표 및 상담계획(상담전략)을 구체화한다.

3) 사례개념화의 예

여기서는 사례개념화를 통해 내담자를 어떻게 이해할 수 있는지 사례에 적용해 보기로 하겠다. 우선은 초기상담과정에서 수집한 사례요약문을 읽고, 이어서 사례개념화의 과정에서 종합적으로 이해하고 있는 내담자 및 내담자 문제, 그로부터 수립한 상담목표 및 상담계획에 관한 설명을 덧붙일 것이다. 독자들도 사례요약문을 읽고 사례개념화를 연습하는 기회를 가져 보기 바란다.

- 사례요약문: H(가명), 39세 미혼여성, 개인사업

  H는 대학졸업 후 직장생활을 하다가 창업을 해서 규모는 작지만 실속 있는 사업가로 성장한 유능한 여성이다. 현재는 3명(남 2명, 여 1명)의 직원을 고용하여 적지 않은 수입을 올리고 있다. H는 첫 회기에 자신이 정말 열심히 노력하며 살았는데 사람들이 알아주지 않고 가끔 억울해서 미칠 것 같다고 말했다. 최근 자신을 화나게 하는 주변인들은 직원들과 남자친구이다. 남자친구는 1년 전쯤 우연히 출장길에 알게 된 네 살 연하의 남자로, 그 이전에는 몇 명의 남자와 짧게 만난 적은 있지만 1년 가까이 길고 친밀하게 만난 사람은 그가 처음이다. 남자친구는 눈에 띄게 잘생겼고, 직업(회사원)도 있고, 따듯하고, 처음부터 친근감 있게 다가왔다. 1년이 길지 않을 수도 있지만 두 사람은 만나자마자 한 가족처럼 붙어 지냈고, 가끔 그가 회사 술

자리에 끼기도 하면서 직원들과도 친숙한 사이가 되었다. 데이트에 사용하는 자금은 기꺼이 H가 감당해 왔고 그 친구가 크게 위로가 되었기 때문에 그런 것쯤은 문제가 되지 않았으며, 가능하면 그와 결혼할 생각을 하고 있다고 말했다.

H는 최근 남자친구가 자신의 전화를 받지 않고, 변명과 함께 피하는 등 자신을 멀리하는 것 같아서 불안하고 배신감으로 화가 난다는 것이다. 남자친구는 직원 2명(남자들, 그중 한 명은 남자친구와 동갑이고 한 명은 30대 초반)과도 친해졌는데, 직원들에게 화내고 언성을 높일 때 주로 H를 나무라곤 했다. 처음엔 남자친구의 중재가 관심으로 보였지만, 몇 차례 거듭되면서 그 때문에 말다툼이 잦아졌고, 약 2주 전 한 사건이 벌어진 후 그가 H를 피하고 있다. 술을 마시다가 화가 나서 직원에게 술을 끼얹은 사건이 있었는데, 남자친구가 그를 달래기 위해 따라 나갔고, 그날 두 사람 다 전화를 받지 않았다. 다음 날 직원은 출근했고, 아무 일도 없었던 것처럼 지나갔지만 남자친구는 전화를 해도 데면데면하고, 회사가 바쁘다는 핑계로 만나 주지 않고, 퇴근 후 잠시 회사에 들렀다가 다른 핑계를 대고 먼저 가 버린 일이 두 번 있었다. H도 서운함에 더 이상 어떤 시도는 안 하고 있었지만 이렇게 불편한 관계가 지속되는 게 걱정되기 시작했다.

H는 거래처 사람들이나 동창들을 만나곤 하지만 비즈니스 또는 정기적인 모임 외에 사적인 만남을 갖고 있는 사람은 직원들과 남자친구뿐이다. 가족으로는 어머니와 결혼한 언니가 있으며, 이혼 후(고1 때) 재혼해서 사시는 아버지가 있다. 어머니는 아주 가끔 만나지만 번번이 싸우거나 기분이 상해서 돌아오곤 한다. 어머니나 언니에게 잘 보이려는 데서 벗어나 소리 지르며 덤비기 시작한 것은 직장에 다니던 어느 날 한바탕 소란을 피운 다음부터 있는 일이다. 어릴 적

어머니는 H와 아버지를 따돌리고 무시했다. 아버지는 술 문제가 있었고, 경제적으로 무능했지만 부모 이혼 전 어린 H는 아버지와 가깝다고 느꼈기에 적게나마 의지가 되었다. 그러나 이혼 즈음해서 아버지의 폭력행동이 심해졌기 때문에 H도 아버지를 피할 수밖에 없었고 아버지와 멀어지는 계기가 되었다. 어머니는 자기중심적이고, 편애가 심하고, 부부 사이가 나빠진 후 아버지를 철저히 배척했다. 언니(41세, 주부)가 늘 엄마 곁에 붙어 있었다. "매일 둘이 앉아서 TV 보고, 깔깔대고…." "나도 불러 줬으면…."

머리가 좋았던 H는 중학교 때부터 학업에 몰두하고 좋은 성적으로 두각을 나타내면서 공부가 자신을 지켜 줄 것이라고 믿었다. 덕분에 좋은 대학에 입학했고 직장생활에서 사업자금도 벌었다. H의 냉소적이고, 타인을 무시하고, 건방지고, 공격적인 태도는 어머니와 비슷한 점이었다. 자신의 직위를 이용해서 직원들에게 언어폭력을 가하고, 퇴근 후에는 잡아 두고 주로 술을 마시는 회식이 잦았다. 또한 직원들이 자신을 대하는 태도에 대해 화를 내곤 했다. "슬금슬금 눈치나 보고, 의견도 없고, 저만 떠들게 만들어요. 지들이 누구 때문에 먹고 사는데." "전에도 그만둔 애들이 있었고, 어차피 자기 생계를 위해 만난 거니까 그들한테 거는 기대는 없어요."

- 사례개념화 예시: H에 대한 종합적 이해

남자친구가 자신을 떠날지도 모른다는 두려움과 분노[호소문제]는 최근 그가 그녀에게 실망한 듯한 행동과 피하는 행동을 보이면서[촉발요인, 상담계기] 비롯되었다. 남자친구의 그런 행동은 내담자가 내적으로 오랫동안 느끼며 살아온 소외감과 외로움을 자극했고, 열렬히 사랑하는(노력하는) 자신에 대해 알아주지 않는다는 서운함과 분노를 자극하고 있으며, 그가 떠나 버릴 것 같은 거절, 거부에 대한 두려움을 느끼게 한다[현재문제]. 그러나 내담자는 평소처럼 공격하는 대신 균형을 잡고 그와의 만남을 유지하기 위해 상담을 결심했다[상담에 대한 기대].

H는 학업이나 사업에는 유능성을 나타내지만 관계에서는 오래전부터 깊은 교류나 긍정적인 만남에 대한 기대를 접고 피상적이거나 업무적인 관계에 만족해 온 듯 보인다. 타인과의 관계에서 일방적인 욕구와 기대를 드러내고 그것이 충족되지 않으면 지나치게 공격적이고 자기중심적인 태도를 취하여 소외되고, 그 결과 더욱더 외로워지는 악순환을 거듭해 온 것으로 보인다[부적응적 관계패턴].

H는 자기애가 강한 어머니와 언니의 밀착관계 속에서 소외되어, 비슷한 처지에 있는 아버지와 동일시하며 위로를 받고자 했으나 부모의 이혼과정에서 보여 준 아버지의 모습에서 기댈 곳을 잃어버리고 아버지마저 떠나는 아픔을 겪었다("아버지가 다시 돌아왔으면 했다." "이혼 후 아버지가 나가시면서 조용해진 집안 분위기에 충격을 받았다."). 이후 사람들에 대한 관계보다는 공부와 사업에 몰두하면서 힘을 얻게 되고, 직장을 다니던 어느 날 어머니와의 다툼에서 공격자의 위치를 경험하면서 행동패턴에 변화가 일어났다. 이후 내적인 분노가 여과 없이 표현되면서 냉소적이고 공격적인 성향이 강화된 것으로 보인다[문제행동의 발생 및 유지].

대인관계에 취약함을 느끼는 H는 사업에 몰두하면서 제한적인 사회적 관계를 맺고 있을 뿐이다. 한때 모 동호회에 가입한 일도 있지만 최근엔 매월 있는 동창회에 간헐적으로 나갈 뿐이고(평소 동창들과 사적인 만남은 거의 없다), 사업도 비교적 대인관계가 적은 일이어서 이러한 특징은 더욱 심화되어 왔다. 특히 수직관계에 있는 직원들이나 경제적인 도움을 받곤 하는 연하 남자친구와의 관계에서 상호적이기보다는 일방적인 관계를 유지하면서 문제를 덜 느끼거나, 무의식적으로 자신이 안전하게 느끼는 만남에만 국한하고 있으면서 관계문제가 지속되어 왔다[유지요인].

[강점 및 자원] 지능, 경제력, 남자친구에 대한 애정과 필요(두 사람의 이전관계가 매우 좋았고, 남자친구가 완전히 떠나 버린 것은 아니라는 점도 긍정적). 상담동기 높음. 내적인 관계욕구(친애욕구); 직원들을 비롯해서 안전한 사람들과의 접촉을 원함. "난 그래도 그 애들과 한 가족처럼 지내고 싶고, 공부도 도와주려 했는데…."
[약점, 장해요인] 애착경험이 불안정하고, 타인에 대한 신뢰가 부족하고, 대인관계상 좋은 모델이 없었다. 자신이 주도권을 갖는 한정된 관계망(남자친구, 직원들)을 유지하며 공격자로 우위에 머물고 싶어 한다.
[상담목표] 관계문제에 초점을 두어 다음 영역에서의 변화를 목표로 한다.

- 남자친구와의 관계회복 (상담초기 합의된 목표)
- 직원 등 가까운 주변인들과의 관계개선을 통해 외로움에서 벗어나기 (이하 상담자의 잠정목표)
- 친사회적 관계기술을 익혀 가며 사회적 관계망을 넓히기
- 원가족(어머니, 언니, 더 나아가서는 아버지)과 관련된 부정적인 기억과 감정의 해소

[상담계획]

- 남자친구와의 관계를 중심으로 관계문제에 대해 점검하고 개선하기
- 현재의 관계방식 평가해 보기: 직원들과의 관계에서 내면적인 친

애욕구를 확인하고 공격하고 군림하는 관계방식에서 상호관심을 갖고 배려하는 관계방식으로 전환할 필요의 인식

- 새로운 관계방식 학습하기(자기표현방식의 점검 및 개선): 공격의 의미와 부정적 효과에 대해 살펴보고, 친사회적 표현방식에 대해 연습하고 실천하기, 자신의 친애욕구에 도움이 되는 관계방식 익히기
- 원가족의 역동 이해: 어린 시절 어머니와 언니 사이에서 느꼈던 소외감과 유기불안에 대해 탐색하고 해소하기, 그 영향에 대해서도 살펴보기
- 상담자의 태도: 문제행동에 대해 실망하거나 비난하지 않는 일관된 지지자, 새로운 관계방식의 모델로 존재하기

2. 상담목표의 설정

앞의 예시사례에서도 보았듯이 사례에 대한 전반적인 이해는 현재시점에서 적용할 수 있는 상담목표 및 상담계획을 설정하는 근거가 된다. 상담은 내담자의 당면문제 해결, 심리적인 성장과 발달이라는 일반적인 목표를 지향하지만, 각 내담자마다 그 초점이 다르고 성장에 저해가 되어 조절하거나 교정되어야 할 부분, 성장에 필요한 부분이 다르기 때문에 각 내담자마다 맞춤형의 구체적인 목표를 갖고 그 목표를 향해 진행하는 작업인 것이다.

1) 상담목표 설정 시 고려사항

상담목표는 우선 변화가 필요한 부분을 다루는 단기목표와, 이러한 변화를 유지하고 강화하기 위해 또는 내담자의 문제행동 패턴 및 대인관계 역량강화, 성격적인 부분의 변화 등을 다루는 장기목표로 구분할 수 있다. 경우에 따라서는 한 내담자의 장기적인 상담과정에서도 단기목표와 장기목표로 구분하여 단기목표를 장기목표에 이르기 위한 과정목표로 잡고, 단기목표를 이루어 가면서 장기목표에 도달하거나 우선 시급을 요하는 문제중심으로 단기목표를 이룬 후 이러한 문제와 관련된 보다 근본적인 문제들을 해결하기 위한 장기목표를 설정하기도 한다. 주요 문제자체가 성격문제나 어린 시절부터 반복적으로 형성되어 오랜 습관처럼 굳어져 온 문제 등은 장기간의 탐색과 통찰, 새로운 경험이 요구되면서 애초부터 장기적인 상담목표 및 과정으로 접근해야 하는 경우도 있다.

한편, 장기적인 접근이 필요한 경우라 하더라도 내담자나 상담자가 처해 있는 현실적인 여건(예: 경제적 문제, 시간적 제한, 소속기관의 회기제한, 내담자의 욕구나 인식 등)으로 인해 단기적 접근만 가능한 경우도 있다. 특히 최근에는 바쁜 일상생활과 빠른 성과에 대한 요구로 인해 단기상담을 원하는 내담자가 늘어나고 있고, 가능한 많은 내담자에게 고른 기회를 제공해야 하는 공적인 임무를 지닌 상담센터에서도 기본적으로 단기상담 모형을 취하는 추세이다. 따라서 상담목표를 정할 때는 무엇보다 내담자의 문제, 상담자의 이론적 지향이 영향을 줄 수 있으나 이 외에도 내담자의 요구와 여건, 상담현장의 특성을 동시에 고려한다. 다음은 일반적으로 상담목표를 정할 때 고려할 사항들에 관한 것이다. 몇 가지 관련사항에 대해서는 앞에서 예시한 H 사례를 적용해 설명을 추가할 것이다.

첫째, 변화가 시급한 부분과 내담자의 바람을 고려한다.

내담자가 가장 불편을 겪고 있고 시급히 변화가 필요한 부분은 무엇인가? 내담자가 가장 변하기를 원하는 것이 무엇이며, 상담에서 기대하는 바는 무엇인가? 상담자는 내담자에게 상담을 통해서 무엇을 이루고 싶은지 직접 물어볼 수도 있고, 더 구체적으로 그것이 언제 어디서 일어날지, 그리고 어떻게 잘 일어날지, 얼마나 많이 일어날지에 대해 직접 물으면서 목표에 대한 합의를 이끌어 낼 수 있다(Lauver & Harvey, 1997).

H의 경우 남자친구가 자신에게 크게 실망하고 떠날 것에 대한 두려움이 상담을 찾는 계기가 되었으며, 남자친구와의 관계회복이 가장 시급하고 절실한 당면문제이다. 상담초기 이러한 불안과 그 원인, 관계회복을 위해 취할 수 있는 조치 등을 다루고 그러한 문제를 통해 내담자가 자신의 관계문제를 돌아보고자 하는 동기를 높일 필요가 있다. 그리고 이러한 동기에 기반해서 대인관계 패턴과 그 기저에 있는 심리적 문제를 다룰 수 있다.

둘째, 내담자와 의뢰인의 기대 간에 일치하는 부분과 불일치하는 부분에 대해 이를 조율할 수 있는 목표가 필요한지 살펴본다.

의뢰인(부모, 담임교사, 배우자, 법원명령 등)은 무엇을 기대하는가? 내담자의 문제에 대한 지각이나 기대와 어떻게 다르고 어떤 점에서 일치하는가? 상담자는 상담과정에서 이러한 부분을 어떻게 다룰 것인가?

의뢰인의 지각은 내담자의 욕구나 기대와 다를 수도 있지만 이는 내담자 주변의 중요한 타인들의 지각이 어떠한지, 이들의 관심이 어떤 영향을 미칠지에 대해 유용한 정보가 될 수 있다. 그리고 상담을 진행하면서 이들의 관심과 지원이 성과에 크게 도움이 되기도 한다. 또한 일부 의뢰인은 상담료를 지불하고, 상담 장면에 내담자가 나타나도록 압력을 행사하는 역할을 하면서 상담과정에 영향을 미친다. 한편, 내담자를 맡기고 나서 자신은 할 일을 다 했다는 식으로 상담자에게 책임을 전가하거나, 상담자가 자신의 요구에 따라 움직이도록 조종하거나 강요하고, 지나치게 빠른 성과를 주문하며 그렇지 못할 때 조바심을 내면서 부담을 주는 경우도 있다. 이럴 때 상담자는 객관성을 유지하며 의뢰인의 협조를 구하기 위해 상담을 구조화하고, 현실적인 목표를 수립하는 등 이에 맞는 계획을 갖고 상담을 진행해야 한다.

H처럼 비교적 상담동기도 높고 자발적인 내담자의 경우, 의뢰인과의 지각 차이보다 내담자 자신의 관점과 주변에서의 기대나 요구 간의 차이에 대해 살펴볼 필요가 있다. 상담은 H 중심으로 진행되지만 적절한 시점에 H가 남자친구나 직원들과 좋은 관계를 맺기 위해서 그들의 입장에서 기대하는 H의 모습을 살펴보는 타인지향(other-oriented; Brazier, 2009)의 탐색기회를 갖는 것도 도움이 될 것이다.

셋째, 실현 가능한 목표인지 확인한다.

내담자의 발달적 특징, 지적 발달수준, 정서적 · 사회적 성숙도, 그리고 증상 및 개인적 특성 등도 목표달성에 영향을 줄 수 있으므로 목표설정에 이러한 점을 고려한다. 또한 내담자의 경제적 · 환경적 여건, 내방 가능한 상담기간 등 현실적인 여건 내에서 변화를 가져올 수 있는 부분은 어디까지인가를 고려한다.

H는 오랜 기간 깊은 외로움을 느끼며 살아왔고 자신의 행동에 대한 문제의식도 있어서 초기에 자신에 대한 인식수준이 높아지는 등 상담동기가 강화되면 비교적 장기간이 될 수도 있는 상담에 협조적으로 임할 수 있을 것이다. 다만, 상담자로서 도전이 될 수도 있는 부분은 내담자의 문제가 원가족 경험과 관련되는 등 오랜 역사를 갖고 있고 거의 성격화되어 있기 때문에 이로부터 벗어나는 데 시간이 걸릴 수도 있다는 점이다. 이는 H의 변화욕구와 통찰능력, 실생활에서의 적용노력 등에 따라 생각

보다 빠르게 이루어질 수도 있다. H는 지적으로 우수한 여성이므로 상담자는 H의 자원을 이끌어 내기 위해 최선을 다해야 할 것이다. 또한 현재는 억압되어 있거나 부인하고 있는 정서에 다가가서 접촉하는 것이 또 하나의 도전과제가 될 수 있다.

넷째, 상담자가 추가할 목표가 있는 경우 이를 반영한다.

현재 내담자는 인식하지 않고 있지만 상담자가 보기에 변화가 필요한 부분이 있는가? 문제해결에 필요하거나 전반적으로 내담자가 안정된 삶을 살아가는 데 필요한 변화로 추가할 것이 무엇인가? 상담자는 초기 사례개념화와 함께 이러한 목표를 염두에 두고 내담자의 자기인식이 높아지고 작업동맹이 형성되었을 때 목표를 합의하고 공유하는 작업을 진행한다.

H의 경우, 자신이 거절당했거나 거절당할 수도 있는 사회적 상황으로부터 철수하여 사업적 관계에만 몰두하면서 안심하는 듯하지만 내면적으로는 매우 깊은 소외감과 외로움을 느끼고 있다. 그리고 자신이 안전하다고 생각하는 제한적인 인간관계도 늘 깨지기 쉬운 면이 있기 때문에 이러한 문제인식을 넓혀 가며 가까이 있는 주변인뿐 아니라 놓치고 있는 다른 관계에서도 성공경험을 넓혀 갈 필요가 있다. 또한 H의 관계문제는 원가족 경험에 뿌리를 두고 있는 것으로, 처음부터 과거에 초점을 두지 않아도 적절한 시점에 원가족문제를 다룰 필요가 있다. 원가족으로부터 발생했고 오랜 세월 H에게 영향을 미쳤을 부정적인 감정을 해소하고, 그로부터 자신이 영향받고 있는 부분을 인식하고 벗어날 수 있는 기회를 만들어 갈 것이다.

다섯째, 목표에 대해 내담자와 논의하고, 합의하고, 공유한다.

상담목표에 도달하기 위해서는 상담자뿐 아니라 내담자의 참여와 노력이 큰 변수로 작용하므로 그 과정 역시 상담자만의 일방적인 것이 되지 않아야 한다. 따라서 목표를 정하는 과정에 내담자를 참여시켜 상담자가 목표로 정해서 가고자 하는 방향이 무엇인지 제안하고 이에 대해 논의하고 합의하는 과정을 갖는 것이 바람직하다. 단, 장기적인 상담의 경우 초기과정에서 내담자와 합의한 목표 이외에 추후 상담이 진전되면서 주요 목표로 진행할 필요가 있는 부분을 담아 두었다가 이를 개방하고 내담자와 논의한 후 명시적인 목표로 적용할 수 있다.

시댁에 적응하는 데 어려움을 겪는 내담자가 시댁이라는 새로운 환경을 재해석하고 이에 대해 새로운 대처능력을 키우면서 자존감을 회복하는 것을 초기상담목표로 정한 사례를 예로 들어 보자. 상담자는 초기만남에서 이 내담자의 대인관계 패턴 중 문제가 되는 부분이 있다는 것과, 그러한 패턴의 오래된 원인을 발견하였지만 성급히 이를 다룰 경우 내담자의 현재문제에 접근하는 것이 늦어질 뿐 아니라 내담자의 혼란을 가중시킬 것이라는 판단하에 내담자가 이를 다룰 준비가 될 때까지 유보하고 있었다. 그러다가 내담자가 시급한 당면과제에서 어느 정도 풀려 나오고 이러한 직면을 받아들일 만큼 자신에 대한 통찰수준이 높아졌다고 판단했을 때 이 부분을 직면시키거나 피드백을 제공한 후 또 다른 목표로 추가할 수 있다.

초기상담과정을 거치면서 상담자는 상담목표를 정하고, 이후 회기 중 주제도 여기에 초점을 맞춰 진행한다. 이때 내담자는 자연스럽게 대화의 초점이 자신의 상담목표와 부합되는 것임을 알고 이에 동참하게 된다.

H의 사례에서 상담자는 대략 다음과 같은 이야기로 상담목표를 제안할 수 있다.

"H 씨는 지금 남자친구와 소원해진 것에 대해 신중히 대처하기 위해서 상담실을 찾았고, 그만큼 그 관계를 진지하게 생각하고 있어요.

우선 남자친구와의 관계를 회복하고 더 좋은 관계로 발전시키는 데 초점을 맞춰서 이야기를 나눌 필요가 있겠네요. 물론 남자친구의 마음을 붙잡아 올 묘수를 갖고 있는 건 아니지만 우리가 함께 지금 할 수 있는 최선의 것을 찾아 볼 수는 있을 거예요."

"그런데 이 문제는 단지 남자친구와의 문제만은 아니고, 직원들을 대하는 H 씨의 태도에 대한 불만이 포함되어 있어서, 직원들과의 관계도 살펴볼 필요가 있어요. 남자친구나 직원들이 H와 가장 긴밀한 관계에 있는 사람들이니까 H 씨의 인간관계에 대해 살펴보는 좋은 기회가 될 거예요. H 씨 생각은 어떤가요?"

"결국 우리는 H 씨의 대인관계에 대해 살펴보는 상담을 하게 될 거예요. 여기에 대한 H 씨의 의견을 듣고 싶어요."

상담을 진행하면서 H는 드문드문 어린 시절 경험했던 일들과 관련된 감정, 그로부터 만들어진 대인관계 신념에 대해 이야기하곤 했다. 그러면서 현재의 외로움, 소외감, 공격적인 성격이 그때부터 시작된 것이라는 기억을 떠올리곤 했다. 상담자는 이러한 가정을 초기부터 하고 있었지만 좀 더 분명한 사실들이 드러나고 H도 그것을 인식하기 시작할 때쯤 또 다른 목표로 첨가할 수 있다.

"상담을 진행하면서 H 씨는 가족들로부터 경험한 것들이 현재에도 많은 영향을 미치고 있다는 걸 알았을 거예요. 가족들 얘기를 좀 더 심도 있게 해 보는 게 좋겠어요. 이제는 성숙한 H 씨의 입장에서 가족과 당시의 어린 H, 그리고 그 영향을 살펴보는 건 어떨까요?"

여섯째, 상담과정을 통해 필요한 경우 상담목표를 수정 · 보완한다.

상담목표는 내담자 및 문제에 대한 이해수준에 따라 조금씩 달라질 수 있다. 특히 중간과정에 예상치 못한 새로운 정보나 꼭 다뤄야 할 문제가 등장한 경우라면 상담목표가 크게 달라질 수도 있다. 예를 들어, 어떤 대학생은 상담초기 진로문제를 상담하고 싶다고 하고 현재의 진로에 대한 고민과 준비상태에 대해 이야기하고 싶어 했다. 상담자는 상담초기 진로문제에 초점을 맞추어 접근했지만 내담자는 상담이 편하고 안전하다고 느끼면서 7회기째 용기를 내어 자신이 오랫동안 사회적으로 용납되지 않는 방법으로 돈을 벌어 왔고 그것이 자신의 인생을 망치고 있다는 두려움에 대해 고백했다. 상담자는 내담자가 도움을 받고자 했던 가장 중요한 문제가 무엇인지 깨닫고 이를 확인한 후 상담목표를 수정하였다.

2) 회기상담목표

각 회기마다 다루는 주제의 범위를 정해서 진행할 때 이를 회기목표라고 부른다. 첫 회기에 라포 형성하기, 내담자의 호소를 듣고 문제 이해하기, 상담에 대한 기대 확인하기, 희망감과 동기 높이기, 구조화 등을 추구하는 것은 일반적인 회기목표이지만(물론 첫 회기에도 내담자의 특징에 따라 차별화된 회기목표가 설정되기도 한다) 상담이 진행되면서 내담자와 내담자의 문제에 따라 상담자가 어디에 초점을 맞출지 의도를 갖고 진행할 수 있다. 첫 회기에 문제이해가 덜 된 경우 두 번째 회기도 문제탐색에 더 많은 시간을 사용할지, 가족의 영향이 중요하다고 판단해서 가족사를 파악하는 데 사용할지, 지난 회기 마지막 부분에 제기된 새로운 주제에 할애할지, 또는 상담자의 가설을 확인하는 데 사용할지 등 범주를 정해서 이 부분을 조명해 나가는 것이 회기목표이다. 즉, 한 회기 동안 제기되는 주제들을 이것저것 다루기보다는 해당 회기에 다룰 필요가 있는 주제를 중심으로 회기를 운영하기 위해 회기목표를 정하는 것이다. 문제 및 배경에 대한 탐색이 많은 비중을 차지하는 초기보다는 상담목표와 계획을 갖고 회기를 진행하는 중간과정으로 들어가면서 보다 분명한 회기목표를 설정해서 사용하는 경향이다. 회기목표는 상담목표 및 계획, 과정의 흐름, 내담자의 요구, 상담자의 전문적 판단 등에 근거하여 설정한다.

3. 상담계획하기

상담계획은 상담목표에 도달하기 위해서 구체적으로 어떤 주제에 초점을 맞추어 어떤 방법으로 개입할 것인지에 대해서 계획을 세우는 것이다. 따라서 상담계획은 상담자가 목표와 관련된 성과를 가져올 것이라고 판단하여 추진하고자 하는 개입방안들로 구성된다. 상담계획을 수립하기 위해서는 다음과 같은 점들을 고려한다.

첫째, 상담목표와의 관련성이 요구된다. 상담계획은 상담목표에 도달하기 위한 방법과 과정이므로 상담목표를 어떻게 이룰 것인지 반영하는 것이어야 한다.

둘째, 상담자의 이론적 배경이나 전문분야가 반영될 수 있다. 각 이론이 갖고 있는 틀이나 강조점에 따라 그리고 그 이론적 기법과 상담자의 훈련에 따라 각 내담자의 문제에 접근하고 이를 해결하기 위한 구체적인 계획에는 차이가 있을 수 있다.

셋째, 내담자의 특징(발달 및 지적 수준, 흥미, 동기, 욕구, 자원, 강점 등)과 주변의 자원을 고려한다. 어떤 개입방법이라도 내담자가 이를 수용하고 참여해서 성과를 가져올 수 있는 것이어야 한다.

넷째, 상담자의 전문적 능력과 훈련에 맞는 계획이어야 한다. 상담자는 '자신의 능력의 한계를 인정하고 교육과 수련, 경험 등에 의해 준비된 역량의 범위 안에서 전문적인 서비스와 교육을 제공한다'(한국상담심리학회, 2018)는 윤리규정을 준수하는 계획을 수립한다.

4. 상담목표와 상담계획의 예시

다음은 두 사례에 대한 간단한 정보와 이러한 정보에 근거해서 설정 가능한 상담목표를 예시한 것이다. 사례요약문을 읽고 필자가 예시한 내용을 읽기에 앞서, 독자들 자신이 목표설정 및 계획수립을 해 보고, 수업 상황이나 집단학습 장면이라면 각자의 관점에 대해 토론기회를 가져 보기 바란다.

사례 1 고등학생(남, 2학년)

[주 호소문제] 자주 가출한다. 내 생활이 정상적이지 않아 마음이 불편하다.

[사례개요] 양육기준이 엄격하고 체벌을 가하는 등 강압적인 아버지의 태도에 대해 불만이 높고, 아버지도 아들(누나 1명, 대학생)을 어떻게 다루어야 할지 난감해하며 갈등의 골이 깊어져 습관적 가출상태에 있다. 학교에선 잦은 결석으로 문제행동을 보이고 교사와 상담을 할 때 다소 냉소적인 말투로 반응하지만 학생이 나름 생각이 깊은 것 같다며 담임교사가 상담을 권유했고, 내담자가 이를 받아들여 스스로 내방했다. 정상적인 학교생활이라고는 할 수 없지만 가출상태에

서도 등교하는 등 출석일수는 유지하고 있으며, 문제가 될 만한 비행 행동은 보이지 않고 있다. 중2 때 첫 가출 이후 학기 중에는 1~2일간의 외박이 잦고, 방학 때는 아르바이트를 하며 밖에서 친구들의 도움을 받아 생활하곤 했다. 내담자에게 도움을 주는 주변의 학교 밖 선배나 친구들도 열악한 환경에서 살고 있지만 사회적 물의를 일으키는 사람들은 아니어서 내담자는 이들이 매우 좋은 사람들이라고 말하고 크게 의지하고 있음을 나타내었다. 부모는 작은 식당을 운영하며 경제적으로 큰 어려움은 없다. 내담자는 담임선생님이 상담을 권했을 때 오래전부터 자신이 정상적인 생활을 하고 있는 건 아니어서 답답한 마음을 털어놓고 전문가의 의견을 듣고 싶었다고 말했다.

[상담목표]

- 정상적인 학교생활 유지: 성공적인 졸업(담임교사와 협력)
- 가출빈도 줄이기: 가족 내 갈등요인 및 아버지와의 관계에서 자신을 보호하고 문제해결에 도움이 되는 보다 건강한 대처방법을 선택하도록 도움
- 내담자의 바람대로 졸업 후 독립할 수 있는 진로계획을 세우고 준비함
- 아버지와의 갈등문제를 해결하고 새로운 관계형성의 가능성을 모색함

[상담계획]

- 내담자의 관점에서 문제를 정의할 수 있는 기회를 제공하고, 상담동기를 높임
- 내담자가 자신을 솔직하게 개방할 수 있도록 내담자중심의 허용적인 분위기 유지; 내담자의 관점에서 자신의 문제 및 경험을 충분히 드러낼 수 있는 기회를 제공함

- 학교생활 유지와 성공적인 졸업의 중요성에 대해 점검; 가출, 무단결석의 문제를 현실적인 관점에서 점검함
- 아버지와의 관계문제를 내담자의 관점에서 바라보고 해결방법을 공동 모색함; 아버지와의 갈등상황과 자신의 대처방법에 대해 점검하고, 자신을 보호할 수 있는 새로운 대처방법 찾기
- 필요시 내담자의 동의하에 부모면담 실시
- 가족 내 관계문제를 상황별로 점검하고 이에 대처할 수 있는 전략을 수립, 연습하고 실천해 보는 기회를 제공함
- 내담자의 자원에 초점을 맞춰 졸업 후 진로계획을 갖게 함; 졸업 후 가족으로부터의 독립은 내담자 선택의 문제로 다룸

[회기목표 예] 최근에 있었던 사건을 중심으로 아버지와의 갈등상황에 대해 살펴보고, 이에 대한 내담자의 지각에 대해 이해함

사례 2 직장인(30대 초반 여성, 회사원)

[주 호소문제] 직장에서 오랫동안 친분을 쌓고 의지해 온 동료집단으로부터 소외되어 우울하다.

[사례개요] 비슷한 연령대의 직장동료들과 친밀한 관계를 맺고 함께 여가나 여행도 즐기는 사이가 되었다. 그런데 그중 한 명과 말다툼이 벌어지자 그 과정에서 다른 동료들이 모두 상대의 편을 드는 데 당황했고, 이후 관계가 불편해졌다. 다가가서 서로 해명기회를 갖고자 하면 (내담자의 지각에 의하면) 그들은 또 다른 말을 만들어 내고 비난하는 자세를 취해 더욱더 늪에 빠져드는 것 같다고 한다. 자신은 그들이 틀렸다고 생각하지만 일이 심하게 꼬이다 보니 시시콜콜 시시비비를 가리기도 어려워졌고, 지금은 솔직히 자신이 뭘 잘못했는지 알

수 있었으면 좋겠다는 생각으로 상담을 받아 보기로 했다. 요즘은 그들 보는 것이 두렵고 소외감뿐 아니라 억울하고 화까지 나지만 헤어날 방법이 떠오르지 않는다. 한편으론 그들과 좋은 기억도 많고 직장에서 크게 의지해 오던 사람들이라 내심 그들을 잃고 싶진 않다.

[단기상담목표 및 상담계획]

- 단기상담목표: 여기서의 단기상담목표는 이어지는 장기목표로 가는 것을 전제로 한 일정 기간의 잠정적인 상담목표로 제시되었다.
  - 갈등과정에서 경험했던 부정적인 감정의 해소와 자존감의 회복
  - 갈등이 깊어지지 않도록 잠시 거리두기
- 단기상담계획
  - 현재 감정을 여과 없이 토로할 수 있는 기회를 제공(공감과 허용); 부정적인 감정해소 및 자기존중의 경험을 갖게 함
  - 거리두기에 도움이 될 수 있는 대안(예시; 다른 사람, 여가활동, 신앙생활, 직무몰입, 거리두기 기법 등)을 찾기
  - 문제를 확대할 가능성이 있는 행동에 대한 구체적인 개입(상황점검, 행동연습, 현실적용 등)
  - 다양한 행동 레퍼토리 구축

[장기상담목표 및 상담계획]

- 장기상담목표
  - 동료집단의 역동 이해하기
  - 갈등과정에서 자신의 역할 이해하기
  - 관계와 관련된 개인적 욕구 및 사고, 감정 그리고 관계패턴 이해하기
  - 동료집단과의 화해 및 관계회복에 대한 입장을 정리하고 실천하기
  - 전반적으로 적응적인 관계 및 갈등대처능력 향상에 도움 되기

- 장기상담계획
  - 갈등과정을 객관적으로 살펴볼 수 있는 기회를 갖는다.
  - 동료 각자 및 자신의 역할과 집단역동에 대한 이해를 돕는다(내담자는 갈등과정에서 혼란을 경험하면서 이를 촘촘하게 살펴볼 수 있는 기회를 갖기 어려웠고 그로 인해 지각이 왜곡된 부분도 큰 것으로 보인다. 특히 갈등이 자신의 문제만이 아닌 집단의 문제일 가능성에 대해서도 점검한다).
  - 관계와 관련된 자신의 강점과 약점, 패턴을 살펴본다. 내담자의 문제뿐 아니라 자원 및 기능적인 부분(사회적 역할 등)에 초점을 맞추어 이를 확대해 나간다.
  - 관계문제가 발생했을 때 혼란에 빠지게 만드는 촉발요인이 있는지 살펴보고 이에 대한 대처능력을 키운다.
  - 상담과정을 통한 이해를 바탕으로 동료집단과의 관계 정립에 대한 결정을 내리고, 그 결정을 실천하는 데 도움이 되는 구체적인 기술을 연습한다.
  - 전반적으로 적응적인 대인관계에 도움이 되는 상담이 되게 한다.

연습 사례개념화

- 다음의 상담내용(의뢰배경 및 1회기 상담내용 요약)을 읽고, 주어진 정보를 기초로 사례개념화의 각 요소에 해당하는 내용을 적고, 내담자에 대한 종합적 이해, 목표설정 그리고 계획수립을 해 본다.
- 각자의 작업결과를 바탕으로 다른 사람들과 토론하면서 다양한 관점을 비교 검토해 볼 기회를 갖는다.
- 참고로 M은 첫 회기상담(제5장)에서 등장했던 그 고등학생이다. (이 연습의 경우 '가능한 답안'은 제시하지 않음)

[내담자] 고등학교 1학년 남학생 M

[의뢰배경] M은 교사의 입장에서 다루기 어려운 아이이다. 수업시간에 엎드려 자고 깨워도 계속 졸며 늘어져 있어서 얘를 깨우다 보면 수업을 망친다는 교과목 담당교사들의 항의가 있었다. 담임교사가 불러다가 주의를 줬더니 궤변을 늘어놓으며 교사의 화만 돋웠다. (먼저 다가오는 타입은 아니지만 말은 잘 하는 편) 그래서 담임교사로부터 전문상담교사에게 M을 보낼 테니 상담을 해 봐 달라는 부탁이 있었다. 담임교사에 의하면 수업시간엔 자는 일이 많고, 엇박자로 나가 대화가 잘 안 되고 다루기 어려운 아이라 화가 날 뿐이라고 했다. 또래들과 놀거나 대화를 나누는 장면에서 M은 시큰둥한 표정으로 앉아 있지만 따돌림 대상도, 그렇다고 관계가 원만한 아이도 아니라고 한다. 그러나 흡연, 결석, 교외생활 문제 등 특별한 말썽을 피우는 것은 아니고, 성적은 낮은 수준이라고 한다.

[1회기 요약] (담임선생님이 학교생활을 잘 할 수 있도록 도와 달라고 하셨다.) 수업시간에 많이 졸아서 아예 복도에 나가 앉아서 잤더니 담임선생님이 불러서 야단치셨다. 정말 미칠 것 같으니까 신경 끊으시면 다른 애들한테도 방해가 안 될 거라고 했다. 게임을 많이 한 다음날 잠이 모자라고 졸게 된다. (더 들어보자.) 엄마아빠가 컴퓨터를 뺏어 가고 게임은 일주일에 3시간만 하라 하신다. 어떻게 3시간만 게임을 하나. 두 분 다 주무실 때 핸드폰 게임을 한다. 아빠는 컴퓨터에 붙어 게임에 빠져 살면서 나보고 하지 말라고 하고, 내가 게임하는 걸 보면 광분하신다. (아버지가 무서운 분인가 보다.) 아빠는 집에 돌아오시면 무조건 컴퓨터 앞에 있고, 나에게 많은 일을 시키신다. 설거지, 빨래정리, 심부름, 늦둥이 동생 돌보기…. 엄마는 직장에서 늦게 들어오시고 나는 계속 잔소리와 심부름에 시달린다. 싫고 귀찮지만 아빠 명령에 거의 순종적으로 행동한다. 부모 두 분 사이는 나쁜 것 같지 않다. 아빠는 화가 폭발하면 걷잡을 수 없어 소리 지르고 어릴 땐 때리기도 하셨는데, 최근에 때리진 않지만 무섭게 다그치시는 건 여전하다. 엄마는 아빠가 화낼 때 내 이야기는 자세히 들어보지도 않고 무조건 나보고 빌라는 식이라 더 화가 난다. (아빠와의 관계가 학교생활까지 연결되는 것 같다.) 관계가 있다. (아빠와 힘든가 보다.) (상담해 보니까 어떤가?) 편했다. 나도 모르게 아빠 얘기를 많이 했다.

M에 대한 사례개념화

[내담자의 문제 및 최근 상황]

[문제의 발생과 배경]

[문제와 관련된 내담자의 패턴이해]

[문제해결과 관련된 내담자의 자원 및 취약점]

[내담자 및 문제에 대한 종합적 이해]

[상담목표]

[상담계획]

맺는말

상담은 또 다른 말로, 상담목표를 정해서 그 목표에 도달하기 위해 노력하는 상담자와 내담자의 협력과정이라고 할 수 있다. 따라서 초기에는 내담자와 내담자의 문제가 무엇인지 이해하고, 이러한 이해에 기초해서 상담목표를 정한다. 상담자는 내담자에게 현실적으로 시급하거나 내담자의 변화욕구와 밀접하게 관련된 문제영역이 무엇인지 확인하고 이 영역에 대한 많은 정보를 탐색할 뿐 아니라 그러한 정보를 기초로 문제를 정의하고자 노력한다. 그러한 과정과 결과를 사례개념화라고 지칭하는데, 그 과정은 내담자에 대한 마음지도 만들기 또는 퍼즐 맞추기에 비유할 수 있고, 그 결과는 내담자의 현재문제 및 그 배경에 대한 스토리텔링이라고 할 수 있다. 이처럼 사례개념화는 내담자에 대한 정보를 종합한 결과이지만 그 정보로부터 추론 가능한 부분까지 포함하는 스토리의 구성으로, 이때 상담자가 갖고 있는 이론적 지식이나 상담경험이 사례개념화의 내용과 질에 영향을 미치게 된다. 상대적으로 상담경험이 많지 않은 상담자는 이러한 사례개념화에 어려움을 겪곤 하는데, 이럴 때 각 내담자에 대한 초기정보를 기초로 요소별로 분석하고 통합하는 사례개념화의 과정을 거치고 내담자에 대해 종합적으로 이해한 내용을 구성해 보는 훈련이 크게 도움이 될 것이다. 숙련된 상담자들도 내담자에 대한 이해가 쉽게 이루어지지 않는 경우 이러한 과정을 통해 도움을 받을 수 있다. 물론 이러한 사례개념화는 많은 부분 가설적인 것이어서 상담자는 상담 내내 이를 확인해 가며 내담자에 대한 이해를 깊고 넓게 확충해 나간다. 그리고 초기에 구성한 사례개념화는 내담자의 상담목표 설정에 기초가 되고, 상담자는 목표달성에 도움이 되는 계획을 수립하여 이를 실천해 나가게 되는 밑그림이 된다.

제 4 부

상담의 중간과정

변화의 촉진 및 개입

상담의 초기와 중간의 구분이 명확한 것은 아니지만 중간과정은 대략 상담자가 내담자의 문제와 내담자에 대한 포괄적인 이해에 도달함으로써 일차적인 상담목표와 계획이 수립된 상태에 이르렀을 때부터 시작된다. 또한 내담자가 상담 및 상담자에 대한 신뢰감을 갖고 상담에 협조하는 태도를 취하게 된 단계, 즉 상담 작업을 효율적으로 해 나갈 수 있는 작업동맹이 형성되어 상담자가 보다 확신을 갖고 내담자와 과제 및 문제해결에 초점을 두어 상담을 진행할 준비가 되었음을 의미한다. 즉, 상담의 중간과정은 긍정적인 변화를 촉진하고 변화를 위해 전문적인 개입을 하는 것이 특징으로, 문제해결 및 변화를 중심으로 개입과 상담전략에 변화가 요구되는 과정인 것이다. 상담초기의 관계형성은 과정 전체에 영향을 미칠 뿐 아니라 내담자가 상담과정에 지속적으로 참여하게 이끄는 힘이 되지만, 이것은 중간과정에서 본격적으로 문제해결 및 변화를 위한 개입을 시도하면서 내담자가 맞닥뜨릴 수도 있는 어려움을 버텨 낼 수 있는 힘의 자원이 될 수 있기 때문에 더욱 중요한 것이다. 그러나 지금부터는 내담자를 심리적으로 보호하기 위해 문제에 대한 접근을 늦추거나 온정적인 수용에만 집중하기보다는 내담자가 자신을 더 심층적으로 이해하고 과거의 방식보다 더 효율적인 계획을 세울 수 있도록 독려하는 등 보다 심층적이고 문제해결적인 접근이 요구되는 단계에 도달한 것이다. 따라서 중간과정에는 여기에 맞는 계획을 세우고 그에 맞는 상담기법을 활용할 것이 요구된다. 중간과정은 상담초기에 설정한 상담목표를 중심으로 내담자가 자신과 문제, 그 맥락에 대해 심층적으로 이해할 수 있는 기회를 제공하는 데 비중을 두므로 내담자의 통찰을 돕는 다양한 기술이 요구된다. 또한 긍정적인 변화를 가져오기 위해 새로운 대안을 모색하고, 실생활에서 실험적인 실천을 해 나가며 변화를 추구하는 과정이 핵심을 이루기 때문에 이를 지원할 수 있는 기술도 요구된다. 이처럼 중간단계는 변화의 추구라는 점에서 상담자와 내담자 모두에게 도전이 되는 과정인 것이다.

제 7 장

상담의 중간과정과 기법

1. 중간과정의 과제와 상담경험

1) 중간과정으로의 이행

간혹 내담자와 친밀감을 높이고 어느 정도 내담자의 문제파악에는 접근했으나 그로부터 벗어나 중간과정으로의 진입을 어려워하는 상담자들을 보게 된다. 이러한 일이 반복되는 경우 상담자는 그 원인을 파악하여 자신의 상담과정에서 극복해야 할 문제가 무엇인지 아는 것이 중요한데, 우선 다음의 두 가지 문제를 고려해 볼 수 있다.

첫 번째는 상담자가 경청과 공감을 기본으로 초기과제를 잘 수행하였고, 내담자도 존중받고 이해받는 경험을 하였으나 심층적인 접근을 하기 위해 도전하는 것에 대해 주저하는 자신을 느끼며, 내담자도 방어하는 등

이러한 변화를 받아들이기 어려워하는 경우이다. 이런 경우 상담은 몇 회기 동안 제자리걸음이고 다소 지루해지기 시작한다. 이때 생각해 볼 수 있는 문제는 상담초기에 이룬 내담자와의 관계형성이 상담자에 대한 의존심이나 친밀함에 기반하여 이 외에 상담 고유의 목적과 관련된 여타의 작업은 상대적으로 소홀했던 탓일 수 있다. 즉, 상담자와 내담자는 친밀감을 유지하는 데 집중하고, 과제해결을 위해서 서로 호의적인 반응을 넘어서는 모험을 꺼리고 있을 수 있다. 이런 경우라면 목표와 계획을 중심으로 구조화를 다시 하고 상담관계를 재정립할 필요가 있다.

두 번째 생각해 볼 수 있는 문제는 중간과정의 작업에 대한 지식 및 훈련이 부족해서일 수 있다. 사실 초보상담자들이 상담초기에 이루어야 하는 주요 과제들, 즉 내담자와의 관계형성, 내담자의 문제파악, 상담구조화를 위해 다양한 기술을 익히는 데만 해도 많은 시일이 요구되기 때문에 상대적으로 중간과정의 기술에 대해서는 충분한 훈련을 받지 못한 채 실무에 투입되는 경우가 많다. 실제 내담자의 문제해결 및 변화에 초점을 맞추어서 상담성과를 가져오는 시기는 중간과정이므로 상담자는 이에 대한 중요성을 인식하고, 중간단계의 과제 및 기법에 대한 훈련에 많은 노력을 기울여야 한다.

2) 중간과정에서의 상담경험

초기에 상담자는 내담자와 내담자의 당면문제에 대해 포괄적으로 이해하고 이를 해결하기 위한 상담목표 및 계획을 수립하지만 이는 고정된 것이기보다 추가되는 정보에 의해 수정 · 보완될 수 있는 것임을 강조해 왔다. 그리고 상담목표가 설정되면 상담의 초점을 어디에 두어야 하는지도 정해져 상담자와 내담자는 관련 주제로 대화를 나누게 된다. 예를 들어, "오늘은 어떤 얘기부터 해 볼까요?"라는 상담자의 말머리가 막연하게 '어떤 얘기'가 아닌, "당신은 원가족들과 어떻게 관계설정을 하는 게 좋을지 답을 찾고 싶어 합니다. 그와 관련해서 어떤 얘기부터 해 볼까요?'와 같이 주제중심의 초점화된 의미를 띠고 있는 것이다. 중간과정이 되었을 때 어떤 내담자는 굳이 시작하는 말을 필요로 하지 않는다. 자신이 무슨 얘기를 하는 것이 도움이 될지 잘 알고 있기 때문에 "제가 지난 주 어머니랑 단둘이 이야기할 기회가 있었어요."라며 적절한 부분에 초점을 맞추어 스스로 이야기를 시작한다. 이처럼 중간과정 동안 상담자와 내담자는 보다 협력적이 되어 상담을 진행해 가며 문제해결 및 긍정적인 변화를 이루어 가지만, 동시에 중간과정은 변화가 쉽지 않은 부분에 봉착하면서 방어, 저항이 나타나 이를 극복해야 하는 도전적인 과정이기도 하다.

다음은 중간과정이 성공적으로 이루어질 경우 일반적으로 상담자와 내담자가 경험하게 되는 몇 가지 과정과 경험에 대해 기술한 것으로, 여기에는 중간과정에서의 과제가 무엇인지에 대한 설명도 포함되어 있다.

첫째, 있는 그대로 진솔한 내담자의 내면세계와 접촉하기 위해 더 깊은 탐색의 기회를 제공하고 이로써 내담자는 의미 있고 새로운 통찰경험을 갖게 된다.

초기과정을 거치면서 내담자는 점점 더 개방적이 되고, 상담자는 내담자가 자신을 이해하는 데 도움이 되는 부분에 초점을 맞춰 더 깊은 탐색과 통찰을 촉진한다. 이러한 부분은 내담자가 지금까지 부인하고 회피해 왔던 부분일 수도 있어서 방어나 저항이 나타나기도 하지만 상담자는 이를 알아차리고 개방하도록 용기를 주고 보다 깊은 탐색을 촉진하는 역할을 한다. 즉, 중간과정에서 내담자는 더 깊은 탐색과 개방, 풍부한 감정의 해소 및 새로운 통찰을 경험한다.

둘째, 상담자와 내담자는 변화의 필요성에 공감하고 이를 위한 새로운 대안을 발굴하고 실천하는 작업을 진행한다.

즉, 상담자와 내담자는 지금까지 사용해 온 낡은 행동방식이나 문제해결방법을 넘어서 보다 효율적이고 현실적인 방법이 무엇인지 발굴하는 작업을 공동 모색하고 가능한 범위 내에서 이를 실천할 수 있는 구체적인 장면과 방법을 의논한다. 필요하면 내담자를 연습시키고 도움이 되는 과제를 주는 등 상담실 밖에서의 실천을 구체화하는 기회를 갖는다.

셋째, 상담자는 자신이 발견한 내담자의 감정, 사고, 행동양식의 특징에 따라 필요한 부분에 개입기술을 활용하며, 이때 각 접근에서의 상담기술이 활용되기도 한다.

또한 내담자 각자가 갖고 있는 강점과 지금까지의 성공경험 및 효능감을 문제해결에 활용할 계획을 세운다. 중간과정에서 상담자는 보다 적극적으로 내담자의 변화에 목적을 둔 개입을 하며 이러한 개입은 상담자의 전문성에 따라 각기 다른 방식으로 계획된다.

넷째, 내담자는 자신과 중요한 타인들 그리고 주변 환경에 대한 보다 깊은 이해를 바탕으로 변화에 대한 동기와 자신감을 갖게 되며, 상담자는 내담자가 자신의 선택과 결정에 대해 책임감을 갖도록 자율적인 선택을 강조한다.

상담자는 초기에서보다 적극적이고 때로는 도전적인 개입을 하지만 모든 선택과 결정은 내담자 자신의 것임을 잊지 않는다. 즉, 상담의 일반적인 목표 중 하나인 자율성과 책임감이 내재된 상담과정이 되게 한다.

다섯째, 중간과정에서 내담자는 어느 정도 감정이 해소되고 자신에 대한 이해의 폭이 넓어지면서 사고나 감정의 경직성에서 벗어나 융통성을 나타내 보이는데, 상담자는 이를 격려함으로써 내담자의 변화를 촉진한다.

내담자는 상담자가 구체적으로 관심을 갖고 다룬 문제를 넘어서 작지만 새로운 통찰과 행동시도를 경험하고 오기도 한다. 예를 들어, 이전에는 가볍게 보고 넘기던 일상사를 통해서도 새로운 통찰을 경험하고, 또 어떤 내담자는 지금까지 이야기 속에 등장조차 하지 않았던 어떤 사람과의 화해를 시도한 후 예상치 않았던 의미 있는 경험을 하고 온다. 상담자는 내담자가 단지 상담 장면에서 다룬 내용에만 의존하지 않고 나름으로 더 많은 해결방법을 찾아 나가는 자기지도력을 허용하고 격려한다.

여섯째, 중간과정이 끝날 때쯤 내담자는 과거 자신을 붙잡고 있던 문제에서 벗어나 다른 주제로 옮겨 가고, 정서적으로도 여유가 생겼음을 느낀다.

상담으로 이끈 문제가 해결 또는 완화되었거나 내담자 자신의 관점이나 태도가 변화되었음을 느낄 뿐 아니라 자신에게 새로운 문제해결력이 생겼음을 경험할 수 있다. 성공적인 상담에서 내담자는 이전보다 정서적으로 안정되고 건강해지고 더 나아가 심리적으로 보다 성숙해진 자기 모습을 발견한다. 상담자와 내담자 모두 내담자의 이러한 변화를 감지하고 확인했을 때 종결에 대해 논의하게 된다.

2. 중간과정의 주요 기법

중간과정에도 지속적으로 상담의 기본 기법들을 사용해서 면담을 진행하지만 초기에는 잘 사용하지 않던 몇 가지 기법이 중요한 역할을 하게 된다. 즉, 상담자는 내담자의 자각 및 통찰을 돕기 위해 직면, 해석, 즉시성 등의 방법을 사용하고, 내담자의 정서적 체험 및 해소를 위해 꿈 작업이나 빈 의자 기법 등을 사용할 수도 있다. 이러한 기법들이 잘 작동될 수도 있지만 상담자의 의도와는 달리 내담자의 저항에 부딪힐 때도 있는데, 상담자는 이러한 도전적인 기법의 사용에 신중할 뿐 아니라 내담자의 저항에 대해 그 의미를 알아차리고 이를 해결해 나가야 한다. 또한 내담자가 새로운 행동을 실천해 볼 수 있는 기회를 마련하기 위해서는 역할연습, 행동계획 수립, 주장훈련 등 다양한 행동기법을 활용할 수도 있고, 핵심적 신념과 그 신념으로부터 파생된 자동적 사고 또는 왜곡된 사고를 점검하면서 보다 객관적 관점을 갖도록 도울 수도 있다. 또 특정 이론에 기반한 상담을 지향하는 상담자는 그 이론에서의 기법을 주로 사용할 것이다.

독자들은 앞서 대표적인 상담이론과 그 이론들이 제시한 상담의 과정과 다양하고 많은 기법을 접해 왔을 것이다. 〈표 7-1〉은 대표적인 이론별 기법들을 정리해 놓은 것으로, 상담의 실제를 위해 요구되는 것은 이러한 기법들을 능숙하게 활용할 수 있는 훈련과 숙달이다. 그러한 훈련은 상담수련과정뿐만 아니라 상담전문가라면 누구에게나 평생의 학습과정이 될 수 있다.

여기서는 우선 중간과정에서의 질문과 정서 다루기에 대해 설명하고, 일반적으로 중간과정에서 많이 활용하는 대표적인 기술 몇 가지를 소개하고자 한다. 이러한 기법들은 내담자의 자기이해와 변화를 촉진하는 데 효과적인 것으로 알려진 것들이다. 또한 다소 특수한 기법이지만 내담자 문제의 특수성에 따라 적용 가능한 행동적 · 인지적 기법 몇 가지를 소개하고자 한다.

표 7-1 대표적인 이론별 기법들*

정신역동적		인본주의적			행동주의적	인지행동적	
정신분석학	개인심리학	인간중심상담	실존치료	형태치료	행동주의	인지행동치료	현실치료
S. Freud	A. Adler	C. Rogers	R. May, I. D. Yalom, V. Frankle	F. Perls	B. F. Skinner, I. Pavlov, A. Bandura	A. Ellis, A. Beck	W. Glasser
자유연상, 꿈분석, 저항분석, 전이분석, 해석	심리역동(초기 기억회상, 가족 구성 및 형제서열) 및 생활양식 탐색, 단추 누르기, 수프에 침 뱉기, '마치 ~인 것처럼' 행동하기, 역설기법, 격려	상담자의 기본 태도(일치성, 무조건 긍정적 존중, 공감적 이해) 및 심리적 접촉의 중요성, 경청, 감정반영, 재진술, 명료화, 비방향성(내담자에게 주도권 주기!, 열린 질문	인간의 기본 조건(죽음, 자유와 책임, 고립, 의미의 추구 등)에 대한 인식과 직면, 삶의 방향에 대한 선택과 책임의 강조, 격려	자각의 증가와 지금 여기에서의 경험에 대한 이해 돕기: 빈 의자 기법, 신체적 자각, 움직임이나 표현의 과장연습, 감정의 지속, 꿈 작업	행동수정, 체계적 둔감화, 노출과 홍수법, 사회적 기술훈련, 모델링, 역할연습, 자기조절, 자기지시, 주장훈련	A-B-C-D-E-F 분석, 소크라테스식 문답, 비합리적 신념 논박하기, 논리적 오류 발견하기, 자동적 사고 다루기, 심상적 기법, 과제 주기	W-D-E-P: 바람(Want)-행동(Doing)-평가(Evaluating)-계획(Planning), 성공적인 계획 세우기, 책임의 강조

* 상담심리이론은 현재 400여 개 이상에 이른다고 한다. 이 표는 상담심리학이론 기본 교재에 공통적으로 포함되어 있는 이론들을 중심으로 작성하였다. 따라서 상담심리학을 전공한 독자들이라면 대부분 이러한 이론들에 대한 선행학습과정이 있었을 것이다.

1) 중간과정에서의 질문

중간과정에도 초기에 사용했던 기본적인 상담기술들이 지속적으로 사용된다. 내담자와의 대화에서 경청, 재진술, 감정반영, 공감, 질문 등은 존중과 수용, 공감을 전달하는 기본적인 대화기술이기 때문이다. 그러나 같은 기술도 상담자가 어떤 의도로 어떻게 사용하느냐에 따라 차이가 있을 수 있다. 그중 대표적인 것이 질문이다.

질문방법에는 차이가 없지만, 그 질문이 추구하는 바와 깊이가 다를 수 있고, 질문으로 탐색하고자 하는 주제에 머무는 시간이 다를 수 있다. 초기에는 기본적인 정보를 구하기 위해 질문하고 그로부터 얻은 정보를 연결해서 내담자에 대한 전반적인 그림을 그리는 데 반해, 중간과정에서는 상담자가 의미가 있을 것으로 판단한 지점에 머물면서 내담자의 내면으로 더 깊이 접근하기 위해 수직적인 방향으로 들어가는 질문을 던진다.

앞의 사례개념화 연습에서 예시했던 30대 초반 직장여성(제6장의 상담목표와 상담계획의 예시 부분 참조)과의 상담내용을 예로 들어 초기와 중기의 차이를 살펴보면 다음과 같다.

[초기과정]

내1: 저는 제가 잘못한 게 없다고 당당하게 말했는데 선배와 다른 친구들이 모두 한패라도 된 듯 그 친구를 두둔하고 나선 거예요.

상1: 모두 그 친구를 두둔하고 나서는 게 이해가 안 돼서 당황스러웠겠어요.

내2: 제가 모르는 다른 일이 있었던 것만 같았어요. 나만 바보 된 느낌?

상2: 나만 모르는 어떤 일이 그들을 한편으로 만들었다는 생각이 들었고 그들에게 혼자 내몰린 느낌이 들어 많이 외로웠겠어요.

내3: (힘없는 목소리로) 정말 그 장면이 이해가 안 돼요.

상3: 지금도 이해가 안 될 정도로 분위기가 낯설었군요.

상담자는 내담자를 따라가면서 감정반영을 하거나 공감하고, 내담자는 그에 힘입어 자신의 경험과 그때의 느낌을 솔직하게 드러내고 있다. 상담자는 내담자가 기대했던 것과는 다르게 행동한 동료들의 반응으로 혼란스러워 위축되고, 정서적으로 외로웠음을 이해했다. 그러나 내담자가 동료들의 반응을 전혀 예상하지 못한 점이나, 동료들의 반응에 쉽게 혼란되어 다른 배경이 있을지도 모른다고 언급한 것에 대해서는 깊이 다루지 않으면서 우선 내담자가 처해 있는 전반적인 상황이나 경험을 듣고 있는 중이다.

다음은 같은 사례의 중간과정 중 일부를 발췌한 것이다.

[중간과정]

내1: 화해하려고 마음먹고 나갔는데 이번에도 벽에 부딪힌 느낌만 들고 앞으로 나갈 수가 없었어요.

상1: 벽에 부딪힌 느낌, 그게 어떤 느낌인지 더 자세히 얘기해 줄 수 있나요?

내2: 그들이 다른 세계 사람들 같았어요. 이미 저랑 말이 안 통하는 사람들처럼 이해가 안 되고 계속 저를 몰아가는 느낌이에요.

상2: 저런, 이해도 안 될뿐더러 (아무개) 씨를 몰아가는 느낌이었네요. 그 몰아 가는 느낌에 집중해 보세요. (잠시 후) 그 느낌이 지금도 느껴지나요?

내3: (짧은 침묵) 네, 답답해요. (눈시울이 붉어진다. 그 느낌에 잠시 머물도록 상담자도 침묵하며 기다려 준다.) 음… 자기네들은 나와 잘해 보겠다고 하는데 저는 그게 와닿질 않아요. (슬픈 표정, 작은 목소리)

상3: 잘해 보겠다고 하면서… 그들이 어떻게 했는데요?

내4: 결국은 제 비난인 거죠.

상4: 그렇군요. 그들이 비난하는 걸로 들려서 와닿질 않네요. (네, 비난인 거죠.) 어떤 부분이 비난으로 들렸나요?

내5: 사실 구체적으로 기억나는 얘기도 없어요. 어쨌든 그들을 만나자마자 그런 분위기가 확 와서 닿았어요.

상5: 아, 분위기가 (아무개) 씨에게 호의적으로 느껴지지 않아 만나자마자 그 자리가 불편하게 느껴졌군요. 혹시 그들과 만나기 전 그들이 이랬으면 좋겠다는 기대가 있었나 하는 생각도 드는데 어떠세요?

상담자는 자신의 기대(이래야 한다)와 다른 그림으로 느껴지는 동료들의 반응을 접하게 될 때 자동적으로 그것을 비난과 거부로 판단하며 일찌감치 철수하는 내담자의 패턴을 가정하고 이를 확인하고자 시도하고 있다. 상담자는 내담자의 경험과 지각을 존중하면서 내담자가 당시 상황을 촘촘하게 볼 수 있도록 이끌고 있는 중이다. 경청, 반복, 감정반영, 공감기법을 사용한 선(先)반응을 하고 내담자의 내면적 경험에 접근하기 위한 질문을 하고 있다.

2) 중간과정에서의 정서 다루기

내담자의 정서를 다루는 것이 내담자의 자기이해 및 긍정적인 변화에 중요한 역할을 한다는 것에 대해서는 제3장(공감)에서 다룬 바 있다. 내담자는 상담과정 내내 정서적 체험을 하고 상담자는 이를 민감하게 알아차리고 그에 맞는 적절한 반응을 하고자 노력한다. 그런데 초기에 비해 중간과정에는 몇 가지 이유로 내담자가 더 자주 그리고 더 강하게 정서적 체험을 한다. 이는 상담자와 라포가 형성되고 상담을 안전하게 지각하면서 내담자가 이전보다 더 깊은 정서와 접촉하고 개방하게 된 결과로 나타나는 현상이다. 또 다른 이유는 상담과정을 통해 내담자가 작은 통찰을 이루어 가는 과정에서 정서에 대한 자각이 커지기 때문이다. 또한 중간과정에는 상담자가 정서를 다루는 방법에 차이가 있기 때문이다. 즉, 초기과정에는 내담자의 주된 정서를 알아차리거나 정서와 연결된 지점을 확인하는 수준의 탐색을 하는 반면, 중간과정에서는 내담자의 정서적 체험과 깊은 연관이 있는 지점에 머물면서 정서적인 개입을 한 결과 내담자의 감정자각의 폭과 깊이가 커지기 때문이다.

해크니와 코미어(Hackney & Cormier, 2001)가 제시한 정서적 개입의 목표를 적용하여 그 개입의 방향을 설명하면 다음과 같다. 즉, 상담자가 내담자의 정서를 다루면서 첫째, 내담자가 자신의 감정이나 감정상태(feeling or feeling state)에 대해 표현하도록 돕고, 둘째, 내담자로 하여금 자신의 감정이나 감정상태를 확인하거나 구분하도록 돕고, 셋째, 감정이나 감정상태를 변화시키거나 받아들이도록 자기결정을 돕고, 넷째, 경우에 따라서는 감정이나 감정상태를 담아 두도록 돕는다. 요약하면, 자신의 감정이나 감정상태를 표현하기, 자각하고 구분하기, 변화시키거나 받아들이는 결정, 경우에 따라서는 담아두기를 돕는 것이다.

3) 피드백

피드백(feedback)은 내담자의 행동이나 태도에 대해 상담자가 지각한 것을 명확하고, 구체적이고, 간결하고, 적절한 방법으로 전달하는 것이다(Gladding, 2011). 우리는 누구나 내가 잘 알지 못하는 자신의 모습을 갖고 있고, 이러한 내 모습은 나 혼자 모니터링하기 어렵기 때문에 다른 사람의 피드백을 통해서만 알 수 있는 모습이다(Luft, 1970). 상담 장면에서의 피드백은 상담자가 내담자의 거울이 되어 내담자가 잘 알지 못하지만 그 부분을 자각했을 때 관계에 도움이 되는 부분을 조명해 주는 것이다.

사례 1

"지난 주 우울한 얘기로 끝이 나서 그동안 어땠는지 궁금했어요. *그런데 오늘 A는 계속 상담과는 무관해 보이는 주변 얘기만 하고 있어요. 자신이 그렇게 하고 있다는 것을 알고 있나요?"* (즉시성)

사례 2

"아빠가 M 얘기를 끊지 않고 들으신 건 M의 태도와 솔직함 때문일 거예요. 특히 아빠의 말씀을 끝까지 듣고 자신의 입장을 전달해 드린 게 도움이 됐을 것 같은데 M 생각은 어떤가요?"

사례 3

상1: 조금 전 이야기를 나누며 (아무개) 씨가 알면 도움이 될 것 같은 모습을 확인했는데 그 얘기를 전달해도 될까요?

내1: 뭐… 뭔데요? 네, 말씀해 주세요.

상2: *조금 전 나한테 설명하면서 지은 표정과 목소리가 엄청 강렬했어요. (아무개) 씨가 잘 모르는 표정일 수도 있겠다는 생각이 들었어요. 가끔 자신을 주장하고 싶을 때 그런 표정이 나타나던데, 경우에 따라서는 상대방에게 공격적으로 느껴져서 거부감을 줄 수도 있겠다는 생각이 들었어요. 사실 내용이 그렇게 심각한 것도 아니었고요.*

내2: 음… 맞는 말씀 같아요. 그러고 보니까 지난번 친구가 "너는 항상 네가 옳다는 것을 전제로 말하는 것 같아."라고 했던 말이 생각나요. 그 친구가 제 표정을 그렇게 느낀 것 아닐까 하는 생각이 드네요.

상3: 내 말을 금방 받아 줘서 고마워요. 힘만 빼면 더 잘 전달될 것 같아서 알려 주고 싶었어요.

내3: 제가 말을 하다 보니 너무 힘이 들어갔나 봐요. 평소 제 의견을 말할 때 분명하게 말하려는 건 아는데 목소리나 표정까지 그런 건 잘 몰랐어요. 싸우는 것도 아닌데 강한 말투와 표정으로 대하면 상대는 불편할 수도 있을 거예요.

마지막 사례에서의 피드백은 이미 공유된 상담목표(예: 대인관계), 그리고 상담맥락과 연결해서 전달하는 피드백으로 이해할 필요가 있다. 또한 상담자는 내담자에게 피드백을 주어도 괜찮은지 허락을 구하고 시작한다(상1). 얄롬(Yalom, 2002/2005)은 피드백을 제공할 때 먼저 내담자를 내 편으로 만들어서 상담자가 관찰한 지금 여기에서의 내용을 전달하는 것에 대해 허락을 구하라고 권하고 있다. 이 사례에서처럼 아무리 자신에게 도움이 된다 해도 자신이 모르는 부정적인 모습에 대한 피드백을 받는 것이 편하기만 한 일이 아니므로, 이런 수준의 피드백이라면 얄롬의 제안처럼 내 편이 될 만큼 충분한 신뢰를 쌓은 후 내담자의 허락을 구하고 전달하는 절차를 따르는 것이 좋을 것이다.

4) 자기개방

자기개방(self-disclosure)은 상담자가 내담자에게 도움이 될 것으로 보이는 자신의 개인적인 경험이나 감정을 개방하는 것이다. 상담자는 단순히 개인적인 친밀감을 위해서 자기개방을 하는 것이 아니라는 점에 유의해야 한다. 상담자는 내담자가 왜곡된 지각이나 사고에서 벗어날 필요가 있을 때 또는 어느 한 지점에서 벗어나기 위한 지렛대가 필요할 때 새로운 방향제시의 한 방법으로 자신의 유사한 경험을 개방할 수 있다. 또한 상담자가 유사한 경험에 대해 자기개방을 하는 것은 내담자 자신의 경험이 삶에서 보편적인 것임을 자각하는 기회가 되기 때문이다(Russell-Chapin & Ivey, 2004/2007). 상담자의 진솔한 자기개방은 전문적인 역할을 넘어서 상담자도 삶의 과제를 해결하며 살아가는 내담자와 다르지 않은 보통 사람이라는 인상과 함께 편안함과 인간적인 매력을 느끼게 하는 효과도 있다.

이러한 자기개방의 영역은 다양해서 상담자의 경력과 관련된 사항(예: 자격증, 훈련, 교육배경 등), 상담자에 관한 사적인 정보(예: 인생철학, 인생경험, 결혼생활, 자녀 수, 종교, 취미, 습관 등), 내담자 및 상담과정과 관련된 내용(예: 내담자 및 상담과정에서의 생각과 감정, 유사한 인생경험 등) 등이 포함될 수 있다. 한편, 이러한 자기개방이 의무적인 것은 아니며 내담자에게 도움이 될지를 신중하게 판단하여 사용해야 한다. 연구결과들은 자기개방을 주의해서, 드물게 사용해야 하며, 자기개방의 내용과 친밀감 수준은 주의해서 평가되어야 한다고 제안하고 있다(MacCluskie, 2010/2012). 가장 중요한 지침은 내담자와 사적인 관계형성 또는 다중관계가 상담관계에 도움이 되지 않는다는 윤리적 지침의 배경(제1장 참조)에 어긋나지 않는 것이다. 또한 상담회기 중 상담자의 모든 행동은 내담자에게 도움을 주려는 의도하에 이루어져야 한다는 원칙을 따르는 것이어야 한다. 즉, 상담자의 자기만족이 아닌 내담자를 위한 선택이어야 하며, 상담관계의 객관성을 해치지 않는 수준의 간결하고 절제된 자기개방이 효율적이다. 다음은 자기개방의 몇 가지 예이다.

사례 1

내: 저에 대해 이러쿵저러쿵 뒷말 하는 게 정말 화가 나요.

상: *저 역시 잘 알지도 못하는 사람이 뒷말을 하고 다녔다는 걸 알고 크게 화가 났던 적이 있어요. 그건 정말 불쾌한 일이죠.* (감정공유를 위한 자기개방)

사례 2

내: 대표가 전화를 하면 마지못해 (모임에) 끌려 나가곤 하는데 그러는 제 모습에 화가 나요.

상: *저도 더 이상 나가고 싶지 않은 모임이 있었는데 오랫동안 끌려 다니기보다는 솔직하게 입장표명을 하는 게 낫겠다고 결심하고 그렇게 했던 적이 있어요.* (대안제시를 위한 자기개방)

사례 3

내1: 선생님은 아들을 키워 본 일이 있으세요?

상1: *저는 아들을 키워 본 일이 없어요. 그런데 아들과 관련해서 제 경험이 중요하다고 생각하시는 건가요?* (개인정보에 대한 자기개방)

내2: 꼭 그런 건 아니겠지만, 아들을 키워 보신 분이면 더 잘 아실 것 같아서요.

상2: 아들과의 관계를 상의하고 싶으신 거군요. *상담자로서 직접적인 제 경험만 갖고 상담을 하는 건 아니니까 괜찮으시다면 더 자세한 말씀을 들어볼 수 있을까요?* (상담자의 전문성에 대한 자기개방)

사례 4 부적절한 관계를 정리하는 과정에 있는 여성 내담자

내: 다시는 돌아가지 않겠다고 버텨 왔는데 다시 그를 만난 제가 정말 미워요. 부끄럽고. … 선생님을 볼 면목이 없어서 상담에 오고 싶지 않았어요.

상: *저도 (아무개) 씨 얘기를 듣는 순간 잠시 좌절했지만* 오랫동안 의지해 오던 그로부터 벗어나는 게 힘든 일임에는 틀림이 없어요. *그리고 그 일로 (아무개) 씨가 힘들어하고 있는 걸 잘 알기 때문에 마음이 아팠어요.* 잘 돌아왔어요. *나를 믿고 다시 와 줘서 고마워요.* (상담자의 감정에 대한 자기개방)

5) 직면

직면(confrontation)은 내담자가 어느 시점에서 마주할 때 더 도움이 될 것으로 보이는 내담자의 모순과 불일치를 상담자가 드러내서 보도록 이끄는 방법이다. 직면할 대상들은, 첫째, 내담자가 인정하고 싶지 않은 감정이나 욕구 또는 현실, 둘째, 모순되는 양가감정이나 불일치, 셋째, 변화 및 변화과정에 대한 두려움으로 회피하고 있는 것들이다. 내담자가 자신의 모순에 마주하는 것에 대한 거부감이나 주저는 불안감을 일으키고, 그 불안감은 내담자의 언어, 행동, 가치 등에서의 불일치로 나타나게 된다. 상담자가 불일치의 문제를 발견하더라도 이는 내담자의 불안감으로 인한 방어, 안전감 지각에 근거하고 있는 만큼 내담자가 직면을 수용할 준비가 되었다는 판단이 섰을 때에만 이 방법을 사용한다. 상담초기에는 이러한 불일치를 발견하더라도 대부분 이를 직접 다루기보다 내담자의 현재 상태나 문제를 이해하는 정보로만 활용하고 추후 이를 다룰 수 있는 기회를 기다린다. 중간단계에 이르러 내담자에 대한 깊은 이해뿐 아니라, 상담자에 대한 내담자의 신뢰, 상담의 가치에 대한 확신이 섰을 때, 그리고 내담자가 상담과정을 통해서 어느 정도 이를 버틸 수 있는 힘을 갖게 되었다고 판단할 때에만 사용할 수 있는 방법이다. 직면을 통한 자기모순에 대한 자각은 자신에 대해 새로운 시각을 갖고 변화를 촉진시키는 데 도움이 되지만, 어떤 내담자에게는 비난이나 공격으로 지각되어 방어하고, 저항하고, 위축되게 할 수 있으며 상담관계를 위협하는 결과를 가져올 수도 있으므로 신중히 사용해야 한다.

직면은 비난하거나 수치심을 유발하는 것과는 반대로 확고하고 지지적인 것으로 전달되어야 한다(Hill, 2009/2012). 이는 상담자의 신중한 관찰의 결과이므로 내담자의 언행과 상담자의 이해에 근거하는 객관적인 내용에 기초하고, 구체적이며 간결한 내용이어야 한다. 상담자는 다음과 같은 언어구조로 직면기법을 사용할 수 있다.

- "당신은 ~라고 말하면서 ~ (행동에 대해) 하고 있네요." (말과 행동의 불일치)
- "당신이 ~라고 말하지만 ~ (표정 또는 정서) 해 보여요." (언어와 정서의 불일치)
- "당신이 ~라고 말한 것과 ~라고 말하는 것은 서로 다른 얘기 아닌가요." (진술내용 간의 불일치)
- "당신은 ~일 거라고 판단하지만, 그것과 관련해서 들려주는 얘기는 그런 판단의 근거가 되지 않는 것들로 들려요." (근거가 되는 사실과 내담자의 결론 간의 불일치)
- "당신이 ~하게 행동한 것은 당신이 ~(가치 또는 신념)라고 주장해 온 것과는 다른 것 아닌가요?" (가치와 행동 간의 불일치)

이어서 직면의 예를 들어 보면 다음과 같다.

사례 1

"신혼집이 자신에게 과분하게 좋은 곳이라고 얘기하면서도 지금 힘이 하나도 없네요. (내담자는 힘없이 시선을 아래로 향한 채 잠시 침묵한다.) 결혼준비는 빠르게 진전되고 있는데 점점 지쳐 가는 것처럼 보이는 게 단지 피곤해서인지, 아니면 상담자로서 내가 알아야 할 다른 문제가 있어서인지 궁금해요."

사례 2

"(아무개) 씨는 그들을 잃고 싶지 않고 화해를 원한다고 반복해서 말해 왔어요. 그런데 연이어 있었던 두 번의 기회에 (아무개) 씨가 한 일은 화해와는 거리가 먼 것처럼 보여요. 지난번엔 예고도 없이 약속장소에 나타나지 않았고 이번엔 상대방의 행동을 낱낱이 지적해서 그들을 화나게 했어요. (내담자가 반응할 기회를 준다. 그리고 경우에 따라서는 다음과 같이 덧붙일 수 있다.) 나는 (아무개) 씨가 정말 그들과의 관계에서 원하는 게 무엇인지 궁금해요."

사례 3

"두 아이를 똑같이 사랑하고 공평하게 대했다고 하셨습니다만, 오늘 하신 어머니 말씀 중에 이런 부분을 살펴보면 도움이 될 것 같아요. 어머니는 선물을 살 때 우선 둘째가 좋아할 색깔을 고르셨고 그걸 첫째가 먼저 집자 당황해서 소리를 지르셨어요."

6) 즉시성

즉시성(immediacy)은 상담자가 내담자 또는 상담관계에 대하여 어떻게 느끼는지 감정과 반응을 드러내어 내담자가 통찰을 얻도록 돕는 방법이다(Hill, 2009/2012). 이는 상담자의 자기개방의 한 유형이며, 문제가 되는 내용을 다루었을 때는 내담자에게 직면적인 경험이 된다. 하지만 즉시성에는 상담자와 내담자 모두가 포함되기 때문에 오직 내담자에게만 초점을 맞춘 피드백과는 다른 것이다(Hill, 2009/2012). 즉시성은 내담자가 일상적인 관계에서 겪고 있는 어려움이 상담자와의 관계에서도 나타난다는 것을 전제로 상담관계를 탐색하고 여기서 발견된 내용을 내담자와 함께 검토해 볼 목적으로 직접적이고 상호적인 대화(direct, mutual talk)를 하는 것이다(Egan, 2002). 특히 이는 작업동맹이 깨졌거나 긴장, 갈등이 나타났을 때 상담관계를 점검하고 회복시키는 데에 도움이 되는 방법이다.

이건(Egan, 2002)은 ① 전반적인 관계에 대한 즉시성, ② 지금 발생한 사건에 초점을 둔 즉시성, ③ 내담자 또는 상담관계에 대해 긍정적이거나 부정적인 진술을 포함하는 즉시성 등의 유형을 소개하고 있고, 힐(Hill, 2009/2012)은 ① 관계에 대해 질문을 해서 상담관계에 대한 느낌을 공유하도록 초대하는 것(예: "내가 방금 당신을 칭찬했을 때 어떻게 느꼈어요?"), ② 내담자에 대한 상담자 반응에 대한 진술(예: "나는 오늘 당신과 거리감을 느끼는데 당신은 어떻게 느끼는지 궁금하군요."), ③ 드러나지 않은 것을 명백하게 하는 것(예: "계속 시계를 보고 있네요. 떠나고 싶나요?"), ④ 상담자에 대한 반응을 밖에서 다른 사람과도 유사하게 하는지 알아보는 것(예: "아무도 당신을 이해하지 못하는 것에 대해 말하고 있어요. 내가 당신을 이해하지 못하는 것이 무엇인지 말해 줄 수 있나요?") 등의 유형을 제시하고 있다.

서영석 등(2013)의 연구에 참여한 우리나라 상담자들은 상담과정에 대한 언급, 상담자-내담자 관계에 대해 언급하고 표현하기, 돌보고 있음을 표현하기(예: "지금 나의 느낌은 ○○ 씨가 좀 쉬었으면 좋겠다? 진짜 너무 힘들어 보여서⋯.") 등의 즉시성을 가장 자주 사용하고 있었다. 이 연구에서 내담자들은 즉시성에 대해 생산적으로 탐색하는 경우도 있었지만 최소한으로 반응하기(적극적으로 반응하지 않고 간단히 수긍하거나 부분적으로 수긍하지만 자신의 생각을 더 발전시켜 전개하지 않거나 상담자가 언급한 내용에 집중하지 않고 다른 이야기를 꺼내는 것)를 가장 많이 나타냈고, 경미하게 저항하거나 방어하기(적극적인 탐색을 유보하거나, 그에 관해 언급을 꺼린다든지, 내담자의 생각을 말하기보다는 상담자에게 되물음)가 그다음으로 많이 나타냈다. 연구자들은 이러한 반응과 관련하여 우리의 문화적 맥락에서 자주 경험해 보지 못한 상담자의 즉시적 반응이 내담자를 당황하거나 긴장하게 했을 가능성에 대해 논의하고 있다. 그리고 내담자들이 생산적으로 탐색을 한 경우 상담자들이 사용한 즉시성은 상담과정에 대한 언급(예: "상담에서 얻었던 것, 특별히 좋았던 것이 있어요? 기억에 남는다거나?"), 즉각적인 감정표출 격려하기(예: "내가 ○○ 씨를 어떻게 생각할 거라 생각했어요?"), 외부관계와 상담관계의 유사성 도출하기(예: "여기서도 비슷한데 ○○ 씨가 딱 끊기고 자기로 들어갈 때가 좀 있어요.") 등으로 나타났다.

즉시성은 내담자의 통찰을 돕고, 상담관계에 대해 주의를 환기시키는데 도움이 되는 방법이지만 한편으로는 내담자 자신의 관계적 특징 및 상담관계에서 나타나는 행동에 대해 직면하는 것인 만큼 내담자가 이에 대해 방어하거나 저항할 가능성 또한 크다. 따라서 현시점에서 도움이 되는 적절한 개입이고, 내담자가 받아들일 수 있다는 판단이 섰을 때 신중하고 정중하게 사용해야 한다. 다음은 즉시성에 대한 이해를 돕기 위한 몇 가지 예이다.

사례 1 부모로부터 의뢰된 중학생 내담자

내담자는 통제적이고 자기중심적인 행동으로 인해 친했던 또래그룹과 갈등을 빚었고 학교에 가기 싫다고 한다. 그 그룹또래들과 어떻게 지내는지 이야기를 하던 중에 몇 명의 다른 친구들을 떠올리며 상담자의 개입에는 반응하지 않고 장시간 다른 아이들 험담만 늘어놓고 있다.

상1: *(아무개) 야, 잠깐만. 네 얘기를 듣다 보니까 너는 혼자 얘기하고 있고 나는 그냥 관객처럼 앉아서 듣고만 있게 되네.*

내1: 네? 저희 반에 이런 애들이 있고 그 애들이 얼마나 싸가지 없는지 보고하고 있는 중인데요.

상2: *사실 나는 잘 듣고 있는 중이야. 하지만 네 얘기를 들으면서 많은 생각과 느낌이 올라와도 네가 전혀 나한테 관심을 보이지 않아서 나눌 기회가 없어서 말이야. 나는 네 얘기를 듣고 싶어.*

이 사례에서 상담자는 자기가 말하고 싶은 것, 주로 관련 없는 친구들 험담만 길게 이야기하고 있는 청소년 내담자와 함께하면서 느낀 점을 전달하고 있다. 문제의 원인을 주변친구들에게서만 찾고 있지만 한편으로는 일방적이고 자기중심적인 내담자의 태도에 대해서도 살펴볼 수 있는 기회를 만들기 위해 우선은 상담자와의 소통방식에 대한 새로운 자각을 불러일으키고자 하고 있다.

사례 2 상담자를 친구처럼 대하며 어느새 반말을 하고 말투도 친근감을 나타내려고 애쓰는 남성 내담자와 여성 상담자

상1: *무슨 말씀인지 이해했습니다만, 그 이야기에 앞서서… 계속 말을 놓으시니까 당황스럽네요.*

내1: 나이도 내 또래인 것처럼 보이고 편하게 대하려고 한 건데 불편하…세요?

상2: 네, 친근하게 대하려고 그러셨군요. 우리는 상담을 위해 만났으니까 상담에 도움이 되는 관계를 잘 유지할 필요가 있어

요. 그것에 대해 조금 설명을 해도 될까요? (이어서 구조화)

상담자는 경계를 허물고 더 가까이 다가오려고 애쓰는 내담자의 행동에 대해 자각하게 하고(어쩌면 내담자는 다양한 장면에서 이러한 대인전략을 사용해 왔을지도 모른다), 효율적인 상담관계의 특징에 대해 구조화를 할 필요성을 느끼며 즉시성을 활용하고 있다.

다음은 상담자 자신이 포함된 긍정적인 진술(격려, 지지)과 부정적인 진술(도전)이 포함된 즉시성의 예이다.

사례 3

"오늘 나에게 들려준 얘기가 가슴에 쏙쏙 들어와 힘 안 들이고 (아무개)를 이해할 수 있었어요. (아무개)는 지난주와 뭐가 달랐다고 생각해요?"

사례 4

"오늘 얘기가 겉도는 것 같아 조금 답답한 느낌이에요. 정작 할 얘기를 못하고 있는 것 아닌지 궁금해요."

다음은 즉시성을 사용하였으나 내담자가 이를 즉각 받아들이지 않은 예이다.

사례 5

내담자가 자신의 얘기를 진행하다가 상담자가 더 깊이 탐색해 보기 위해 당시 감정이 어땠는지 질문을 하자 내담자는 자연스럽게 주변 얘기로 화제를 바꾸어 길게 무관한 이야기를 했고 상담자는 이를 경청하고 있었다.

상1: 그런 일이 있었군요. 그런데… 아직 제가 궁금해서 던진 질문에 대한 답은 듣지 못했어요. 그 장면에서 느낀 (아무개) 씨의 감정이 어땠는지 물었는데 얘기가 다른 쪽으로 갔네요.

내1: 그랬나요? (침묵)

상2: (아무개) 씨가 얘기해 주는 건 많은데 정작 (아무개) 자신에 대해 이야기하는 건 많지 않은 것 같아요.

내2: (피식 웃고, 살짝 굳은 표정으로) 다 제 얘기 아닐까요?

상3: 자신의 얘기를 하는 게 불편하거나 익숙하지 않아서일 수도 있어요. 저도 더 들을 수 있도록 노력해야겠네요.

내3: 글쎄 잘 모르겠네요. 저도 생각해 볼게요.

다음은 몇 회기가 지난 후 내담자의 반응이다.

내1: 지난번도 이와 같은 상황이었는데 제가 답변을 회피했던 것 같아요. 저 자신에 대해 깊이 생각하고 나누는 것에 대해 익숙하지도 않고 (피식 웃으며) 회피가 제 습관인가 봐요. 친구들하고 얘기할 때도 그렇게 하고 있는 제 모습이 보이더라고요.

상1: 잘 몰랐던 내 모습을 보는 게 편한 일은 아니죠. 그 얘기를 의미 있게 받아들이고 자기관찰까지 했다니 반가워요. 더 듣고 싶네요.

어떤 내담자는 그 즉시 상담자의 반응을 수용하는 데 어려움을 겪지만 그 내용을 자신에게 적용하기 위해서는 스스로 반추해 볼 기회와 시간이 필요하기 때문에 상담자는 오랜 시간이 지난 후에도 적절한 개입이 될 수 있을지에 대해 숙고해야 한다.

7) 해석

해석(interpretation)은 간단히 정의하면 상담자가 그동안 내담자에 대해 이해한 내용에 기초해서 내담자의 현 상황, 느낌과 행동 등의 원인과 의미에 대해 설명해 주는 것이다. 이러한 방법은 원래 정신분석에서 내담자의 이해 및 통찰을 도와 변화로 이끄는 데 목적을 두고 어린 시절의 경험과 꿈, 전이, 저항 등을 해석하는 데서부터 비롯되었으나 최근에는 이론적 경계를 넘어 널리 사용되고 있다. 힐(Hill, 2009/2012)은 해석을 내담자로 하여금 새로운 방향으로 볼 수 있도록 하기 위해, 그리고 내담자가 명백하게 진술하도록 하기 위해 상담자가 도와주는 것이라고 정의하면서, 내담자 자신이 인식한 것을 넘어서게 하고 행동이나 생각, 감정 등에 새로운 의미와 원인, 설명을 드러내 주는 개입이라고 설명하고 있다.

해석의 대상이 되는 것은 내담자가 아직 확연하게 자각하거나 명료화하지 못하지만 '일부는 의식되어' 혼란스럽고, 이에 대해 저항하고 방어하지만, 내담자의 감정, 행동, 행동패턴, 실제사건 등에 반영되어 나타나고 있는 심리작용들이다. 해석이 중간단계에서 주로 사용되는 이유 중 하나는 상담자가 해석을 제공하는 것이 도움 될 것이라는 확신을 갖게 되었고, 내담자 역시 앞서 진행되어 온 상담과정을 통해 해석을 받아들일 수 있는 준비과정을 거쳐 왔기 때문이다. 즉, 내담자의 자기이해 수준이 거의 이러한 잠재적 내용들을 인식할 수 있는 지점에 이르렀지만 한편으로는 이를 거부하고 싶은 양가감정, 또는 저항을 느끼고 있을 때, 그리고 상담자는 해석이 내담자에게 새로운 자각이나 관점을 갖게 할 것이라는 확신이 들었을 때 사용한다. 해석은 거의 수면에 올라와 드러날 듯 말듯한 상태에서 그 내용을 건져 올려 주는 것, 또는 커튼만 젖히면 확연한 그 무엇을 드러낼 수 있는 시점에 커튼을 젖혀 주는 것에 비유할 수 있다.

해석의 효과에 대해 프랭크와 프랭크(Frank & Frank, 1991)는 상담자의 적절한 설명을 통해서 내담자가 자신의 경험 및 내적 갈등에 대한 혼란스러움과 불가해한 느낌에서 벗어나 통달감, 안도감, 자기효능감이 높아지고, 이러한 통찰이 변화에 도움이 되는 것이라고 설명한다. 또한 해석이 정확했고 시기가 적절하여 내담자가 이를 받아들였다면, 내담자는 이와 관련된 정보를 추가하거나 다른 해석을 제시한다(Hill, 2009/2012). 해석의 정확성은 중요하지만 정확한 해석도 내담자에 의해 거부될 수는 있다. 내담자가 해석을 부인하면 상담자는 그 상황을 평가하고 내담자를 더 잘 이해하기 위해 탐색기술을 사용하며, 더 많은 정보를 수집한 후 재구성한 해석을 제공할 수 있다(Hill, 2009/2012).

내담자가 해석을 거부하거나 혼란스러워할 때는 내담자의 준비상태에 비해 너무 이른 해석이거나 내담자의 저항이나 방어에 부딪혔을 가능성, 그리고 해석이 정확했는가를 다시 살펴보아야 한다. 이러한 문제를 사전에 예방하는 방법은 상담자가 내담자에 대해 더 빠른 인식에 도달한 상태일지라도 가능한 한 내담자 스스로 자신에 대해 통찰할 수 있는 기회를 충분히 제공하는 것이다. 즉, 서서히 해석주제에 접근해 감으로써 내담자가 스스로 통찰에 이르게 하는 것이 우선이지만, 상담자가 해석을 제공할 때도 탐색적 접근으로 서서히 해석할 주제에 접근한 후 적절한 시점에 해석을 제공하는 것이다. 해석내용은 상담자가 확신을 갖고 직접적인 언급(예: ~인 것으로 보입니다)으로 전달할 수도 있지만, 가설적인 진술 또는 질문의 형태(예: ~일 수도 있습니다, ~가 아닐까요?)로 전달해서 내담자가 이를 확언하는 방법을 취하기도 한다.

다음은 몇 가지 해석반응의 예이다.

사례 30대 여성 직장인 A

내담자 A는 평소 가까우면서도 묘하게 부정적으로 신경이 쓰이는 B를 TFT에서 만났다. 이 TFT는 우수사원들을 선출한 모임이어서 A에게 자부심을 느끼게 했는데 정작 B가 나타나면서 의아했고 기분이 좋지 않았다고 한다. 프로젝트가 끝난 후 B가 친한 동료들이 함께한 자리에서 A가 자신을 대하는 태도가 서운했다는 말을 했던 것에 대해서 이야기하는 중이다.

상1: B가 서운했다고 말하는 것이 어떻게 느껴졌나요?

내1: 황당했어요. 저도 같은 팀에 B가 있는 게 편하지만은 않았거든요. 왜냐하면 저는 공과 사가 분명한 편이거든요. 그런데 B가 처음부터 너무 친한 티를 내는 게 마음에 걸렸어요. 그래서 조금 거리를 두고 대하긴 했지만 그걸 뒤늦게 따지기까지 하다니. B가 원래 그래요.

상2: 다시 그걸 끄집어내는 게 적절치 않다는 생각에 불쾌했군요. 그러면 A는 그날 만났을 때 일하면서 불편했던 마음은 모두 잊은 상태였나요?

내2: 잊고 말고 할 것도 없이 이미 다 지나간 일인데 그 말이 나오니까 황당했죠. 그때 둘만 있었던 것도 아니고.

상3: 그 말에 화를 내게 된 건 A도 마음에 억누르고 있던 걸 건드

렸기 때문 아닐까요? (해석을 준비하기 위한 탐색적 질문) 지금도 얼굴이 붉어졌어요.

내3: 저도 모르게 화가 올라오네요. 사실 저도 편치 않았던 것 같아요. 처음부터 B가 그곳에 나타났다는 것에 마음이 편치 않았거든요.

상4: TFT에 B가 나타났다는 것 외에도 B의 어떤 면이 불편감을 주고 있는 것처럼 보이는데 그게 뭘까요? (해석을 준비하기 위한 탐색적 질문)

내4: B는 공과 사가 없어요. 그 친구는 일보다 사람들한테만 신경을 쓰는데 사람들은 그게 안 보이는 것 같아요.

상5: *B와 가까우면서도 늘 경계를 하는 건 언니한테 가졌던 감정과 유사해 보여요. B의 등장이 언니처럼 사랑이나 관심을 빼앗아 갈 것 같은 두려움을 일으켰고 그 때문에 힘들었던 게 아닐까 하는 생각이 드네요.* (가설적 해석)

내5: 음… 일단, B가 언니랑 비슷한 점이 있긴 해요. 그런데 B는 언니처럼 예쁜 얼굴도 아닌데 살살거려서 더 화가 나요.

상6: *B에 대한 감정이 A 자신을 이해하는 데 도움이 될 거 같아요. A는 언니의 영향을 많이 받는 것에 대해 이야기해 왔잖아요. B를 통해서 그 감정을 좀 더 살펴보는 건 어떨까요?* (해석의 확장을 위한 제안)

부모로부터 더 많은 사랑을 받았고, 주변에서 인기가 좋았던 언니보다 내담자가 인정을 받고 부모의 관심과 사랑을 나누어 가질 수 있었던 것은 우수한 학업성적 때문이었다. 이후 실력을 쌓는 것은 내담자에게 중요한 일이었다.

상: *업무상 A에게 처져 있었지만 사람들에겐 인기가 많았던 B가 그 TFT에 합류한 건 A에게 위협적이었을 거예요. 과거 A가 어머니를 비롯해서 다른 사람들에게 더 많은 사랑을 받았던 언니를 이길 수 있었던 건 학업성적이었어요. 그 기억과 그때의 감정이 영향을 미쳤을 수 있어요.*

내담자 A는 지인들과 만나서 이야기를 나누던 중 횡설수설 말하고 혼란스러워 난감했던 경험에 대해 말했고, 상담자는 그 시점이 지인들에게 비평을 들은 후임을 알아차렸다.

"우리가 지금까지 이야기해 온 대로 A씨는 자신이 완벽해야 한다고 생각해요. 그래서 지적이나 비평을 받아들이는 게 힘들고 혼란스러웠던 것 아닐까요? 기억해 보면 이런 경험이 처음은 아닌 것 같은데 어떠세요?"

사례 2 40대 여성

자녀가 가출하고 일탈행동을 나타내자 내담자는 자녀의 의사와는 무관하게 자녀의 해외유학을 급히 서두르고 있었고 상담자는 이러한 행동이 내담자의 불안에서 비롯된 과잉반응임을 탐색할 필요가 있다고 판단했다.

"아이의 행실문제로 유학을 급속도로 서두르시는 것과 작은 바람만 불어도 땅이 꺼질 것처럼 두렵다고 했던 말씀 간에 어떤 관련이 있는 것처럼 보이는데 어떻게 생각하시나요? 다시 말해서 아이의 행

실문제가 더 번질 경우 지금의 안정이 깨질까 봐 불안하신 것도 이유 가 아닐까 해요."

사례 3 40대 남성

내담자는 아내와의 불화, 무력감 및 우울증을 겪으면서 불행감에 빠졌고, 이러한 상황은 직장생활에까지 부정적인 영향을 미치고 있었다. 아내는 결혼식 날짜를 받아 놓은 상태에서 보다 자세하게 접하게 된 내담자의 집안사정과 분위기에 실망했고, 신혼 초부터 내담자를 멀리하면서 결혼생활이 악화되어 왔다.

"모두가 부러워하는 아내를 맞이하면서 (아무개) 씨는 아내로부터 어린 시절 그렇게 필요했던 완전한 내 편을 기대했을 거예요. 그래서 끊임없이 사랑과 관심을 졸랐지만 기대하는 걸 받을 수 없었어요."

"(아무개) 씨가 아내와의 관계를 개선하는 더 좋은 방법을 찾기보다는 분노하고, 학대하면서 무력감에 빠져드는 건 어려서부터 혼자 보낸 시간에 느꼈던 무력감이나 불안감과 관련이 있지 않을까요?"

8) 저항 다루기

상담초기부터 상담참여 및 변화에 대해서 저항하는 내담자가 있지만, 여기서는 상담과정 중 상담자의 반응에 대한 내담자의 저항(resistance)에 초점을 맞춰서 설명하고자 한다. 저항은 상담자가 내담자의 변화준비 수준보다 높은 요구를 하고 있을 때 상담관계의 불협화음을 전달하는 신호이다(Miller & Rollnick, 2002/2006). 이건(Egan, 2002)은 저항이 나타나는 구체적인 상황들에 대해서 ① 내담자가 강요당한다는 느낌이 들 때, ② 상담자가 자신의 문제에 대해 다른 관점을 제시할 때, ③ 자신의 문화적 신념, 가치 및 규범이 위협당한다고 느낄 때, 상담의 속도, 직면, 해석 등에 대한 방어로 뒤로 물러서는 것이라고 설명하고 있다. 이에 덧붙여 저항은 수동적인 동시에 적극적인 행동임을 강조한다.

내담자는 저항을 나타내는 행동적 표현을 하지만 우회적인 것이 대부분이므로 상담자는 이러한 행동표시를 알아차리고 다루어서 상담관계가 손상되지 않도록 주의를 기울여야 한다. 예를 들어, 앞에서 보다 적극적인 개입방법, 즉 피드백, 직면, 해석 등의 기법을 사용했을 때 언어로 이를 거부하는 내담자도 있지만 많은 내담자가 이러한 거부표시를 모호하게 나타내거나 우회적으로 표현하기 때문에 상담자가 민감하게 이를 알아차리지 못하는 경우가 발생할 수 있다.

내담자의 저항은 직접적인 언어적 표현 이외에도 다음과 같은 행동이나 태도로 나타날 수 있다.

- 표정, 말소리가 작아짐, 침묵 등 비언어적 메시지로 불편함을 표현한다.
- 상담약속을 잊거나 지각, 결석을 한다.
- 상호작용이 매끄럽지 않고, 중간중간 침묵하는 시간이 늘어난다.
- 상담주제와 무관한 이야기로 화제를 돌린다.
- '잘 모르겠다' '생각이 나지 않는다'고 말하며 탐색에 참여하지 않는 행동을 보인다.
- 지금 여기에 있지 않고 마음이 다른 데 있는 것처럼 거리를 둔다.
- 상징적인 꿈을 보고한다.

저항은 순조로운 상담관계에서도 나타날 수 있으므로 저항을 상담자에 대한 거부나 공격으로 받아들여 맞서거나 힘겨루기를 하지 않아야 한다. 오히려 저항을 잘 다룬다면 내담자를 더 깊이 이해하고 개입의 효율성을 점검하는 동시에 관계를 개선하는 계기로 만들 수 있다. 김계현(2002)은 상담자가 저항을 공격으로 느끼고 방어책의 한 수단으로 지시나 조언을 할 수 있는 것에 대해, 이것은 상담자가 저항에 부딪혔을 때 부적절하게 힘을 사용하는 예라고 경고한다.

내담자로부터 저항과 관련된 행동이 나타나면 상담자는 우선 자신의 상담태도와 개입방법, 그리고 상담관계의 적절성을 점검하고 필요시 개선할 수 있는 계획을 세워야 한다. 또한 내담자의 저항에 직면했을 때 그 장면에서 즉시성 반응을 활용하거나 진솔한 감정을 드러내고 저항을 수용하면서 그 이유를 탐색하기 위해 내담자의 협력을 구하는 것이 바람직하다. 필요하다면 내담자에게 직접 질문하고, 협조를 구할 수도 있다.

다음은 얄롬(Yalom, 2015/2015)의 책 『삶과 죽음 사이에 서서』에서의 한 대목으로, 내담자의 저항에 부딪힌 치료자(얄롬)가 내담자에게 협조를 구하는 대목이다(p. 88).

> "(앞부분 생략) 우리는 정말 벽에 부딪혔어요. 당신은 더 깊이 들어가는 것을 원치 않는 것 같아요. 그렇지만 나는 우리가 해야 할 일이 더 있다는 것을 확신하고 있어요. 지금은 마치 당신이 더 이상 나를 신뢰하지 않는 것처럼 보여요."
>
> "아닙니다. 그 마지막 부분은 진실이 아니에요."
>
> "그러면 무슨 일인지 이해할 수 있게 나를 도와주세요. 어떤 지점에서 우리 관계가 변했다고 느끼세요?"
>
> "그건 당신 탓이 아니에요. 보세요. 그 문제에 대해서는 내가 아직

토론할 준비가 안 된 것들이 있어요."

이 사례에서 얄롬은 내담자의 저항을 감지하고 자신이 느끼는 점을 진솔하게 드러내며 즉시성을 활용하여 내담자의 협조를 구하고 있다.

다음은 저항에 대해 상담자가 취할 수 있는 반응의 예이다. 사례 1과 사례 2는 피드백과 해석 기법 부분에서와 같은 사례이다.

사례 1 30대 여성 직장인 A

상1: 지난 주 우울한 얘기로 끝이 나서 그동안 어땠는지 궁금했어요. 그런데 오늘 A는 계속 상담과는 무관해 보이는 주변 얘기만 하고 있어요.

내1: 오늘은 별로 할 얘기가 생각나지 않아요.

상2: 그렇군요. 별로 얘기하고 싶지 않을 때도 있죠. 그런데 지난번 마지막에 얘기를 나누고 많이 우울해하며 돌아갔던 게 마음에 걸렸어요. 우연히 나온 얘기라 A도 힘겨웠을 것 같아요.

내2: (기어들어 가는 목소리로) 괜찮았어요.

싱3: 음성이나 표정은 전혀 괜찮지 않네요. 그 어려운 심정을 함께 나누면 도움이 될 것 같은데 어때요? (기다린다.)

사례 2

상1: 아이의 행실문제로 유학을 급속도로 서두르시는 것과 작은 바람만 불어도 땅이 꺼질 것처럼 두렵다고 했던 말씀 간에 어떤 관련이 있는 것처럼 보이는데 어떻게 생각하시나요?

내1: 글쎄요. (성급하고 약간 높아진 말투로) 저는 애를 위해서 지금 떠나는 게 좋을 것 같아서 서두르는 것뿐인데요.

상2: 아, 제가 너무 오버했나요?

내2: 다들 지금이 적기라고 해서 보내려고요.

상3: 네. 그렇군요. 유학에 대해 많은 정보를 구해서 결정하신 일이군요. (잠시 쉬었다가) 앞의 제 질문에 대해 약간 불편하신 것 같았는데 그런 불편함이 남아 있으면 안 될 것 같아서…. 그 질문에 대한 솔직한 심정이 궁금해요.

사례 3 세 번째 지각을 한 내담자

내1: 아, 나오는데 자꾸 옷이 마음에 안 들어서 시간이 걸렸어요.

상1: 연속 세 번째 지각을 했는데 우연은 아닐지도 모른다는 생각을 하고 있었어요. (잠시 기다린다.) 혹시 최근 상담하면서 마음에 걸리는 게 있는지 궁금해요.

내2: 음… 이게 지각과 관련된 건지는 잘 모르겠고, 좀 마음에 걸리는 게… 상담 오는 건 좋은데 나도 모르게 자꾸 우리 집안 흉을 보게 되는 게 마음이 편치 않아요. 선생님이 어떻게 보실까 부끄럽기도 하고, 가족들한테 미안하기도 하고….

상2: 가족들 얘기가 편치 않았군요. 지금까지 아무한테도 못한 얘기라고 했으니 그걸 꺼내어 들여다보는 게 쉬운 일은 아닐 거예요. 그런데다가 지난번 같은 경우엔 내가 너무 많은 걸 물어본 기억이 나네요. 솔직하게 말해 줘서 고마워요. 불편함을 내가 알아차리지 못하면 언제나 지금처럼 솔직하게 얘기해 주세요.

9) 지시 및 과제 주기

지시(directive)란 상담자가 전문적 지식과 판단을 근거로 내담자에게 도움이 되는 행동을 취하도록 제시하는 것이다. 대개는 하지 말라는 지시보다는 현재 하고 있지 않지만 필요한 행동을 하도록 주문한다. 하지 말라는 지시는 오랜 습관을 바꾸라는 주문인 경우가 많아서 실천이 어렵고 효율적이지 않다. 대부분의 경우 하던 행동을 멈추는 것보다 새로운 행동을 첨가해서 하지 말아야 할 행동의 빈도나 강도를 줄이는 게 더 쉽기 때문이다.

- 하지 말라: "담배를 끊으세요." "그 친구들을 만나지 마세요." "휴대폰 사용시간을 줄이세요."
- 하라: "새로운 취미를 찾아봅시다." "아이랑 좀 더 많은 스킨십을 해 보세요." "다른 사람에게 친절한 것처럼 자신에게도 친절을 베푸세요."

다음은 몇 가지 지시를 주는 예이다.

사례 1

(복받치는 울음을 참느라 애쓰는 내담자를 향해서)
"슬프면 참지 말고 맘껏 우세요. 울음은 솔직한 감정표현이랍니다. 여기서까지 굳이 참을 이유가 없어요."

사례 2

"더 이상 그 전화를 기다리다간 (아무개)가 말라죽을 것 같아요. 이제는 전화를 직접 걸어서 확인하고 결과가 어떻든 벗어나는 게 좋겠다는 생각인데 어떻게 생각하세요?"

사례 3

"(아무개) 씨는 병원에 가야 합니다. 정확한 의학적 판단 없이 건강문제를 추측하거나 회피하면서 걱정만 하고 있는 시간이 너무 길어요."

과제(task)는 내담자의 행동변화를 촉진하고 상담을 통해 얻은 통찰을 실생활과 연결할 목적으로, 또는 실생활에서 생생한 정보를 수집할 목적 등으로 주어질 수 있다. 지시든 과제든 현재 진행 중인 상담맥락에 적합하고 내담자가 실천할 수 있는 범위의 것이어야 한다. 필요 적절하고 상담과정이나 맥락에 맞는 과제는 과제수행에서 오는 대가나 즐거움도 크기 때문에 내담자의 수행동기를 높여 준다. 과제를 제시할 때 무조건 성공해야 한다는 부담을 주어서는 안 되겠으나 과제수행 자체가 내담자에게 성공감과 효능감을 높여 줄 수 있는 것이라면 더욱 좋다. 따라서 좋은 과제는 내담자가 조금만 노력을 기울이면 성공적으로 수행해 낼 수 있는 정도의 난이도로 구성된 것이다. 또한 상담자는 과제를 수행하는 데 필요한 방법에 대해 논의하거나 행동연습을 통해 자신감을 갖게 도와줌으로써 가능한 한 과제수행에 성공해서 그 과정에서도 긍정적인 경험을 할 수 있도록 돕는다.

필요시 일방적인 지시를 줄 수도 있지만 내담자와의 논의를 거쳐 내담자 맞춤형으로 다듬어진 지시나 과제를 주는 것이 바람직하다. 과제 주기의 나쁜 예는 뜬금없이 상담자의 일방적인 계획하에 내담자가 어리둥절해하는 과제를 안겨 주는 것이다. 이런 과제는 내담자가 잘 수행하기도 힘들 뿐 아니라 그 의미나 가치가 전달되지 않아서 성의 있게 해 올 확률도 적다.

과제 점검에 대한 상담자의 태도 또한 중요하다. 어떤 상담자는 자신이 과제를 내준 사실을 아예 잊거나 별것 아닌 듯 점검조차 하지 않는다. 또 다른 상담자는 내담자가 이를 관심 있게 다루지 않았다(해 오지 않음)는 것을 눈치채고 슬쩍 외면해 버린다. 이런 경우 상담자는 자신의 과제 주기 의도를 비롯해서 상담과정에서의 전반적인 의도 및 행동이 무계획적인 것은 아닌지 점검할 필요가 있다. 상담자가 별생각 없이 충동적으로 준 과제는 내담자도 하지 않을 가능성이 크며, 상담자도 점검에 소홀할 수 있다. 또한 상담자가 과제를 주고 점검하지 않는 경우 내담자는 상담자의 반응 하나하나에 가치를 두지 않는 등 상담과정에 손상을 초래하는 요인이 된다.

이처럼 지시나 과제는 줄 때부터 목적과 방법이 분명해야 하고, 과제를 내주었을 때는 반드시 상담자가 그 수행결과에 관심을 갖고 점검을 하여 상담과정에서 이를 활용해야 한다. 내담자가 과제를 해 오지 않은 경우, 과제를 수행하기 어려웠는지, 어떤 점이 어려웠는지, 또는 단순히 무시했는지, 잊어버렸는지 등에 대해 점검하고, 과제와 관련해서 약속이행 행동, 과제수행능력, 책임감 등에 대한 내담자의 행동을 이해하는 기회로 삼고 그에 맞는 개입을 할 수 있다. 다음은 과제 주기의 여러 가지 예이다.

사례 1

(내담자의 진로를 탐색하고 희망하는 진로에 대해 이야기를 나눴던 회기를

마치며)
"일주일 동안 (아무개) 씨가 하고 싶은 일들에 대해 정보를 확인해서 갖고 오면 좋겠네요. 그걸 갖고 현실적으로 어떤 것이 더 맞을지 함께 살펴보기로 해요. 그러한 정보는 어디서 구할 수 있는지 알고 있나요?"
(과제수행에 대한 내담자의 동의를 구하고 과제수행에 필요한 정보를 나눌 수 있다.)

사례 2 시선공포를 느끼며 교실에 들어갈 때마다 모두 자신을 쳐다보는 것 같아서 진땀이 나고 부자연스럽다고 말하는 중학생

"(아무개)만 나타나면 관심 갖고 쳐다보는 급우가 몇 명인지 직접 확인해 볼까요? 다음 주 수요일과 금요일을 정해서 교실에 들어가자마자 아이들을 둘러보고 쳐다보는 친구들을 체크해 오거나, 그런 애들이 많으면 안 쳐다보는 애들을 세어 오는 건 어떨까요?"
(교실 분위기와 상황을 점검하고 과제수행방법을 연습한다.)

사례 3 엄마에 대한 양가감정으로 혼란스러워하며 자신이 어떤 딸인지 늘 궁금하다는 내담자

"자꾸 회피하고 우회하기보다는 엄마한테 어떤 딸인지 직접 여쭤 보는 건 어때요? 다음 주까지 직접 물어볼 기회를 가질 수 있을까요?"
(내담자가 해 보겠다고 용기를 냈다면 어머니와 나눌 수 있는 직접적인 대화를 시연해 보게 하고, 부족한 부분은 행동연습으로 보완하는 도움을 준다. 또한 어떤 기회에 대화를 나눌 것인지 함께 현실적인 점검을 하면서 실

천에 옮길 수 있는 자신감을 갖게 한다.)

과제 중에는 내담자가 통찰한 내용에 따라 새롭게 실천해 볼 필요가 있는 행동을 실생활로 옮겨 가기 위한 것도 있다. 이러한 과제는 상담자의 판단에 따라 주어질 수도 있지만 내담자 자신이 제안하고 상담자가 점검하거나 준비를 도와서 주어질 수도 있다. 예를 들면, 내담자가 행동 변화의 단계에서 다르게 행동해 보기, 화해의 손길 내밀기, 자신이 소망하던 계획 실천하기 등에 대해 자기 계획을 이야기하면, 상담자는 이를 명료화하고 구체적으로 어떻게 실천할 것인지 점검하며, 실천에 필요한 기술이나 마음가짐 등을 다룰 수 있다. 이러한 실천과정에서 장해가 될 수 있는 것이 무엇인지 확인하고 그에 대한 대처방법도 논의하고 실천해 나가도록 돕는다. 내담자는 실천결과를 상담자와 나누고 보완해야 할 점을 발견해서 재도전하거나 발전시켜 나갈 수 있고, 실천결과가 준 의미와 감동을 나누고 변화를 확대해 나갈 수 있는 방안에 대해 논의할 수 있다.

사례 4

내1: 이번 추석엔 (시)어머니를 만났을 때 좀 달라져야 하지 않을까 해요. 제 입장을 내세운 건 잘못이 아니지만 너무 일방적이고 무례했다는 생각이 들었다고 말씀드렸잖아요. 이번엔 다르게 행동해 보려고요. 어머니 말씀에 담긴 의미가 뭔지, 감정이 어떠신지 듣고 선생님이 저에게 하신 것처럼 받아들이면서 제 의견이 있으면 정중히 말씀드릴래요.

상1: 마침 추석이라 어머니와 자연스럽게 만나서 시도해 볼 수 있는 좋은 기회라는 생각이 드네요. 구체적으로 어떤 장면에서 어떻게 할지 예상되는 시나리오를 갖고 가는 것도 도움이 될 것 같은데 그것에 대해 이야기해 보는 게 어떨까요?

내2: 그렇지 않아도 선생님과 그 얘기를 나눠 보고 싶었어요. 지난번 남편과 이야기를 나눌 때도 여기서 연습했던 게 크게 도움이 되었어요. 마음이 든든하기도 했고요.

10) 변화대화

변화대화는 동기강화상담(Motivational Interviewing: MI; Miller & Rollnick, 2002/2006)[1]을 통해 소개된 개념으로, 일반 내담자들을 위해서도 이러한 개념을 응용할 수 있다. 변화대화(change talk)란 내담자가 변화가 유익한 점이나 변화하고자 하는 이유를 스스로 말하는 것이다. MI에서는 내담자의 내적 동기를 이끌어 내어 촉진할 목적을 갖고 이러한 대화를 유도하여, 변화하고 싶은 마음과 현재상태를 유지하려는 양가감정을 검토하고 변화동기를 갖도록 하는 데 목적을 둔다. 이러한 방법은 MI 개발에 초점이 된 문제행동(예: 음주습관과 같은 중독행동)의 중단이라는 분명한 목적을 갖고 있는 것이어서 자기탐색, 자기결정을 중요시하는 일반적인 상담 장면에서 지향하는 내담자중심의 비지시적 탐색과는 다소 차이가 있다. 그러나 내담자의 성장동기를 읽어 주고, 내담자가 내비치는 긍정적인 변화에 대한 욕구를 알아차려 내담자에게 되돌려 줌으로

1) MI는 음주문제, 흡연문제, 게임중독 등 중독문제 분야에서 행동변화를 유도하기 위한 방법으로 개발되었으며, 치료효과에 대한 다양한 연구결과가 출판되고 있다. 이 책에서는 MI에서 소개한 변화대화의 개념을 일반 내담자를 위한 상담에서 활용할 수 있는 방법으로 소개하는 것이므로 MI에 대한 보다 자세한 소개는 원저를 참고하기 바란다.

써 내담자 스스로도 이를 알아차리고 확장해 나가도록 돕고자 하는 것에는 공통점이 있다.

따라서 상담대화 중 내담자가 자발적으로 언급하는 변화대화[2]에 주의를 기울이고 이에 대한 내담자의 의식과 관심을 확장해서 긍정적인 변화의 방향으로 더욱 동기화되도록 촉진적인 역할을 하는 데 변화대화의 개념을 활용할 수 있다. 그러기 위해서는 우선 변화대화를 알아차려 내담자의 긍정적인 변화에 대한 내적 동기를 읽어 줄 수 있어야 한다. MI에서는 변화대화를 다음 네 가지 유형으로 나누고 있다(Miller & Rollnick, 2002/2006). 여기서는 상담현장에서 일반적으로 만날 수 있는 내담자의 변화대화를 예로 소개하고자 한다.

- 현재상태를 유지하는 데서 오는 불이익을 깨달음

  "제가 상담 안 다닌다고 하면 엄마가 또 실망하실 거예요."
  "저도 이렇게 살면 안 된다는 생각이 들 때가 있죠."
  "아내하고 매일 싸우다간 우리 가정이 깨질까 걱정입니다."

- 변화의 좋은 점에 대한 깨달음

  "제가 집에 들어가면 엄마가 감동할 거예요. 아프시지도 않고."
  "제가 육아시간을 늘리면 애들하고 더 친해질 것 같네요."
  "상담받으면 도움은 될 것 같아요. 선생님이 나쁜 말씀 하시겠어요?"

---

2) MI에서는 스스로 변화대화를 말하도록 대화를 이끌어야 하고, 이를 위해 다양한 기법(유발적 질문하기, 척도 사용하기, 결정저울 탐색하기, 좀 더 자세하게 이야기하게 하기, 극단적 질문하기, 과거 회상하기, 미래를 예상해 보기, 목표와 가치관 탐색하기 등)을 활용한다(Miller & Rollnick, 2002/2006, pp. 35, 109-116).

- 변화가능성에 대한 낙관적인 표현

  "저도 결심만 하면 잘해요."

  "중2 때도 결심하고 공부만 죽도록 해서 성적을 올린 적이 있어요."

  "어렵지만 노력하면 할 수 있을 것 같거든요."

- 변화의지의 표현

  "상담 오면서 도움만 된다면 한번 잘 해 보자는 마음도 있었어요."

  "계속 이렇게 살 순 없잖아요. 뭔가 해야겠지요."

  "변화가 있긴 해야 하는데 어디부터 시작해야 할지 잘 모르겠어요."

이러한 변화대화에 대한 알아차림은 공감(제3장)을 위해 성장동기를 읽어 주는 것과 유사하므로 숙련된 상담자에게는 새로운 것이 아닐 수 있다. 하지만 필자가 수퍼비전 과정에서 경험한 바에 의하면 상담자들이 내담자의 문제에만 관심을 기울이면서 이러한 내적인 성장동기를 표현하는 변화대화를 알아차리지 못하고 놓치는 경우가 많았다.

상담자가 변화대화를 알아차리고 이를 다루게 되면 내담자 역시 이를 보다 분명하게 자각하게 된다. 상담자는 더 깊은 탐색의 기회를 갖도록 돕고, 내담자가 자신이 원하는 방향으로 변화를 이루어 가도록 촉진하고 격려하는 역할을 한다. MI에서 이를 위해 추천하고 있는 방법들, 즉 변화대화의 정교화(관심 기울이기, 경청, 지속적인 탐색), 반영, 요약, 인정(affirmation) 기법 등을 사용할 수 있다. 다음은 변화대화를 발견하고 확장하는 상담대화의 한 예이다.

사례 대학진학 후 방황하며 학업 및 대학생활에 흥미를 잃었고 현재는 휴학 중에 있지만 여전히 무위도식하고 있는 자신의 삶에 대해

자괴감을 호소하는 대학생

상1: (아무개) 씨는 온통 자신이 잘못하고 있다는 얘기만 하고 있는데 사실은 우리 대학에 진학하는 것도 쉬운 일은 아니거든요. 입시준비가 만만치 않았을 것 같아요.

내1: 제가 한다 하면 잘하긴 해요. 그땐 그랬던 것 같아요.

상2: 그렇군요. 한다면 잘하는 면이 있군요. 그 얘기를 좀 더 듣고 싶어요.

내2: 지금은 그렇게 못하는 게 문제죠.

상3: 그땐 어떻게 했는지 얘기해 줄 수 있을까요?

내3: 좋은 대학에 오는 게 저에겐 중요했으니까요. 형이 부모님을 힘들게 해서 저는 그러지 말아야겠다고 생각했어요. 부모님이 강요한 적은 없어요. 제가 알아서 중학교 때부터 조용히 도 닦는 기분으로 정진했죠. 그렇게 결심하고 하니까 힘든 줄도 모르겠더라고요. 고3 땐 잠도 책상 위에서 자면서 공부했어요.

상4: 우와~ 놀랍네요, 그런 치열함이 있었군요. … (잠시 침묵 후 차분하게) 그 DNA는 (아무개)에게 지금도 있을 거예요.

내4: (놀라고 어이없어 하며) DNA라고요? (한바탕 웃으며 환한 얼굴로 머리를 젖히는 등 지금까지 중 가장 큰 동작을 보인다.)

상5: 내가 용어를 잘못 사용한 건가요? (내담자는 생명공학 전공생이다.)

내5: 우리 아버지는 저보다 공부를 잘했으니까 DNA가 맞을 거예요.

상6: 그 DNA를 입증한 셈이네요.

내6: 그런가?

상7: 지금까지 공부를 소홀히 했고 놀았다는 얘기가 대부분이었는데 그 치열함이 약해진 배경에 대해서도 이야기해 볼 필요가 있을 것 같아요.

3. 자동적 사고 기록지의 활용

상담 중 보다 명백한 자동적 사고와 그로 인한 자기회의감을 보고하는 내담자를 만나는 경우가 있다. 즉, 자동적 사고가 다양한 상황에서 자주 일어나 현실파악이 어렵고 그 결과로 부정적인 감정과 부적응적인 행동을 반복하고 있는 것이다. 더욱이 비교적 정상적인 범주의 개인은 동시에 자신의 그러한 생각과 처신이 적절한 것인지에 대한 혼란스러움을 보고하는 경우도 많다. 이처럼 한 개인이 갖고 있는 부정적인 신념을 근거로 자동적으로 일어나는 생각이 객관성이나 합리적인 것이 아닐 뿐만 아니라 그 결과가 역기능적인 것일 때 근원적인 핵심신념을 파악하고 내담자와 그로 인한 자동적 사고를 직접 다루는 데 도움이 되는 방법의 하나가 자동적 사고 기록지의 활용이다. 물론 이 방법은 단순한 기법으로서의 적용 이전에 벡(Beck)의 인지행동치료에 대한 지식과 이해를 필요로 한다.

1) 핵심적 신념과 자동적 사고

"자동적 사고(automatic thoughts)란 보다 분명한 생각의 흐름이 공존하는 생각의 흐름이다."(A. Beck, 1964: J. S. Beck, 2011, p. 137에서 재인용) 즉, 자동적인 사고는 보다 분명한 생각의 흐름으로부터 비롯되는 사고로,

자신도 의식하지 못하는 가운데 자발적으로 일어나는 생각의 흐름인 것이다. 한 개인이 갖고 있는 핵심적 신념에서 파생된 자동적 사고는 다양할 수 있다. 누구나 긍정적인 것이든 부정적인 것이든 어느 정도의 자동적인 사고를 경험할 수 있지만 대상이나 상황과는 별개로 자주, 일관되게 작동하는 것이라면 그 개인은 현실을 있는 그대로 지각하는 데 어려움이 있는 것이다. 특히 부정적인 핵심적 신념과 왜곡된 자동적 사고를 가지고 있는 사람은 그로 인한 부정적인 감정과 고통을 경험하게 된다. 예를 들어 우울증 환자들은 자기 자신을 무가치하다고 보고, 미래를 비관적으로 생각하며 자기 주변에서 일어나는 일이 궁극적으로 최악의 상태가 될 것이라고 하는 왜곡된 신념을 가지고 있다(A. Beck, 1976).

사례 K 30대 직장인 K

K는 대학을 나온 후 첫 직장에서 적응이 어려워 스스로 사직을 한 일이 있고, 재취업에 성공했지만 팀 내에서 소외될까 봐 두려움을 느끼며, 동료들의 말 한마디에도 예민하고 늘 긴장하고 있는 자신을 발견했다. 학창시절 내내 자신이 사회성에 문제가 있다고 생각해 왔고 직장 적응도 불안해하면서 상담자를 찾았다. 어린 시절부터 매우 가난한 생활을 해 왔고 불화 속에서도 부부관계를 유지하고 있는 부모의 격렬한 싸움을 보며 자랐다. 형과 동생은 일찍부터 일탈된 삶을 살고 있지만 K는 지금보다는 나은 생활을 꿈꾸며 학업에 열중했다. 그러나 K는 가정환경 등 자신의 숨겨진 모습이 노출되는 게 두려워 중고시절부터 친구들이 자신에 대해 관심을 갖는 것이 두려웠고 관계는 늘 피상적이었다. 대학생 이후 원가족과는 떨어져 살고 있다.

K가 최근 병원에 갔다가 겪은 일이다. K가 가 본 적이 있는 병원의

출입문 쪽으로 가자 저쪽에서 안내인의 크고 다급한 목소리가 들려왔다. "그쪽으로 가시면 안 됩니다. 이쪽으로 오세요." 안내인은 그리 오라는 손짓을 하고 있었고, K('왜 그래? 뭐야?')가 돌아보기만 할 뿐 어정쩡하게 서 있자 더 큰 소리로 "아, 이쪽으로 오세요."라고 소리를 질렀다. K는 무슨 일인가 쳐다보는 사람들의 시선을 느끼며 창피했고, 걸음을 그쪽으로 옮기면서 화가 나기 시작했다. 다른 사람에게 안내를 하고 있는 그의 옆을 지날 때 K는 "저쪽에도 문이 있잖아요!"라고 신경질적으로 말했고 (그 다음은 혼잣말처럼, 그러나 다 들리는 소리로) "왜 소리는 지르고 난리야."라며 볼멘소리를 했다고 한다. 안내인은 "요즘은 이쪽 문 하나만 사용해서 오시라고 한 거예요."라고 굳은 표정으로 응수하고는 바쁜 듯이 고개를 획 돌렸다고 한다. K가 병원 밖을 나올 때 다른 사람과 마주서서 친절하게 안내하고 있는 그를 보면서 약간의 소외감을 느낀 것 같다고 했다. 집에 돌아온 후 그날의 해프닝에서 느꼈던 감정이 약간의 슬픔으로 길게 이어지면서, 이 불편한 감정이 무엇인지 상담자와 나누고 싶어 했다. 이전 회기에 K는 팀에 주어진 새로운 과제가 다른 동기에게 맡겨졌을 때의 서운함과 이후 주눅 든 느낌에 대해, 그리고 팀원들이 취미생활을 자랑하며 떠들 때 관심 있는 척하며 느꼈던 이질감에 대해 이야기했고, 이런 느낌들이 직장 분위기 때문인지 또는 자신의 문제인지 혼란스러워했다.

불편한 감정을 더 자세히 들여다보는 과정에서 안내인이 소리를 크게 지른 게 자신을 함부로 대한다는 느낌이었고 편하게 입고 간 옷차림이 허름해 보인 건 아닌지 병원 일을 보는 내내 신경이 쓰였다고 했다. 일련의 과정들, 즉 안내인이 소리를 지르고 함부로 대한다는 생각과 창피하고 화가 남, 그리고 혼잣말처럼 공격하는 모든 과정은 순식간에 일어났다. 상담자는 안내인이 소리를 지르자(상황) 창피하고 화가 났다(정서적 반응)는 것 외에 몸에서 긴장과 떨림을 느꼈고(신체적 반응), 안내인을 향해 신경질적이고 공격하듯 던진 한마디(행동적 반응)의 연결고리를 탐색한 뒤, 자동적 사고의 개념을 설명하고 상황과 반응 사이에 있는 자동적 사고(함부로 대한다)를 구체화하는 작업을 했다. K는 안내인이 자신을 무시해서(예: 옷차림이 허름해서?) 함부로 대한 것 아닐까 하는 생각에 화가 났음을 알아차렸고, 자신이 무시당한다는 생각이 들 때 매우 민감해지거나 위축되는 다른 예들을 기억해 냈다. 그리고 자신의 실체는 어릴 때부터 비루한 원가족의 존재를 감추느라 전전긍긍하면서 일이나 역할에만 몰두할 뿐 뒤로 물러서 있고 겨우 사교적인 대화만 하면서 거짓된 삶을 사는, 다른 친구들이 볼 때 공부는 잘하는 이상한 신비주의자였다고 털어놓았다. 실제 부모가 폭력적인 싸움을 해서 동네사람들 신고로 경찰이 달려오거나 형과 동생이 사고를 쳐서 손가락질 당하거나 불려 다닐 때마다 늘 수치와 무시를 당하는 경험이 자주 있었다고 털어놓았다. 성적은 잘 유지하고 있었지만 열등감이 많아서 누군가 자신에게 호의적이지 않을 때 쉽게 좌절하거나 적대감을 느끼며 속으로 미워하는 일이 많았고 그때마다 무시한다, 무시당했다는 생각이 올라와서 그런 것 같다고 했다.

주디스 벡(J. S. Beck, 2011)[3]은 이러한 사고의 흐름과 반응 간의 관계를 다음과 같은 인지적 흐름도로 정리하고 있다(pp. 36-37).

3) 인지치료의 창시자인 아론 벡(Aaron T. Beck)의 딸. 인지행동연구소 소장, 펜실베이니아 대학 교수.

핵심적 신념

↓

중재적 신념(규칙, 태도, 가정)

↓

상황

↓

자동적 사고

↓

반응(정서적 · 신체적 · 행동적)

이러한 흐름도를 K에게 적용하면 다음과 같은 개념화가 가능할 것이다.

핵심적 신념: "나는 수치스러운 존재다(나와 우리 가족의 삶은 수치스럽다)."

↓

중재적 신념

태도: "무시당하는 것은 끔찍한 일이다." "내 삶과 경험은 최악이다."

규칙: "무시당하지 않기 위해 늘 조심하고 노력해야 한다."

"나의 실체를 노출해서는 안 된다."

"나는 우리 가족이 보다 나은 삶을 살게 할 책임이 있다."

가정: "내가 성공해야 무시당하지 않을 것이다."

"나에 대해 많이 알수록 사람들은 나를 무시할 것이다."

↓

상황: 안내인이 소리를 지르고 명령하듯 손짓을 했다.

↓

자동적 사고: "(나한테 저렇게 행동하는 것은) 나를 무시하는 것이다."

"(옷차림 때문에) 나를 업신여기나 보다."

↓

반응

정서적: 창피함, 화가 남, 슬픔

신체적: 몸이 경직됨

행동적: 안내인에게 신경질적으로 응수하고, 볼멘소리로 소극적인 공격을 함

상담을 진행하면서 K는 과거 대학생활, 군복무 당시, 그리고 현재의 직장상황에서도 이와 유사한 생각과 감정에 휩싸이는 경험이 자주 있었다는 것을 알아차렸고, 상담자는 K의 반응들이 상황에 대해 잠시라도 검토해 본 후의 것이 아니고 거의 자동적인 것이라는 점에 초점을 맞췄다.

생각의 흐름과 공존하는 명백한 사고, 즉 K의 핵심적 신념은 자신이 수치스러운 존재라는 것이다. 이러한 핵심적 신념은 과잉일반화되어 어떤 상황에서 작동하기 시작하면 자신의 신념에 맞는 정보만 선택적으로 왜곡해서 받아들이게 된다. K는 스스로 최악이라고 생각하는 가정환경과 지금까지의 인생경험을 이해하거나 공유할 수 있는 사람은 거의 없다는 신념을 갖고 있었다. 그럼에도 대학을 마쳤고 취직을 했고 큰 비용을 치르며 상담을 받는 등 자신의 삶을 개선하기 위해 노력 중이다. 불행한 삶에서 벗어나야 한다는 의지와 노력은 삶의 원동력이 되어 K를 지켜 주는 힘이 되었다. K는 가족들의 삶이 더 나아지도록 노력할 책임이 있다는 강한 신념을 갖고 있었다.

그러나 무시당할 것에 대한 두려움과 관련된 K의 자동적 사고('나를 무시하나?')는 내담자가 현재 상황에 맞춰 반응하는 것이 아닌 자동반응으로 결국 역기능적인 결과, 즉 부적절한 정서적 · 신체적 고통과 부적절한 행동을 야기하고 있다.

2) 자동적 사고 기록지

자동적 사고 기록지는 K와 비슷한 인지-정서 간의 패턴을 보이는 내담자에게 사용할 수 있는 방법이다. 우선 이러한 기법의 사용을 위해서는 내담자와 상담자 간의 신뢰관계, 즉 내담자가 상담자의 제안을 믿고 동참하는 것이 전제되어야 한다.

자동적 사고 기록지를 사용하기 전에 상담자는 앞서 예시했던 바와 같이, 첫째, 내담자의 경험 중 특정 상황에서 비교적 반복적으로 나타나는 반응을 살펴본다. K의 경우는 상담과정에서 이야기를 나누었던 신념들과 삽화들을 연결하며 살펴볼 수 있다. 둘째, 상황과 반응 사이에서 순식간에 올라와 반응에 영향을 준 자동적 사고를 탐색하면서 자동적 사고가 부정적인 감정을 불러일으키는 역할에 대해 설명하며 그 감정은 상황에 대한 논리적 반응이기보다 자동적 사고의 결과임을 확인한다. 셋째, 내담자의 동의를 구한 뒤 자동적 사고 기록지를 사용하여 일련의 과정(상황-자동적 사고-반응)을 구체화하고 자동적 사고의 적절성 또는 논리성에 대해 검토하는 과정을 갖는다. 넷째, 자동적 사고와는 다른 대안적 사고들을 떠올려 보고 함께 검토한다. 자동적 사고는 어떤 상황에서 내담자가 순식간에 떠올린 가설과 관련이 되기 때문에 상담자는 이러한 가설이 특정 상황에 맞는 것인지 논의하면서 유사한 상황에서 잠시 멈추고 다른 가능성과 그에 따른 대안적 생각들을 제시하거나 떠올려 보도록 권유하는 것을 포함한다. 따라서 세 번째 과정은 네 번째와 묶어서 진행할 수 있다. 다섯째, 자동적 사고 기록지를 사용하여 내담자가 적극적으로 자기관찰을 하고 일상적인 경험에서 발견한 인지적 흐름과 그 결과에 대해 살펴보는 과제를 주고 그 결과를 회기 중에 함께 살펴본다. 처음에는 내담자가 자동적 사고의 타당성을 주장할 수도 있고 그러한 습관으로 회귀하는 자신의 모습에 좌절할 수도 있어서 상담자가 과제수행 결과를 함께 살펴보면서 도움을 줄 필요가 있다.

〈표 7-2〉는 K의 사례를 예시한 자동적 사고 기록지이다.

표 7-2 자동적 사고 기록지의 예

상황	자동적 사고	정서	적절한 반응/ 대안적 사고	결과
• 병원에서 안내인이 소리를 지르고 명령하듯이 손짓을 한다.	• 나를 함부로 대한다. • 나를 무시하는 것이다. 나를 업신여겼나 보다.	• 화가 남 • 불쾌함이 길게 이어짐	• 나를 다급하게 부른 이유가 있나 보다(그 이유부터 알아본다). • 안내를 하느라 목소리를 높이고 거칠게 손짓하는 습관이 몸에 배었을 수 있다.	• 약간 불쾌한 장면이긴 하지만 그럴 수 있다. • 불쾌함이 곧 사라진다.
• 동료들이 여행, 와인, 골프 등 돈 들어가는 취미를 자랑하는데 끼어들 수가 없다.	• 그들은 나와 다른 세계의 사람들이다. 그들도 그것을 알고 있다.	• 거리감 • 소외감 • 기죽은 느낌	• (관찰결과) 나 외에도 그 대화에 끼어들지 않는 동료들이 있다. • 비교대상은 한없이 많다. • 내가 이 직장에 있다는 것을 다행으로 생각하자.	• 담담함 • 용기가 생김 • 그들의 얘기에 흥미를 느끼며 들을 수 있다.
• 부장이 회식자리에서 가족들과 내 고향으로 캠핑 다녀온 얘기를 하며 내 고향과 가족에 대해 몇 가지 질문을 던진다.	• 그가 내 가족에 대해 자세히 알게 되는 것은 나에게 재앙이다.	• 극도의 긴장감 • 식은땀 • 좌불안석	• 부장은 단순히 친밀감의 표시로 고향에 관심을 보인 것일 수 있다. • 사회적 매너가 좋은 부장이 과도하게 사적인 질문을 던질 리 없는데 내가 너무 예민했다. • 몇 가지 질문에 더 편하게 답했으면 좋았을 것이다.	• 당시 긴장하고 버벅거린 것이 약간 부끄럽다. • 나도 적절하게 응수하는 사회성을 길러야겠다.

상담자와의 협동 작업을 통해 그 필요성을 인식한 내담자는 일상생활에서의 자기 모습의 관찰자가 되면서 마음에 공간과 여유를 갖고 합리적인 생각을 하고자 노력하는 태도를 보인다. 점차 자동적 사고를 논리

적 · 합리적 사고로 대체하는 기쁨을 느끼고 그러는 가운데 자신의 인지적 · 정서적 변화를 경험하게 된다. 어떤 내담자는 몇 번의 작업을 통해 자신의 비논리적인 자동적 사고가 슬며시 사라지고 자신의 감정이나 행동이 변했다는 경험을 전하기도 한다.

4. 행동계획 및 행동실천 돕기

1) 내담자의 자기지도력

내담자가 자신이 가야 할 방향에 대한 답을 찾기 시작하면 이러한 자각을 상담실 밖의 현실생활에서 실천해 보고자 하는 행동계획을 모색한다. 내담자의 행동변화가 상담자와 계획한 후에만 이루어지는 것은 아니다. 많은 내담자가 스스로 새로운 행동을 시험적으로 실천하고, 이후의 상담회기에 와서 어떤 일이 있었노라고 보고하곤 한다. 다음은 변화를 경험하고 있는 내담자가 회기 중에 보고하는 이야기이다.

사례 1

"요즘 제가 좀 적극적이 되었다고 해야 하나? 강의실에서도 좀 적극적으로 말 걸고 인사하고. (미소를 지으며) 전부터 약간 호감 가는 선배가 있었는데 제가 먼저 인사도 했어요."

사례 2

"지금도 만족스럽진 않지만 최소한 폭식은 안 해요. 뭔가 제 안에 쌓여 있는 게 먹는 걸로 해결되는 건 아니잖아요. 요즘 저를 위해서 이것저것 시도해 보는 게 재밌고, 해 보고 싶은 것도 몇 가지 생겼어요. 우선 자전거 동호회에 들어 볼까 해요."

사례 3

"제가 P(전 여자친구)에게 전화를 걸었어요. 그러는 게 좋을 것 같다는 생각이 들어서. 다행히 받더라고요. 잘 지내냐고, 너한테 부담 주려고 전화한 것 아니고, 잘 마무리 짓고 싶어서 전화했다고. 제 전화를 불편해할 것 같아서 처음엔 빨리 말했는데, 솔직하게 말하고 서두르지 않아도 되느냐고 물었더니, 괜찮으니까 편하게 말하라고 하더라고요. 헤어지면서 힘들게 한 것을 사과했어요. 내가 경험이 없어서 너한테 실수한 것 같다고, 그냥 그 말이 하고 싶었다고, 잘 지내라고. 저나 그 애나 아주 편안했어요."

이런 경우 상담자는 내담자가 새로운 행동을 실천한 것에 대해 인정해주거나, 이러한 실천의 심리적 배경을 탐색하고 행동의 결과에 대해서도 살펴본다. 그리고 행동실천에서 나타난 내담자의 통찰과 긍정적인 변화, 이에 기여하고 있는 내담자의 노력 등을 강조하면서 성과를 확대해 나가는 기회로 삼는다. 모든 내담자가 이에 속하는 것은 아니지만 많은 사람이 커다란 난관에 봉착했을 뿐만 아니라 자신이 갖고 있는 해결방식의 한계에 부딪혀 문제상황을 거의 풀 수 없을 것 같은 상태에서 상담자를 찾는다. 이런 상태에 있는 내담자들이 첫 상담에서 보여 주는 모습은 매우 무력하고 자원도 제한적인 것처럼 보인다.

필자가 초보상담자 시절 아들의 일로 최소한 1년 이상 고민하다 상담실을 찾은 어떤 내담자를 만난 적이 있다. 상담이 진행되면서 나는 아들의 일로 어쩔 줄 몰라하던 그 내담자에 대해 내가 가졌던 첫인상의 대부분이 오해였음을 깨달았다. 다행히 상담은 잘 진행되었고, 상담이 진행되면서 나는 내가 첫 만남에서 본 것은 아들의 일로 벽에 부딪혔을 때의 모습일 뿐이었고, 그녀가 얼마나 훌륭하고 배울 점이 많은 어머니인지에 새삼 놀라곤 했다. 중간과정부터 내 역할의 대부분은 그 내담자와 함께하는 것, 그리고 경청하고 공감하고 내담자가 스스로 계획하고 성취해 오는 일상적 성과에 대해 감동하고 전율을 느끼는 것뿐이었다.

첫 상담에서 접하는 내담자들의 모습이 그들의 전부라고 생각하는 것은 큰 오산이다. 지금 여기서 마주한 내담자의 모습은 단지 큰 어려움과 혼란에 빠져 있을 때의 모습일 뿐인 것이다. 상담관계가 잘 형성되어 내담자의 상담참여 동기가 높아졌다 해도 당시에는 지푸라기라도 잡고 싶을 만큼 절박하기 때문에 상담자에게 어린아이처럼 의존하고, 울부짖듯 호소하고, 자원이 제한적인 사람처럼 행동하지만, 상담이 진행되면서 감정이 해소되고, 새로운 시각을 갖기 시작하고, 정서적인 안정을 되찾으면서 그동안 억눌렸던 내적 자원이 활성화되기 시작한다. 이러한 내적 자원은 이미 내담자가 갖고 있던 것이지만 상담자가 발굴하는 데 도움을 준 결과이기도 한다. 그래서 많은 내담자가 상담과정 중에 보다 긍정적인 모습으로 변화해 가는 감동적인 모습을 볼 수 있다. 이때 상담자는 내담자 스스로 성장할 수 있는 내적인 자원을 믿고 이를 지지하며 더 많은 기회를 갖도록 격려하고 지켜봐 주어야 한다. 특히 상담의 중간단계에서 종결에 다다를 때쯤 내담자들은 더 이상 상담자에게 의존하지 않고 자신이 가야 할 방향을 정하고, 취해야 할 행동을 선택하면서 앞으로 나아가는 모습을 보인다. 사실 상담자의 가장 큰 보람은 내담자가 갖고 있던 본연의 모습 또는 자신도 미처 깨닫지 못했던 잠재력, 즉 풍부한 자기신뢰와 자기 역량을 찾아가는 데 있다.

> 학교에 잘 적응하지 못하고 학업성적도 나쁘고 친구도 없는 어떤 중학생이 있었다. 부모도 교사도 그가 지적 능력에 문제가 있을 것이라고 생각했다. 그러나 그가 상담자와 좋은 관계를 맺고 편하게 대화를 나눌 수 있게 되자, 상담자는 그가 얼마나 설득력 있게 자신의 입장이나 문제에 대해 이야기하는지에 놀라지 않을 수 없었다. 그는 말은 안 하고 있었지만 조용히 모든 상황을 관찰하고 있었고 그의 상황판단력은 놀랍도록 정확했다. 다만, 어린 나이에 부모의 부부문제 등 복잡한 주변상황에 억눌린 채 자신이 이러한 어려움을 풀어 갈 방법이 없다고 낙담하고 오랜 시간 모두가 오해할 만큼 무력한 상태로 있었을 뿐이었다. 상담자는 내담자의 입장에서 할 수 있는 일부터 하나씩 접근해 나갔고 오래지 않아 내담자는 활기 있는 중학생의 모습을 보이기 시작했다. 이에 고무된 부모와 교사도 내담자를 도와주었고, 내담자는 과거의 모습을 잊을 정도로 씩씩하고 밝은 중학생이 되었다. 그리고 무엇보나 상담자와 현실에서 대처해 나가기 위해 세운 계획을 스스로 상황에 맞게 수정해서 성공하고 온다든가, 상담자가 미처 생각하지 못한 일을 해내는 변화를 나타내었다. 내담자는 생기를 되찾았고 환경에 의존하기보다 대처하려는 용기를 갖게 된 것이다.

내담자의 내적인 힘이 활성화되기 시작하면서부터는 내담자를 믿고 밀어 주는 상담자의 태도와 격려가 필요하며, 이전 단계에서 내담자의 문제에 적극적으로 개입할 때조차 상담자는 내담자에게 이런 자원이 있다는 것에 대해 믿는 것이 중요하다. 얄롬(Yalom, 2015/2015)은 그의 저서에서 이러한 믿음에 대해 다음과 같이 기술하고 있다(p. 97).

> 내가 확실하게 알게 된 한 가지 사실은 내가 환자를 위해 순수하게 배려하는 마음으로 환경을 만들어 주면 나의 환자들은 그들이 필요로 하는 도움을 그곳에서 찾을 수 있으리라는 것이다. 때때로 나로서는 절대로 예언하거나 상상할 수조차 없을 만큼 놀라운 방법으로 그들은 자신에게 필요한 도움을 그곳에서 찾아낼 수 있을 것이라고 확신한다.

2) 행동계획과 행동연습

(1) 행동계획 세우기

상담자는 목표가 정해져 있는 행동계획 세우기에 동참하면서 내담자를 도울 수 있다. 로버와 하비(Lauver & Harvey, 1997)는 목표와 그것을 성취할 수 있는 일련의 행동들을 연결하는 행동계획 세우기 방법을 소개했다. 그들이 제안한 행동계획 세우기의 절차는 목표 확인하기, 목표에서 시작에 이르기까지 거꾸로 생각하기, 계획실천에 대한 모의 연습하기, 성공에 필요한 조건 확인하기이다. 이 네 가지 절차를 좀 더 구체적으로 설명하면 다음과 같다(pp. 144-146에서 요약발췌).

① 목표 확인하기: 결과적으로 성취하고 완수하고 생산하고자 하는 것이 무엇인지 명료화하는 것

② 거꾸로 생각하기: “어떤 행동이 목표행동에 도달 직전에 일어나야

하는가?", 그다음은 "그 직전엔 어떤 행동이 일어나야 하는가?" "그 직전엔…?" 하는 식으로 목표부터 시작지점까지 이어지는 질문을 던지고, 각 질문마다 '동사(행동언어)'를 사용해서 그 질문에 대한 답을 써 나가는 것[4]

③ 계획실천에 대한 모의 연습하기: 앞의 단계에서 목록화한 행동들을 처음부터 하나씩 모의 연습해 보는 것. 이때 바람직한 결과를 가져올 수 있을 것으로 보이는 연결된 행동이 추가로 필요하면 그 행동을 목록에 첨가한다.

④ 성공에 필요한 조건 확인하기: 성공을 위한 네 가지 결정적 조건이 확인되어야 한다. 첫째, 참여자 모두가 목표를 알아야 하고, 둘째, 필요한 자원을 활용할 수 있어야 하고, 셋째, 내담자가 계획된 행동들을 대안행동들보다 만족스럽게 여겨서 동기화되어야 하고, 넷째, 성공할 수 있다는 능력에 대한 신념이 내담자의 자기효능감으로 나타나야 한다.

이 방법을 제안한 로버와 하비는 〈표 7-3〉과 같은 행동계획표 서식을 제시하고 있다.

이러한 행동계획 세우기와 서식의 활용은 내담자가 실천하고자 하는 행동목표에 대해 섬세한 준비과정을 통해 자신감을 갖고 접근하는 데 도움이 될 수 있다. 또한 서식의 각 단계를 설정하고 각 항목을 채우면서 내담자는 자신에게 준비되어 있지 않은 부분을 확인하고 상담자는 이 부분을 보완하기 위한 도움을 주는 데도 활용할 수 있을 것이다. 이렇게 구체적인 행동목록을 설정한 후에는 역할연기 및 행동연습의 기회를 갖는 것이 도

4) 개인에 따라서는 이러한 순서와는 달리 시작지점에서 목표로 가는 순서가 더 편할 수 있다. 각 순서는 자신에게 더 잘 맞는 것을 선택할 수 있을 것이다.

움이 된다. 또한 실천과정에서 발생할 수 있는 다양한 변수를 고려하여 이에 대처할 수 있는 여러 가지 검토를 마친 후 실제에 이를 활용할 수 있다.

표 7-3 행동계획표

목표

무엇을? 폴에게 우리의 우정을 회복하기 원한다고 말하기
언제/어디서? 다음 주 전, 우리가 마주할 수 있는 곳 어디서나
어떻게 잘/얼마나 많이? 화내거나 방어하지 않고 직접적으로 내 생각과 느낌에 대해 표현하기

- 마지막 단계: 다시 친구가 되자고 하는 내 요청에 대한 폴의 반응 듣기
- 이전 단계: 폴의 눈을 쳐다보면서 친구가 되기를 원한다고 말하기
- 이전 단계: 우리의 결별에 대한 폴의 생각과 느낌에 대해 듣기
- 이전 단계: 폴에게 결별에 대한 그의 느낌에 대해 말해 달라고 요청하기
- 이전 단계: 폴에게 우리가 헤어졌을 때 내 생활 속 스트레스에 관해 그에게 결코 말한 적 없었다고 말하기
- 이전 단계: 폴에게 우리 사이의 미해결과제를 풀기 위해 만나자고 요청하기
- 이전 단계: 폴에게 함께 이야기하고 싶다고 말하기
- 이전 단계: 오늘 폴에게 전화하기
- 시작에 앞서: 폴을 진솔하게 대하자고 내 자신을 격려하는 말 하기

전제조건/가정

1. 목표: 나는 그와의 우정이 나에게 중요하다고 폴에게 말하고 싶어 하는 것을 알고 있다. 그는 내가 그에게 말한 이후에나 알게 될 것이다.
2. 자원: 나는 나의 상담자와 역할연습을 통해 말하기를 연습했다. 나는 전달하고 싶은 것을 말할 준비가 되어 있다고 느낀다.
3. 동기: 폴이 나를 다시 보기 원하지 않을지라도 가슴의 짐을 내려놓는 것만으로도 더 좋은 느낌을 갖게 될 것이다.
4. 자기효능감: 폴의 전화번호를 갖고 있고 우리 두 사람 모두 다음 주말 시간을 낼 수 있다는 것을 알고 있다.

출처: Lauver & Harvey (1997), pp. 147-148.

(2) 역할연기와 행동연습

상담자는 내담자가 취할 목표행동은 정해졌으나 이를 실천하는 데 어려움을 느끼는 내담자를 도와야 할 때가 있다. 이를 위해 적용해 볼 수 있는 방법으로는 역할연기나 행동연습이 있다. 역할연기(role playing)는 역할극이라고도 하며, ① 내담자가 회기 중에 목표행동에 맞는 역할을 시도해 보거나, ② 다른 사람의 역할을 연기하면서 그 사람의 입장과 내면에 대해 간접적인 경험을 해 보는 기회를 갖기 위한 것이다.

전자는 목표로 하는 새로운 행동을 시도하기 전에 행동의 적절성을 확인하기 위한 것이다. 상담자는 시연을 보인 내담자의 행동에 대해 적절한 피드백을 하면서 교정하고 보완할 수 있도록 도움을 주는데, 이때 보다 효율적인 행동을 돕기 위해 코칭이나 직접 시연을 해 보일 수도 있다. 상담자의 시연, 코칭, 피드백을 받으며 내담자가 행동개선을 해 나가는 과정을 행동연습(behavioral rehearsal)이라고 말한다. 또한 상담자가 시연한 행동을 본보기로 학습하는 과정에는 모델링(modeling)의 학습원리가 적용된다.

예를 들어, 직장상사에게 자신의 입장을 분명히 전달할 기회를 갖고 싶은 내담자에게는 다음과 같은 과정으로 역할연기 및 역할연습을 시도할 수 있다.

첫째, 내담자가 상사 앞에서 무엇을 어떻게 전달하고자 하는지 시연한다.

둘째, 역할을 바꾸어 내담자와 상사와의 소통과정에서 내담자 역할을 상담자가 시연하고 내담자는 상사의 반응을 시연하면서 어떤 소통이 될지 가늠해 보는 기회를 갖는다. (이 경우 상사의 반응을 전달하고 예상해 볼 수 있는 사람은 내담자이므로 상사의 역할을 맡는 것이다. "그 말을 듣고 상사는 어떻게 반응할지 상사가 되어 상사처럼 표현해 보겠어요?")

셋째, 상담자는 내담자의 자기표현에 대해 객관적인 피드백과 표현기술에 대한 조언 및 지시, 또는 직접적인 시연을 제공하면서 보다 진솔하고 설득력 있는 표현이 되도록 돕는다. ("본론을 말했을 때 전달력이 약한데 그 이유가 서론이 너무 기니까 변명을 하는 것처럼 들렸기 때문이에요. 우선 예의를 갖춰서 본론을 말하고 그 이유를 설명하면 더 나을 것 같아요.")

넷째, 내담자는 상담자의 피드백을 적용해서 자신의 표현내용 및 표현기술 그리고 목소리, 어조, 표정 등 비언어적인 표현을 교정한다.

다섯째, 내담자는 실제로 상사에게 자신의 입장을 전달한 후 상담자에게 그 결과를 보고하고 그러한 경험을 통해 학습한 내용과 새롭게 발견한 자신 및 자신의 대인관계기술 등에 대해 논의한다.

이러한 예에도 나타나 있듯이 역할연기 중에는 필요시 역할 바꾸기(role reversal)가 함께 사용된다. 역할 바꾸기는 내담자의 관점에서 다른 사람의 행동양식을 살펴보고 그 사람이 현재 다루고 있는 주제에 대해 어떤 태도와 반응을 보일지 스스로 생각해 보고 상담자에게도 보여 주기 위해서 활용된다. 역할연기 도중 특정 장면에서 주요 인물이 내담자를 어떻게 대하는지 알 필요가 있을 때 역할을 바꾸어 내담자가 그 사람으로 행동하고, 그 사람의 행동에 대해 내담자의 반응이 궁금하면 다시 내담자로 되돌아오는 것이다. 역할 바꾸기는 사이코드라마에서도 많이 사용하는 방법으로, 드라마의 주인공(protagonist)과 그 주변 사람들 및 환경 간의 상호작용을 살펴보기 위해 주인공과 보조자아(auxiliary ego)[5]가 역할을 수시로 바꾸며 역할연기를 하게 된다. 또한 역할 바꾸기는 목적에

5) 보조자아란 사이코드라마에서 자발적으로 주인공이 된 사람이 그리는 자신의 주변세계 및 내적 세계를 함께 연기하는 사람들이다. 관객 중 지원하는 사람이 그 역할에 참여할 수도 있고 전문적 훈련을 받은 보조자아들이 그 역할을 담당하기도 한다. 이들은 내담자 주변에 실재하는 주변사람들이나 내담자 고유의 다양한 자아로서의 역할을 할 수 있다.

따라 다른 사람의 역할을 해 봄으로써 새로운 생각, 느낌, 행동을 경험하고, 내담자 자신과는 다른 특징이 있는 타인에 대해 공감하는 능력을 확장하기 위한 목적으로도 활용된다(Gladding, 2011).

5. 내담자의 결정과 책임

내담자의 자율적 결정은 상담과정 내내 지켜야 할 내담자의 중대한 권리일 뿐 아니라 상담자가 지향해야 하는 윤리적 표준이지만, 결정은 중간 과정에 보다 자주 떠오르는 주제이다. 결정해야 할 과제에 직면해 있는 내담자들은 지금까지의 자기이해를 바탕으로 자신이 믿을 수 있는 전문가, 즉 상담자와 이것에 대해 다루고자 한다. 결혼, 결별, 이혼, 새 출발, 선택 등이 그러한 범주에 속한다. 이러한 주제가 나타났을 때 상담자의 선호와 판단이 어떤 결정방향으로 기울 가능성은 너무나 많기 때문에 이를 경계해야 한다.

얄롬(Yalom, 2005)은 내담자의 권리 그리고 상담자의 윤리보다는 현실적인 문제로, 상담자가 '피상적이고 우선적인 조언'을 하는 것은 뜻하지 않은 실수가 될 수 있다고 강조한다. 그는 내담자들이 자신의 결정을 지지하게 만들기 위해 왜곡된 정보를 주거나 다른 사람(상담자 등)이 결정을 내리도록 조종하는 경우에 휘말릴 가능성에 대해 경고한다. 즉, 결정에 대한 상담자의 성급한 조언은 내담자의 역할을 대신하게 되는 결과가 될 뿐 아니라 보다 더 깊이 탐색해 보아야 할 문제를 간과하는 결과가 된다. 현명한 상담자라면 내담자가 결정을 부인하는 패턴을 갖고 있거나, 외부사건이 자신을 통제한다고 느끼도록 하는 패턴(결정은 외부에 맡기고 외부통제에 대해 자기정당화를 하는 패턴), 또는 결정에 대한 저항을 갖고 있는지 살펴보고 이를 다루어야 한다는 것이다. 이렇게 무의식적으로 상담자뿐만 아니라 다른 주변사람들에 대한 의존심을 충족하기 위해 미묘하게 타인을 조종하는 패턴을 갖고 있는 내담자들에게는 이 부분이 가장 중요한 문제영역 중의 하나이기 때문에 이러한 패턴에 대한 알아차림과 담아두기는 상담자의 주요 과제이며 역할이 된다. 얄롬은 개인의 결정은 풍부한 실존영역(자유, 책임, 선택, 후회, 소망, 의지)으로 가는 왕도라고 강조한다. 상담자는 이러한 결정의 길을 내담자의 것으로 만들어 주어야 한다. 사실 이렇게 타인의 결정에 뛰어드는 실수는 상담자가 아니어도 주의해야 할 일이다.

맺는말

상담의 중간단계에서는 초기에 구축한 상담관계를 기초로 내담자에 대한 보다 심층적인 이해에 접근하고, 본격적인 문제해결 및 변화를 위한 개입을 전개해 나간다. 실질적인 변화를 모색하고 실천하는 과정이라는 점에서 보다 생산적이고 도전적인 과정이라고 할 수 있다. 앞에서 소개한 중간단계의 기법 대부분은 내담자 자신에 대한 통찰과 행동변화를 촉진하는 기회를 제공하는 것들이다. 이러한 기법들은 내담자의 감정, 사고 그리고 행동에 영향을 미쳐서 자신이 나아갈 방향을 결정하고, 새로운 행동실천으로 이끄는 원동력이 된다. 상담자는 내담자가 결정하고 나아가고자 하는 방향에 대해 존중하고 목적하는 바를 이룰 수 있도록 도움을 주면서 상담목표에 도달하는 경험을 함께 한다.

그러나 앞에서도 강조했듯이 이러한 기법들을 사용하기 위해서는 내담자와의 신뢰형성이 전제되어야 하고, 상담자가 피드백, 직면, 해석, 즉시성 등 보다 도전적인 방법을 사용할 때조차 내담자에 대한 확고한 지지를 바탕으로 하고 있다는 것이 내담자에게 전달되어야 한다. 이러한 관계는 첫 상담부터 지금까지 상담자가 보여 준 일관된 태도의 결과가 될 것이다. 그러기 위해서 중간단계에서도 내담자를 존중하고 이해하는 태도를 유지해야 하고, 경청, 수용, 재진술, 반영, 공감과 같은 기본적인 상담기술이 유용함을 잊지 않아야 한다. 우선, 내담자의 입장에 서서 수용하고 공감하라. 그러고 나서 도전적인 기법을 적절하게 사용하도록 권한다. 그러려면 중간단계의 특징과 과제를 이해하고 기법을 잘 사용할 수 있도록 많은 훈련이 요구된다.

상담과정에서는 여러 이유로 관계의 기복을 경험할 뿐 아니라 간혹 신뢰에 문제가 생기기도 하고 내담자의 저항에 부딪힐 수도 있다. 신뢰의 문제가 발생한 경우 상담자는 신뢰회복을 최우선 과제로 생각하고 이를 위해 노력해야 한다. 상담자는 잠시 진행을 멈추고 상담과정을 점검해 보거나 회기 중 지금 여기에서의 문제를 파악하기 위해 노력해야 한다. 내담자의 저항에 부딪혔을 때에도 방어하거나 내담자에게 맞서지 않고 상담과정에서 어떤 일이 일어났는지 또는 어떤 일이 진행되고 있는지 확인하고, 문제가 있는 경우 이를 개선하거나 관계를 회복하기 위해 노력해야 한다. 이러한 과정에서 무엇보다 상담자는 자신에게 진솔해야 하고 자기성찰을 게을리하지 않아야 한다. 필요하다면 내담자가 적극적으로 참여하여 현 상황을 확인하고 개선하는 데 동참할 수 있는 기회를 마련한다. 문제로부터 어느 정도 헤어 나와 새로운 시각과 자신감을 회복한 내담자는 스스로 자신을 돌볼 수 있는 힘을 발견하고, 이를 활용할 수 있는 기회를 가질 때 더욱 큰 변화를 일구어 내는 자기지도력을 발휘한다.

제 5 부

상담의 종결과정

종결의 결정 및 상담성과 다지기

제8장 상담의 종결과정

상담을 받기로 결심하고 상담자를 찾아와서 정기적인 회기를 갖고, 자신에 대해 깊이 탐색하고, 당면문제를 해결하고, 새롭고 보다 긍정적인 삶의 방식을 찾아 나서는 경험은 누구에게나 특별한 것이다. 누군가의 의뢰나 요구에 의해 상담을 시작했던 내담자에게도 상담은 특별한 만남과 경험임에 틀림없다. 또한 그 일이 무엇이든 어떤 목적을 갖고 비교적 장기적으로 관여했던 일을 마무리하는 것은 그 어떤 시작보다도 훨씬 더 의미 있으며, 그것이 성공적인 종결로 평가될 때 더욱 그러할 것이다. 상담을 마무리하는 것은 내담자뿐 아니라 상담자에게도 매우 의미 있고 소중한 경험이 된다.

종결(termination)이란 상담목표에 어느 정도 도달했다는 판단하에 상담관계를 마무리 짓고, 내담자가 상담에서 학습한 것들을 자신의 삶 속에서 스스로 적용하며 살아가도록 돕는 과정을 의미한다. 따라서 종결은 단순한 관계의 단절이 아니고 결정과 과제 그리고 이별경험이 포함되는 하나의 과정이다. 상담자는 종결에 대해 판단하고, 내담자와의 논의를 거쳐 종결시기를 결정하며, 종결을 앞두고 다루어야 할 몇 가지 과제에 초점을 맞춘 종결과정을 갖고 관계를 마무리한다. 상담자와 내담자는 관계를 일단락 지으면서 그동안의 친밀함과 의미 있는 만남을 정리하는 데서 오는 이별감정을 경험하게 되며, 특히 내담자는 상담자에게 의존해 있던 데서 벗어나 홀로서기를 해야 하는 데서 오는 불안감과 관계에 대한 상실감을 느낄 수도 있다. 이러한 감정에 성숙하게 대처하고 상담자로부터 독립하는 것 역시 이 시기의 독특한 과제인 것이다.

제 8 장

상담의 종결과정

1. 다양한 형태의 종결

가장 바람직한 종결은 상담목표에 도달했다고 판단한 후 상담자와 내담자가 합의하여 종결을 결정하는 것이다. 이러한 종결은 앞에서 살펴본 상담의 초기과정과 중간과정을 거쳐 상담의 목표에 도달해서 상담을 마무리하는 것이지만, 사실 종결은 첫 회기 이후 언제라도 맞이할 수 있다. 좁은 의미의 조기종결은 첫 회기 이후 내담자가 일방적으로 치료로부터 철수하는 것(Smith, Subich, & Kalodner, 1995)을 의미하지만, 넓은 의미의 조기종결은 상담자에 의해서도 나타날 수 있다.

실제상황에서는 종결시기가 어느 정도 정해진 채 진행되는 상담도 있다. 즉, 기관의 방침이나 여건 또는 내담자의 사정이나 요구에 의해 최대의 회기 수가 정해진 상태에서 상담을 진행하게 되는 경우이다. 예를 들어, 대학상담센터에서는 가능한 한 학기를 기본 기간으로 정해서 상담을 진행하고, 많은 공공기관에서도 단기간의 상담을 권장한다. 특별한 사례의 경우에는 회기연장이 가능한 여지를 두는 곳도 있으나 더 많은 소속원 또는 순서를 기다리는 더 많은 내담자에게 기회가 돌아가도록 배려하기 위해 대부분 회기를 제한하여 초기개입만 하는 것으로 방침을 정하고 심층적인 심리상담 또는 치료가 필요한 경우에는 외부기관으로 연계하거나 본인 스스로 기회를 확장하도록 하고 있는 것이다. 대학에서 한 학기 동안이라고 하면 16주 이내의 상담이 가능하고, 이런 경우 상담자는 정해진 회기에 맞춰 상담을 진행하고 정해진 시기에 종결을 준비한다. 여기서는 우선 어떠한 형태의 종결이 존재하는지, 그리고 각 형태의 종결과 관련해서 상담자가 고려할 사항이 무엇인지 살펴보고자 한다.

1) 외부요인에 의한 종결

상담 개시 전에는 예상치 못한 외부요인에 의해 상담관계를 끝맺어야 하는 종결이 있을 수 있다. 예를 들어, 상담관계가 끝나기 전 내담자나 상담자가 먼 곳으로 이사를 가거나 이직을 하는 경우가 이에 속한다. 이러한 경우에도 상담자는 내담자에게 도움이 되는 종결과정이 무엇인지 심사숙고해야 한다. 내담자의 사정으로 상담을 종결해야 하는 경우라도, 상담과정이 의미 있게 진행되는 중이었고 내담자가 상담자에게 크게 의존해 있었거나 애착을 느꼈던 경우 적지 않은 상실감을 경험하게 된다. 하물며 상담자의 이직이나 이사 등 상담자의 사정에 의해 종결해야 되는 경우, 이에 덧붙여 사정상 그러한 사실을 미리 내담자에게 귀띔조차 하지 않은 상황에서 갑자기 종결을 통보하는 것은 내담자에게 커다란 상실감이나 배신감을 느끼게 할 수 있다. 상담자는 가능한 한 이직을 준비하는 과정에서부터 현재 진행 중인 내담자와의 이별에 대해 세심한 배려를 해야 하고, 현재 근무 중인 기관과 조율하여 일찍부터 새로운 내담자를 받지 않는다든가 현재의 사례들을 다음 직장으로 옮겨 가는 등의 조치를 하는 것이 바람직하다. 물론 이러한 조치는 내담자의 동의가 있어야 하고, 양 기관의 방침이나 여건과도 맞아야 가능하다. 이러한 조치가 어려운 경우, 상담자는 내담자와 짧은 시간이라도 지금까지의 상담과정과 현재상황, 앞으로의 과제를 살펴보고, 다른 상담자와의 연결가능성에 대해 논의해야 하며, 내담자가 현재 심정을 충분히 표현할 수 있는 기회를 제공해야 한다. 즉, 내담자가 느낄 수 있는 충격을 최대한 완화할 수 있는 조치가 무엇인지 배려해야 한다.

2) 상담자에 의해 촉발된 조기종결

해크니와 코미어(Hackney & Cormier, 2001)는 적절한 종결시점이 아님에도 상담자가 조기종결을 촉발하는 경우가 있다고 경고한다. 그들은 상담자가 부적절한 조기종결을 서두르게 되는 심리적 배경에 대해 다음과 같이 설명하고 있다(p. 273).

> 첫째, 상담자가 관계에 대한 불편함을 해결하지 못해서, 즉 친밀감에 대한 공포 또는 강렬한 상담관계에 대한 경험부족으로 종결을 서두른다. 둘째, 상담자가 내담자에 대한 이해 및 문제에 대해 잘못 인식했거나 개념화를 잘못해서 문제를 축소한 경우이다. 셋째, 상담자가 내담자의 문제를 정확하게 개념화했으나 내담자의 문제에 압도당하여 그를 피하기 위해 종결을 서두른다.

결국은 상담자의 기술이나 경험부족, 개인적 문제에서 기인하는 종결인 셈이다. 이런 문제가 발생하지 않기 위해서 상담자는 탄탄한 수련과정을 밟아 상담자로서의 역량을 갖춘 상태에서 현장에 나가 부적절한 종결의 주체가 되지 않도록 예방에 힘써야 할 것이다. 또는 상담과정 중 내담자와의 관계에서 역전이를 극복하지 못하거나 상담진전이 이루어지지 않고 이를 극복하기 힘든 상황에서도 종결하는 경우가 있다. 이런 경우 상담자는 자신의 문제가 무엇인지 자각하고 이를 극복하기 위한 기회를 적극적으로 찾아 나서야 한다. 이러한 상담자의 문제를 발견하고 이후 개선해 나가는 과정을 검토할 수 있는 개인 수퍼비전 기회를 갖고, 필요하다면 자기분석을 받아서 상담에 지속적으로 장애가 될 수 있는 개인 문제를 해결하도록 권한다.

이 외에도 상담자는 내담자의 문제가 자신의 전문성을 넘어선다는 판단하에 적절한 상담자와 연결하면서 관계를 종결할 수 있다. 자신의 전문성에 대한 검토와 의뢰는 가능한 한 상담초기에 판단하여 이뤄지는 것이 바람직하며, 이러한 판단에 자신이 없을 때는 자신을 잘 파악하고 있는 수퍼바이저와 상의한다.

3) 내담자에 의한 조기종결

대부분의 경우 조기종결(premature termination)이라 함은 내담자에 의한 일방적 관계단절을 의미한다. 가장 이른 조기종결은 첫 회기를 마치고 다음 회기를 약속한 내담자가 두 번째 회기에 나타나지 않는 경우이다. 또는 상담자가 노력할 시간적 여유도 없이 나타나지 않는 경우로, 스미스 등(Smith et al., 1995)의 연구에서는 내담자의 변화단계(Prochaska &

DiClemente, 1982) 중 변화에 대한 숙고전단계[1]의 내담자들이 연구 참여자들 중에서 소수이기는 했지만 모두 조기종결했음을 확인하였다. 상대적으로 변화에 대한 준비단계 및 행동단계의 내담자들은 조기종결하는 경우가 나타나지 않았다고 보고했다. 즉, 조기종결은 내담자의 준비도와 관련됨을 알 수 있다.

내담자의 준비도 외에도 조기종결의 배경에는 다음과 같은 내담자 나름의 이유들이 있을 수 있다. 즉, ① 상담이 별 도움이 되지 않는다는 판단을 했을 때, ② 상담자의 개입에 강한 저항을 느낄 때, ③ 상담자로부터 적절한 대우를 못 받았다고 서운함을 느낄 때, ④ 상담과정이 진전되면서 부딪혀야 하는 자신의 모습으로부터 회피하고 싶어서, ⑤ 상담비가 부담될 때, 내담자들은 때 이르게 종결에 대해 언급하거나, 이러한 이유들을 상담자에게 개방하지 않고 약속된 회기에 나타나지 않을 수 있다.

내담자가 종결에 대해 언급하는 경우 상담자는 회피하지 않고 이를 다룰 필요가 있다.

내: 선생님, 저 상담을 지속해야 할지 생각 중이에요.
상: 그런 생각을 하는 이유가 있을 것 같은데, 그 이유가 무엇이든 듣고 싶습니다.

어떤 내담자는 이미 상담을 통해 원하던 도움을 받았다고 생각하고 그 순간 상담이 더 이상 필요하지 않을 것 같아서 임의대로 상담에 오지 않

1) 프로체스카와 디클레멘트(Prochaska & DiClemente, 1982)에 의하면 사람들의 행동변화과정에는 동기수준에 따라 숙고전단계, 숙고단계, 준비단계, 행동단계, 유지단계가 있다. 여기서 숙고전단계란 자신은 문제가 없다고 생각하거나(문제를 깨닫지 못하거나 부인하고 있는 상태) 변화를 원하지 않는 상태에 있음을 의미한다.

는 경우도 있다. 예를 들어, 오랫동안 학교에서 외톨이로 지내던 어떤 청소년 내담자는 상담이 잘 진행되어 또래들과 관계가 회복되던 중에 상담 약속을 지키지 않아 상담자가 전화를 하자, 지금 친구들과 쇼핑몰에서 놀고 있다며 친구들이 생긴 기쁨을 전달하고 있었다. 친구가 생겨 즐거움에 빠져 있는 그 청소년에게 상담은 이제 더 이상 의미가 없는 듯했다. 사실 내담자들은 대부분 상담을 지속할 때 무엇을 얻어 갈 수 있을지 잘 모른다. 따라서 '이만하면 됐어.'라고 생각하거나 더 이상 진전될 경우 직면하게 되거나 개방해야 할 내용을 회피하고 싶을 수 있다.

원인은 불분명한 채 내담자가 나타나지 않을 때 상담자들은 그 이유를 몰라 답답함을 느끼고 다양한 이유를 생각하게 되며, 특히 초보상담자는 원인을 자신의 능력문제에 귀인하고 자괴감에 빠지곤 한다. 상담자로서의 역량이나 경험부족이 원인일 수도 있지만 실제는 다양한 원인이 있을 수 있다.

이유가 무엇이든지 상담자는 내담자와의 접촉을 시도하고 가능한 한 종결이유를 상호 논의할 수 있는 기회를 갖는 것이 바람직하다. 상담초기의 내담자일수록, 즉 상담자와 아직 낯선 단계에 있을수록 오랜 회기를 경험한 내담자보다 상담 재개의 가능성이 낮다. 어떤 내담자들은 이미 결심을 굳힌 후 다시 상담회기를 갖는 것에 대해 꺼리지만 오랜 회기를 함께한 내담자라면 더욱더 종결회기를 갖고자 하는 이유에 대해 설명하고 종결회기를 제안해 볼 필요가 있다. 직접 면담을 꺼릴 경우 전화통화로라도 대화를 시도해 볼 수 있다. 내담자가 조기종결을 원한 경우라 해도 그 이유에 대해 다루지 않고 상담관계가 그냥 뚝 끊어지는 것은 양쪽 모두 불유쾌하고 오랜 상처로 남을 수 있다. 예를 들어, 내담자가 상담자의 개입에 부담을 느껴서 상담을 더 이상 받고 싶지 않은 경우, 이러한 회피적 종결은 내담자에게도 좋지 않은 기억으로 남을 것이다.

대면이든 통화로든 면담이 이루어지면 내담자에게 최대한 개방적인 자세로 그 이유에 대해 말해 줄 것을 요청하고, 내담자의 감정이나 생각, 종결하려는 이유 등을 수용하고 존중하는 가운데 청취할 기회를 갖는다. 내담자의 진솔한 자기개방은 기회가 다시 주어질 경우 상담과정에 도움이 될 뿐만 아니라 상담자가 미처 깨닫지 못했던 문제에 대해 살펴볼 수 있는 기회가 된다. 내담자가 비로소 자신을 개방했을 때 설령 그것이 상담자가 듣기에 불편한 내용일지라도 방어하지 않고, 내담자를 존중하며 경청하고, 이해하려고 노력하는 상담자의 태도는 내담자가 상담자를 다시 믿게 되는 계기가 될 수도 있다. 또한 이러한 태도는 상담관계가 결렬된 후에도 상담자나 내담자 모두에게 좋은 기억으로 남을 것이다. 이러한 대화에서 상담자가 미처 깨닫지 못했던 내용이 있으면 이를 수용하고, 상담자도 진솔하게 자신의 입장을 밝히고, 상담에 대해 개선이나 보완할 수 있는 방법에 대해서도 제안하고 내담자의 의견을 듣는다.

그러나 내담자가 솔직한 이유를 밝히지 않고 완강하게 거부의사를 전달해도 이 역시 수용해야 한다. 사실 많은 내담자가 이러한 상황에서 자신의 속마음을, 그것도 상담자나 상담과정에 불만이 있었을 경우 그것에 대해 솔직하게 전달하는 것을 어려워할 수 있다. 그리고 그 이유가 단순히 상담과정에만 관련된 것이 아니고 밝히기 어려운 개인적인 사유거나 복합적인 것이라면 종결을 결심한 이상 감추고 싶어 할 수 있다. 또 어떤 내담자는 자신의 문제를 상담자에게 투사하면서 은근히 상담자를 공격하는 언급을 할 수도 있다. 상담자가 이를 알아차리고 객관적인 피드백을 전할 수도 있지만 이러한 피드백이 내담자에게 전달되어 효과를 거둘지에 대해서는 신중히 판단해야 한다. 상담자의 피드백이 내담자에게는 자신에 대한 공격과 상담자의 부적절한 반응으로 기억될 수 있기 때문이다. 종결과정에서 그러한 피드백을 전할 때는 앞으로 내담자에게 도움이 되도록 하는 데 목적을 두고 매우 정중하고 완곡한 표현방법을 사용한다. 상담자는 이렇게 다양한 내담자의 입장을 충분히 고려하면서 종결에 관한 대화를 진행할 수 있다.

끝으로 만일 상담자가 전화통화를 시도했으나 통화조차 거부하는 내담자가 있다면 어떻게 할까? 이러한 경우 정해진 답이 있는 것은 아니어서 상담자에 따라 반응에 차이가 있을 것이다. 상담관계가 형성되지 않은 아직은 낯선 초기단계에 있는 내담자인 경우 거절의 의사로 받아들여 더 이상 접촉을 시도하지 않을 수도 있지만, 어느 정도 상담과정을 함께 했던 내담자라면 간단한 문자나 이메일로 연락하여 통화를 시도한 이유와 연결되지 않아 아쉽다고 언급한 뒤 정중한 인사를 건넨 후 관계를 종결할 수 있을 것이다.

4) 지연된 종결

지연된 종결이란 내담자가 상담목표에 도달해서 독립적으로 대처해 나가야 할 지점에 도달했음에도 상담관계의 마무리를 지연하고 있는 경우이다. 이러한 지연의 원인은 상담자에게서도, 내담자에게서도, 두 사람 간의 상호관계에서도 나타날 수 있다.

(1) 내담자 요인

우선, 내담자가 그동안 자신에 대해 든든한 지지자이자 버팀목이 되었던 상담자와 분리되는 것을 두려워하면서 상담종결에 합의하지 않는 행동을 취할 수 있다. 종결을 두려워하는 내담자는 종결시기가 다가오면서 새로운 문제를 드러내거나 이전에 해결된 것으로 보였던 문제의 재발을 호소해 오는 경우가 있다. 그런데 이것을 엄살로 받아들여서는 안 된다. 오랫동안 상담관계에 길들여져 있던 내담자에게 홀로서기는 실제적인 두려움을 야기할 수 있기 때문이다. 초기과정이나 중간과정에서 내담자들이 상담과정에 적극 참여하기 시작하면서 상담에 의존하고 중독될까 봐 두려워하는 언급을 할 때가 있다. 그런데 정작 상담종결을 앞둔 시점에서는 독립을 두려워하는 것이 아이러니하지만 이는 모두 독립과 의존의 문제를 함축하고 있는 반응으로 볼 수 있다.

분리에 대한 불안을 다른 관계로 발전시키고 싶어서 여러 가지 제안(예: 내담자였던 사람이 수퍼비전 관계를 제안하거나, 사적인 관계발전을 위해 여러 가지 일상적인 일을 갖고 와 자문을 청하거나, 결혼식이나 개업식 같은 개인행사에 초대하는 것 등)을 하고, 상담흐름과는 관련되지 않은 주제에 대해 길게 이야기하는 태도를 보이기도 하는데, 상담자는 이것 역시 종결신호의 하나라는 것을 알아차려야 한다. 그럼에도 상담자가 이에 빠져들어 여기저기 내담자의 일상사를 구경하면서 종결을 미루지 않도록 경계해야 한다.

(2) 상담자 요인

내담자로부터의 인정과 애착에 대한 욕구를 극복하지 못하는 상담자 역시 종결과정을 모호하게 지연시킬 수 있다. 지금까지 내담자와의 관계에서 경험한 자신의 존재감에서 벗어나는 것을 아쉬워하고 분리불안으로 인해 나타내는 내담자의 행동이나 요구에 빠져들어 오히려 종결을 앞두고 내담자와의 경계를 허무는 태도를 보일 수 있다. 상담자와 내담자의 다중관계는 이후 새로운 문제를 야기할 수 있으므로 상담자는 내담자와의 관계설정에 늘 주의를 기울여야 한다. 한편, 이렇게 경계가 불분명한 상담자의 태도는 비단 종결단계에서뿐 아니라 상담과정 내내 지속되었을 가능성이 있고, 그런 경우는 종결기의 특징으로 나타나는 불안에 내담자의 의존성이 덧붙여져 상담종결이 더욱 지연되는 원인이 된다.

이렇게 내담자와 상담자가 상호의존적인 관계를 맺고 있을 경우 상담목표를 넘어서 지속적으로 문제를 확장해 가며 목적이나 경계가 불분명한 관계를 이어 가는 경우도 있으나, 이는 분명 다중관계의 문제를 야기할 수 있는 비윤리적 행위임을 자각해야 한다. 결론적으로 상담자의 개인적인 욕구 및 힘의 부적절한 사용은 결국 상담과정뿐만 아니라 상담 본연의 목적, 즉 내담자가 보다 성숙한 개인으로 독립할 수 있도록 돕는 일에도 걸림돌이 되고 비윤리적 실무의 결과가 될 수 있기 때문에 상담자는 끊임없는 자기성찰을 통해 이러한 문제의 예방에 힘써야 한다.

5) 합의에 의한 종결

상담자와 내담자가 초기에 목표했던 지점에 도달한 것으로 판단하고 내담자에게서 긍정적인 변화를 감지할 수 있을 때, 내담자와 함께 종결을 합의하고 종결절차를 밟아서 종결과정 자체가 또 하나의 학습과정이며 치유경험의 일부가 되도록 이끄는 것을 일반적으로 합의에 의한 종결이라고 지칭한다. 합의에 의한 종결은 다른 종결형태와 비교해서 붙여진 이름으로, 사실상은 상담자나 내담자가 시작부터 목표지점으로 정해 놓고 걸어 온 상담과정의 종결이라는 합의를 이루는 것이다.

이어서 합의에 의한 종결을 중심으로 종결의 결정 및 과정에 대해서 살펴볼 것이다.

2. 종결신호와 결정과정

제1장에서 상담은 시작과 종결이 있는 목표를 지향하는 작업임을 강조했다. 상담자와 내담자는 회기를 진행하면서 안전하고 보호받는 관계 속에서 내담자가 다루고자 원하는 개인적인 이야기를 나누고 이전에는 경험하지 못한 새로운 경험과 긍정적인 변화를 경험해 볼 수 있는 기회를 제공하는 독특한 관계를 형성한다. 상담 고유의 구조를 갖고 있고 그에 따라 경계가 분명한 관계이지만 내담자와 상담자는 일정 기간 매우 친밀하고 신뢰를 나누는 독특한 관계경험을 함께 해 온 것이다. 그럼에도 내담자가 목표했던 영역에서 더 이상 상담자의 도움 없이도 잘 지낼 수 있을 때는 의존관계로부터 벗어나 독립할 수 있도록 돕는 것이 상담자의 책무이다.

종결에 대한 논의는 단기상담과 장기상담에 따라 약간 차이가 있다. 단기적이고 제한적인 상담과정에서는 상담자가 적절한 시점마다 상담성과 및 종결에 대한 인식을 일깨우면서 상담을 진행한다. 예를 들어, 상담자는 "이제 우리 회기가 6회 남았습니다. 그 6회를 잘 사용할 수 있는 얘기부터 한다면 이제부터 어디에 초점을 맞추는 게 좋을까요?" 하고 일찍부터 종결시점을 떠올리면서 주제가 초점화된 상담을 진행할 수 있다. 그러나 비교적 장기상담이고 종결회기를 확실하게 결정하지 않고 진행하는 중이라면 목표에 어느 정도 도달했을 때 상담자든 내담자든 종결에 대한 제안을 하면서 이에 대한 논의를 시작하게 된다.

상담자는 목표달성과 관련된 몇 가지 성과를 점검한 후 종결을 계획한다. 테이버(Teyber, 2000)는 내담자가 다음 세 가지 영역에서 변화를 보고할 때 종결할 준비가 된 것이라고 제안하고 있다(p. 296).

- 내담자가 지속적으로 더 좋아진 느낌을 보고하고, 오랜 갈등상황에 보다 적응적인 방법으로 반응하고, 이전에는 사용하지 못했던 새로운 반응을 나타낼 때
- 내담자가 치료자에 대해 새롭고, 보다 직접적이고 평등하게 대하며, 낡은 방식의 대인관계 스타일이나 부적응적인 관계패턴으로 행동하지 않고 현실적인 방식으로 반응할 수 있을 때
- 내담자가 의미 있는 타인에게 이전과는 다른 언급이나 피드백을 하고 있을 때

내담자의 종결신호를 판단하는 기준은 이론적 접근에 따라 다를 수 있다. 예를 들어, 구체적이고 관찰 가능한 행동 및 증상의 변화를 목표로 하는 인지행동치료(Jakobson, Brown, Gordon, & Joiner, 2007)에서는 ① 측정도구로 확인된 증상의 감소, ② 8주 동안 증상감소의 안정적인 유지, ③ 기능손상의 감소, ④ 새로운 기술사용으로 증상이 감소된 것과 같이 일시적이라고 볼 수 없는 증상의 감소, ⑤ 때때로 또는 이전의 취약한 부분에서 새로운 기술의 사용, ⑥ 처음에는 그 기술이 작동할지 의심했던 것과는 달리 새로운 기술에 관한 자부심, ⑦ 다른 영역까지 확대된 증상의 감소 등을 종결신호로 제시하고 있다.

이 외에도 문제상황에서 벗어나 여유를 갖게 된 내담자들은 종결할 때가 되었다는 다양한 신호를 보이거나 그와 관련된 언급을 한다. 예를 들어, 상담자에 대해 감사의 표현을 하거나 개인적 관심을 표현하는 궁금증을 나타내고, 상담성과에 대해 언급하거나, 상담 외적인 일상사를 내용으로 한담을 나누고자 하는 등의 여유를 보이는 것이다. 다음은 내담자가 종결신호로 나타내는 언급의 몇 가지 예를 든 것이다.

- "올해 상담을 받기로 결심한 건 정말 잘한 일이었어요. 그렇지 않으면 견딜 수 없었을 거예요. 선생님 덕분에 이렇게 살아 있네요."
- "선생님은 정말 전문가세요. 그냥 따라가다 보니까 지금까지 생각해 보지 않았던 부분들을 보게 되고 그러면서 저절로 정리가 되었던 것 같아요. 감사합니다."
- "선생님은 상담하면서 저처럼 힘든 얘기 하는 사람만 만나실 텐데 그 스트레스를 어떻게 푸세요? 많이 힘드실 것 같아요."
- "이제 상담실에 안 와도 잘할 수 있을 것 같아요."
- "매주 금요일은 상담 오는 날이었는데 여기 안 오면 무엇을 해야 할지… 허전할 것 같아요."
- "선생님 요즘 인기 있는 (뮤지컬) 아세요? 저 그것 보러 갔는데 정말 재밌더라고요. 특히… (상담과는 무관한 이야기)."

앞에서 언급한 바와 같이 일부 내담자는 종결기간 중에 새로운 문제를 제시하거나 재발에 대한 두려움을 호소하면서 상담을 끝내는 것에 대한 불안을 나타낸다. 상담자는 이때 새로운 문제제시가 목표를 수정하고 종결을 뒤로해야 할 문제인지 여부를 검토하고, 재발가능성에 대해서도 재평가하는 기회를 갖고 종결 여부를 결정한다. 상담자는 종결에 대한 자신의 판단이 틀리지 않았고 이러한 내담자의 행동이 일시적인 종결단계 반응이라는 판단이 서면 일단 계획대로 종결하고 추수상담을 활용하거나 필요시 상담을 재개할 수 있는 가능성에 대해 안내를 한다. 종결은 내담자가 홀로서기를 해 볼 수 있는 기회이므로 이미 결정되었던 종결을 철회할 때에는 신중할 필요가 있다.

인생은 과제의 연속이므로 상담목표에 도달했다는 것이 내담자가 문제 제로의 상황에 도달했다는 의미는 될 수 없다. 친구가 없어서 고민하던 청소년에게 친구가 생기고 학교생활이 원만해졌다면 상담은 성공적인 것이다. 그런데 어머니가 와서 학업이 문제이니 학습상담을 해 달라고 부탁한다 해서 다시 학습 얘기를 시작하는 것에는 신중해야 한다. 만일 상담과정 중에 친구가 없고 자존감이 낮은 이유가 학업성취와 관련이 있어서 이 부분 역시 상담목표에 포함시켰다면 그러한 목표에 부합하는 상담을 진행했을 것이다.

다른 예로, 남편과의 불화로 상담을 받았고 부부 사이가 좋아져서 상담을 종료할 시점인데 내담자가 최근 학부모 모임에서 만나 갈등을 빚고 있는 어떤 사람과의 관계에 대해 이야기하고 싶다면, 그것은 본래의 상담목표와 다른 문제이므로 상담을 재개할 필요가 있는 것인지는 일단 현재의 상담과정을 종결하고 내담자가 시간을 갖고 판단한 후 다시 논의할 수 있다고 안내할 수 있다. 물론 내담자로서는 긴급한 문제여서 한 회기 정도 할애할 필요가 있다면 협의하에 자문자로서 도움을 줄 것인지에 대해 판단할 수 있을 것이다.

내담자에게 종결신호가 나타날 뿐 아니라 상담목표에 도달했다는 몇 가지 증거가 드러나면 상담자는 종결에 대해 언급하고 내담자의 의견을 청취한다. 그리고 종결이 즉각적인 것이 아니고 종결과정을 위한 회기를 진행할 것이라는 점과 그 과정을 간략히 설명하고 종결시점을 함께 정한다. 장기상담의 경우 종결과정은 대략 4~6회기 정도 갖고 진행하며, 단기상담인 경우에는 1~2회기를 여기에 할애한다. 내담자와 종결을 합의하면 종결을 결정하고, 종결회기를 예고해 둔다.

3. 종결과정의 주요 과제

종결이 결정된 후 종결과정을 갖는 동안 상담자는 종결과정 특유의 몇 가지 작업과정을 거친다. 힐(Hill, 2009/2012)은 여러 학자의 종결과정 단계에는 ① 과거 돌아보기(상담과정 돌아보기), ② 미래에 대해 이야기하기, ③ 작별인사하기의 3단계가 포함되어 있다고 간결하게 요약하고 있다. 필자는 종결과정에서 다루어야 할 과제를 상담성과 분석 및 기여요인 확인, 미래의 과제 및 대처에 대한 논의, 종결감정 다루기, 추수상담 계획하기, 상담관계의 재확인, 상담의 재개가능성 열어 두기로 구분하고 이에 대해 한 가지씩 살펴보면서 종결과정을 어떻게 진행하는지 살펴보고자 한다.

1) 상담성과 분석 및 기여요인 확인

종결과정에서는 내담자와 상담의 전 과정을 간단하게 요약하면서 초기의 기대나 목표에 도달했는지에 대해 평가하는 기회를 갖는다. 우선 내담자가 주관적으로 상담과정과 경험을 어떻게 평가하는지 들어 본다. 이어서 내담자가 초기에 언급한 호소문제와 기대, 공유했던 상담목표 등을 기준으로 함께 걸어온 길에 대해 돌아보고 과정을 요약하는 기회를 갖는다. 그리고 상담목표를 중심으로, 내담자의 실생활에서, 그리고 내담자의 감정, 사고, 행동에서 어떤 긍정적인 변화가 일어났는지 확인한다. 상담 전후 그리고 상담과정 중에 일어난 변화, 특히 내담자에게 기억에 남는 변화과정을 되새기며 중요하게 짚고 나가야 할 부분이, 상담성과를 가져오기 위해 내담자가 기여한 요인이 무엇인지 살펴보는 것이다.

즉, 내담자가 상담과정 중에 무엇을 깨닫고 어떤 노력을 기울였는가에 대해 내담자 스스로 확인해 볼 수 있는 기회를 갖는 것이다.

상담자가 상담과정에서 내담자를 직접 칭찬하는 일은 자제해야 하지만 종결기에 내담자가 기여한 부분을 되새겨 보는 기회는 상담과정 중에 내담자 자신이 발굴해 낸 자신의 강점과 잠재력을 확인하고, 자신의 어떤 노력이 문제해결 및 성장에 도움이 되었는지 살펴보면서 이후의 삶에서도 그것을 자원으로 활용하게 만드는 발판이 되게 한다. 이런 검토과정에서 대부분의 내담자는 감사하는 마음으로 "선생님이 관심을 가지시는 부분을 따라가다 보니까 저에 대해 더 많이 알게 되었어요." "선생님 말씀을 듣고 집에 가서 많이 생각했어요. 정말 새로운 발견이었어요."와 같이 변화의 계기를 상담자에게 돌리려고 한다. 하지만 상담자는 여기에 머물기보다는 그 성과와 관련된 내담자의 노력을 상기시키고, 내담자가 상담성과가 나타날 때마다 무엇을 했는지 재조명하면서 내담자의 기여요인을 스스로 인식하게 돕는다. 모든 사례마다 각각의 과정이 다르나, 예를 들어 상담자는 다음과 같은 질문이나 언급을 할 수 있다.

(1) 내담자의 기여에 대한 언급

- "나는 상담자로서 역할에 충실하려고 했을 뿐이고, 나보다는 (아무개) 씨가 노력했기 때문에 좋은 결과가 있었다고 생각해요. 스스로 어떤 노력을 했는지 기억해 보세요. 어떤 기억이 떠오르나요?"
- "상담을 받으며 어떻게 다르게 행동했나요?" 또는 "변화를 위해 무엇을 했나요?"
- "(아무개) 씨가 (어떤) 과제를 잘 수행한 것은 매우 인상적이었어요. 우리는 연습도 하고 준비도 했지만 그 일을 성공하기가 결코 쉽지 않았는데, 당시 어떻게 해냈는지 다시 떠올려 보세요."

내담자 역시 자신의 상담성과와 관련된 주요 경험을 떠올리고 자신의 변화에 대해 재확인하면서 자신의 자원이나 강점, 앞으로 활용 가능한 문제해결방법 등을 되새길 기회를 갖게 된다.

(2) 내담자의 언급 예

- "엄마가 나에게 잘해 주시려고 노력하는 모습이 들어왔어요. 그 전에도 그러셨는데 제가 그걸 안 믿고 안 보려고 했던 것 같아요. 그리고 제가 몇몇 다른 사람들에게도 그렇게 하고 있다는 걸 깨달았어요. 그때부터 감사일지를 썼어요."
- "나 혼자 화내고 억울해하면 안 되겠다는 생각이 들어서 나부터 돌봐야겠다는 생각이 들었어요. 그래서 상담실에 오는 것 외에도 심리학 책을 많이 읽었던 것도 도움이 되었어요. 그때 만난 책이 ○○○이었죠."
- "전에는 다른 사람들이 제 말을 절대 이해하지 못할 거라고 생각했는데 선생님한테 제 속마음을 터놓은 후 자신감이 생겼고, 그래서 용기를 내어 남편에게 솔직한 고백을 했지요. 남편도 생각보다 잘 받아 주어서 제가 많은 오해를 하고 있었다는 걸 알았어요. 상담을 통해서 말하는 방법도 달라졌고, 사람들과 소통하는 데 자신감이 생겼다고 할까?"

내담자가 자신이 상담과정 중에 한 노력은 상담종결 후에도 부딪히게 되는 많은 삶의 과제에서 활용할 수 있는 내적 자원들로 간직된다. 성공적으로 상담을 종결한 내담자는 당면한 문제를 해결할 뿐만 아니라 앞으로의 인생과제를 해결해 나가는 데 도움이 되는 새로운 문제해결방식과 내적 자원을 보유하게 되는 것이다.

2) 미래의 과제 및 대처에 대한 논의

상담종결이 완벽한 해결을 의미하는 것은 아니기 때문에 상담종결을 앞둔 시점에도 남겨진 과제가 있기 마련이다. 종결과정에서는 이러한 미해결과제가 무엇인지, 이러한 문제로 인해 앞으로 발생할 수 있는 어떤 문제를 예측해 볼 수 있을지, 그리고 이러한 문제들에 대해 어떻게 대처할 수 있을지 살펴본다. 또한 내담자가 내방 당시 갖고 온 문제로부터 어느 정도 벗어났다 해도 일부 문제는 오랜 습관이었거나 어린 시절부터 역사가 깊은 것이어서 자칫 재발하거나 이전 상태로 회귀하려는 경향을 갖고 있는 것들이다. 이러한 재발을 막기 위해 내담자가 주의할 점이 무엇인지에 대해 구체적으로 행동목록을 작성하고, 도움을 줄 수 있는 주변 사람들을 떠올려 보는 것도 도움이 된다. 또한 주변환경이나 중요한 타인들은 여전히 변화하지 않은 상태일 때, 또는 지속적으로 도전적인 삶을 살아야 하는 여건 때문에 이후에도 많은 난관이 예상되는 내담자의 경우, 상담과정 역시 내담자의 대처능력 향상에 초점을 맞춰 왔을 것으로 기대되나 이후 예상되는 삶의 과정에 대해 이야기할 시간을 갖고 내담자의 각오와 계획을 점검하면서 대안을 모색하는 데 도움을 준다.

3) 종결감정 다루기

앞에서 종결을 하면서 내담자도 상담자에게 더 의존하고 싶은 마음이 있을 수 있고, 상담자도 내담자와 맺은 의미 있고 생산적인 관계를 마무리하는 것에 대한 허전함이 있을 수 있다고 언급했다. 사실 상담종결에는 기쁨도 있지만 헤어짐에 따른 아쉬움, 허전함, 슬픔과 같은 감정이 뒤섞이게 된다. 이것은 지극히 정상적이고 관계의 소중함에 대한 반증으로 아름다운 일이기도 하다. 특히 내담자에게 상담은 문제해결 또는 성장의 경험이기도 하지만 한편으로는 상담자와의 특별한 관계경험이기 때문에 더욱 복잡한 감정을 일으킬 수 있고, 일부 내담자는 지극히 잘 구조화된 종결과정일지라도 상담자가 자신을 분리시키려는 모습을 이제는 자신을 더 이상은 돌보지 않겠다는 냉정한 어머니의 모습처럼 과장되게 지각할 수도 있다. 특히 이별, 분리에 대한 아픈 과거나 상실경험이 있는 내담자의 경우 상담자와의 분리는 커다란 불안감을 일으킨다.

상담자는 내담자와 종결을 앞둔 시점에서 자신의 감정을 솔직하게 표현하고 성숙하게 이를 받아들이고 있는 성숙한 사람의 모범을 보인다. 내담자에게도 자신의 감정을 솔직하게 표현할 수 있는 기회를 갖게 하고 이에 대해 깊은 공감을 나눈다. 성숙한 이별이란 허전함이나 아쉬움에도 불구하고 함께 의미 있는 작업을 하면서 느꼈던 인간적인 매력과 존중감을 가슴에 담고 좋은 기억을 가진 채 서로의 앞날을 축복해 주며 마무리 짓는 것이다. 예를 들어, 상담을 잘 마치고 헤어지는 내담자를 향해 상담자는 다음과 같은 메시지를 마음에 품고 내담자와 이별인사를 나눌 수 있을 것이다.

> "당신은 훌륭한 내담자였고 당신과 함께하는 매 순간이 나에게도 의미가 있었고 덕분에 나 역시 상담자로서 좀 더 성장하는 기회가 되었습니다. 한편으로는 당신과의 이별이 많이 서운하고 허전한 마음도 올라오지만 당신의 앞날에 행운이 함께하기를 바라면서 당신과의 상담관계를 정리하려 합니다. 우리가 나눴던 것처럼 이후에도 당신을 소중하게 여기면서 잘 살아가기 바랍니다. 안녕히."

4) 추수상담 계획하기

추수상담은 내담자가 이후의 삶에서 상담과정 중에 이룬 성과 및 변화를 유지하고 건강하게 살고 있는지 확인하고 필요한 경우 간단한 자문을 제공하는 데 목적을 둔다. 추수상담은 대개 상담종결 전 내담자와 일정을 정한 후 진행하며, 상담이 비교적 장기적으로 이루어진 경우 6개월 후쯤 기회를 갖는 것이 적절하지만 특정 주제나 문제해결 중심으로 이루어진 단기상담이라면 보다 짧은 시일 내에 가질 수 있다. 사례에 따라서는 장기상담을 마친 후 일정 기간 동안 월 1회 정기적인 추수상담 기회를 갖는 경우도 있다. 상담자는 추수상담의 의미를 전한 후 내담자의 의견을 들어보는 기회를 갖는 것이 좋다. 어떤 내담자는 자신이 대략 그 시점에 추수상담을 받을지 여부와 추수상담방법을 스스로 결정하거나 선택하고 싶어 한다. 또한 단기상담의 경우 추수상담을 면담으로 할 것인지, 이메일 등 다른 방법으로 할 것인지에 대해서도 논의하여 선택할 수 있다.

5) 상담관계의 재확인

상담을 마칠 때쯤 내담자는 상담자를 자신의 든든한 지지자, 후원자로 생각하고 그 관계를 유지하고 싶어 하는 경우가 있다. 더욱이 내담자들은 상담자가 지켜야 할 윤리지침(다중관계 금지)에 대해 문외한이기 때문에 예고 없이 자신의 개인 행사, 즉 결혼식, 졸업식, 발표회 등이나 식사에 초대를 하고, 불쑥 상담자를 찾아오거나 전화나 SNS를 통한 사교적 접촉을 시도해 올 수 있다. 물론 상담과정 중에도 내담자와 경계를 갖고 행동하지만 내담자들은 이러한 원칙이 상담종결 후에도 지속되어야 한다는 것을 잘 이해하지 못하기 때문에 종결시점에 이를 확인하지 않으면 이후 어려움을 겪을 수도 있다. 따라서 상담종결 시 이러한 사실을 확인하고 내담자와의 경계를 분명히 해 둘 필요가 있다.

또한 뜻하지 않은 장소에서 마주쳤을 때 어떻게 할 것인지, 즉 아는 척을 할지 말지에 대해 이야기를 나눠 둘 필요가 있다. 다른 사람들이 있는 자리에서 내담자와 마주쳤을 때 모르는 척 연기를 할 수는 없지만 가능하면 내담자와 사적인 접촉의 자리가 되지 않도록 적절하게 거리를 유지하는 것이 바람직하다. 이런 과정 없이 마주친 경우 어떤 내담자는 크게 당황해서 서로 불편한 장면이 연출될 수도 있다. 상담자는 내담자가 원하지 않을 경우 그 사람이 내담자였다는 사실조차 비밀을 유지해야 하지만 일부 내담자는 자신이 상담받았다는 사실, 그리고 그 상담자가 누구였는지를 굳이 숨기지 않는 경우도 있다. 내담자가 이러한 사실을 공개한 경우 이는 더 이상 비밀보장의 의무에 속하지 않지만 상담자가 고의로 누가 내담자인지를 밝히고 다니는 것은 사적인 비밀보호의 위반에 속한다. 다른 사람이 있는 사적인 자리에서 내담자가 먼저 자신의 상담자라고 밝히는 경우는 굳이 이를 부인할 필요가 없겠지만 내담자가 밝히고 싶어 하지 않는 눈치이면 밝히지 않아야 한다. 종결과정 중에 상담자와 내담자는 상담관계 이외의 관계를 가질 수 없다는 원칙, 즉 다중관계가 불가하므로 사교적인 관계를 맺을 수 없다는 것을 전달하면서 우연히 만날 경우에 대해서 가상적인 준비를 해 두면 이후 서로에게 편리한 지침이 될 수 있다.

6) 상담의 재개가능성 열어 두기

상담종결 후 내담자에게 다시 상담자의 도움이 필요하게 될 경우 상담을 재개할 수 있다는 것에 대해서 안내한다. 성공적으로 상담을 종결한 내담자에게 다시 상담이 필요한 상황이 벌어졌을 때 어떤 상담자를 찾아갈 것인가는 내담자의 선택이지만, 만일 현재의 상담자가 내담자에게 도움을 준 상담자로 기억된다면 그 상담자를 다시 찾아올 확률이 좀 더 클 것이다. 내담자 입장에서 낯선 상담자를 만나서 새로운 관계를 맺고 자신의 개인사를 나누며 다시 시작하는 것보다는 오랫동안 자신의 삶에 대해 함께 나누었던 상담자와 다시 시작하는 것이 더 편할 수 있다. 이러한 이유로도 한번 상담자였던 사람은 가능한 한 특정 내담자에 대해 계속 상담자의 위치를 지키고 있을 필요가 있다. 그것은 상담이 종료된 이후에도 내담자와 사적인 관계를 맺지 않고 상담자로서 존재하는 것이 바람직하다는 것을 의미한다.

맺는말

종결이란 상담목표에 도달했다는 판단하에 상담관계를 마무리 짓고, 내담자가 상담에서 학습한 것들을 자신의 삶 속에서 스스로 적용하며 살아가도록 돕는 과정을 의미한다. 단기상담이든 장기상담이든 회기와는 상관없이, 상담자는 종결 후에도 문제재발을 예방할 뿐 아니라 상담성과로 나타난 변화를 유지하고 상담을 통해 내담자가 새롭게 학습하고 경험한 내용에 근거해서 더욱 성장해 나갈 수 있도록 돕는 종결과정을 진행한다. 이러한 종결과정에는 상담성과 분석 및 기여요인 확인, 미래의 과제 및 대처에 대한 논의, 종결감정 다루기, 추수상담 계획하기, 상담관계의 재확인, 상담의 재개가능성 열어 두기 등이 포함된다.

문제에서 벗어나 여유를 갖고 상담에 덜 의존하게 된 내담자는 상담자를 보다 평등한 관계로 대하고자 하며, 종결단계에 도달한 상담자와 내담자는 앞선 상담과정을 통해 상호협력의 필요성과 방법에 더 익숙해져 있다. 따라서 상담자는 종결과정에 내담자를 가능한 한 많이 참여시켜 상담성과를 분석하고 미래계획을 세우는 공동작업을 한다. 오랜 시간 정기적으로 만나 당면한 과제를 해결하기 위해 공동노력을 기울였을 뿐 아니라 내담자의 깊은 내면세계에 대한 여정을 함께한 상담자와 내담자는 종결에 대한 성취감과 이별에 대한 허전함을 동시에 느끼게 된다. 이러한 감정을 솔직하게 받아들이고, 건강하고 성숙하게 해결하는 것 또한 종결과정의 과제이며, 종결과정에서만 경험할 수 있는 학습의 과정인 것이다. 상담자는 이러한 감정을 성숙하게 다룰 줄 아는 건강한 사람의 모델이 되어야 하고, 내담자가 그 기회를 통해 이별 감정을 성숙하게 받아들이고 극복할 수 있도록 도와주어야 한다.

내담자와 추수상담을 계획하고, 필요시 상담을 재개할 수 있다고 안내한다. 또한 내담자는 상담자에 대한 의존관계를 유지하면서 종결된 후에도 친구나 인생의 자문역으로 지속적인 연결을 갖고 싶어 할 수 있다. 상담자는 상담관계 이외의 관계를 맺지 않는다는 윤리기준과 배경에 대해 내담자가 알 수 있도록 안내하고, 필요시 상담자로 다시 만날 수 있다는 것을 전달한다.

참고 문헌

김계현(2002). 카운슬링의 실제(개정판). 서울: 학지사.

박상칠, 조용범(1998). 자살, 예방할 수 있다. 서울: 학지사.

보건복지부(2016. 1. 26). 보도자료: 그들은 도움의 신호를 보냈지만 우리는 알지 못했다. http://www.mohw.go.kr에서 2016. 2. 1. 자료 얻음.

보건복지부(2020. 11. 27). 보도자료: 자살사망자의 발자취를 따라간 5년간의 기록. http://www.mohw.go.kr에서 2021. 8. 29. 자료 얻음.

보건복지부 보도자료(2021. 7. 5). 우리나라 자살현황을 보여주는「2021 자살예방 백서」발간(2019 통계기준). https://www.mohw.go.kr에서 2021. 8. 27. 자료 얻음.

보건복지부, 한국생명존중희망재단(2021). 자살예방백서. http://www.mohw.go.kr에서 2021. 8. 29. 자료 얻음.

서영석, 조화진, 고은영, 최바울, 조민아, 김민선, 안하얀, 백근영, 최영희, 이정선(2013). 상담자 즉시성의 유형, 사용이유 및 내담자의 반응. 상담학연구, 14(4), 2351-2373.

성혜숙, 김희정(2012). 학교상담 사례개념화 요소목록 개발. 교원교육, 28(4), 101-122.

손은정, 이혜성(2002). 상담자 발달수준별 사례개념화의 차이: 개념도를 통한 인지구조를 중심으로. 한국심리학회지: 상담 및 심리치료, 14(4), 829-843.

신경진(2009). 상담의 과정과 대화기법. 서울: 학지사.

엄현주, 전혜정(2014). 중년기 남녀의 자살생각에 관한 예측요인. 정신보건과 사회사업, 42(2), 35-62.

유형근, 김윤희, 김지혜, 이유미(2010). 자살하려는 아이들. 서울: 학지사.

이명우, 박정민, 이문희, 임영선(2005). 사례개념화 교육을 위한 상담전문가의 경험적 지식 탐색 연구. 한국심리학회지: 상담 및 심리치료, 17(2), 277-296.

이영은, 차영은, 민경화(2013). 대학상담소 접수면접 체제에 대한 개선방안연구. 인간이해, 34(2), 1-19.

이윤주(2001). 상담사례개념화 요소목록 개발 및 수퍼비전에서 중요하게 지각되는 사례개념화요소분석. 한국심리학회지: 상담 및 심리치료, 13(1), 79-93.

이장호, 이동귀(2014). 상담심리학(제5판). 서울: 박영사.

정묘순, 서수균(2014). 청소년 자살시도 예측변인-자살위기 청소년을 중심으로. 한국청소년연구, 25(2), 145-171.

중앙심리부검센터(2020). 2019 심리부검 면담결과 보고서. http://www.spckorea.or.kr(한국생명존중희망재단)에서 2021. 8. 28. 자료 얻음.

한국상담학회(2016). 윤리강령. http://www.counselors.or.kr에서 2021. 7. 22. 자료 얻음.

한국상담심리학회(2018). 상담전문가 윤리강령. http://www.krcpa.or.kr에서 2021. 7. 22. 자료 얻음.

American Counseling Association (ACA). (2010). Definition of counseling. http://www.counseling.org/knowledge-center/20-20-a-vision-for-the-future-of-counseling/consensus-definition-of-counseling. 2015. 1. 5.에 인출.

Baltazar, M., Hazem, N., Vilarem, E., Beaucousin, V., Picq, J., & Conty, L. (2014). Eye contact elicits bodily self-awareness in human adults. *Cognition, 133*(1), 120-127.

Barnett, M. (2007). What bring you here? An exploration of the unconscious motivations of those who choose to train and work as psychotherapies and counselors. *Psychodynamic Practice, 13*(3), 257-274.

Beck, A. (1976). *Cognitive therapy and emotional disorder*. NY: New American Library.

Beck, J. S. (2011). *Cognitive behavior therapy: Basics and beyond* (2nd ed.), NY: Guilford Press.

Beebe, S. A. Beebe, S. J., & Redmond, M. V. (2014). *Interpersonal communication: Relating to others* (7th ed.). Upper Saddle River, NJ: Pearson Education, Inc.

Blocher, D. H. (1987). *The professional counselor.* New York: Macmillan.

Brazier, C. (2009). *Other-centered therapy: Buddhist psychology in action.* Winchester: O-books.

Brent, D. A., Polling, K. D., & Goldstein, T. R. (2016). 우울과 자살위기의 청소년 치료(지승희, 김봉아 공역). 서울: 학지사. (원저는 2011년에 출판).

Brodsky, S. L. (2013). 비자발적 내담자와 상담하기(이규미, 손강숙 공역). 서울: 시그마프레스. (원저는 2011년에 출판).

Conyne, R. (2010). 예방상담학(이규미, 지승희 공역). 서울: 시그마프레스. (원저는 2004년에 출판).

Corey, G. (2001). 상담 및 심리치료의 통합적 접근(현명호, 유제민 공역). 서울: 시그마 프레스. (원저는 2000년에 출판).

Corey, G. (2010). 심리상담과 치료의 이론과 실제(조현춘, 조현재, 문지혜, 이근배, 홍영근 공역). 서울: 시그마프레스. (원저는 2009년에 출판).

De Shazer, S. (1988). *Clues: Investigating solutions in brief therapy.* New York: Norton.

Egan, G. (2002). *The skilled helper: A problem-management and opportunity-development approach to helping* (7th ed.). Pacific Grove, CA: Thomson Brooks Cole.

Elliot, R., Watson, J. C., Goldman, R. N., & Greenberg, L. S. (2013). 정서중심치료의 이해(신성만, 전명희, 황혜리, 김혜정, 김현정, 이은경 공역). 서울: 학지사. (원저는 2004년에 출판).

Frank, J. D., & Frank, J. B. (1991). *Persuasion and healing: A comparative study of psychotherapy* (3rd ed.). Baltimore, MD: Johns Hopkins University.

Gelso, C. J. (2002). Real Relationship: The "something more" of Psychotherapy. *Journal of Contemporary psychotherapy, 32*(1), 35-40.

Gelso, C. J., Kelley, F. A., Fuertes, J. N., Marmarosh, C., Holmes, S. E.,

Costa, C., & Hancock, G. R. (2005). Measuring the real relationship in psychotherapy: Initial validation of the therapist form. *Journal of Counseling Psychology, 52*(4), 40-649.

Germer, C. K., & Siegel, R. D. (2014). 심리치료에서 지혜와 자비의 역할(서광, 김나연 공역). 서울: 학지사. (원저는 2012년에 출판).

Gladding, S. T. (2006). *The counseling dictionary: Concise definitions of frequently used terms* (2nd ed.). Upper Saddle River, NJ: Prentice-Hall.

Gladding, S. T. (2011). *The counseling dictionary: Concise definitions of frequently used terms* (3th ed.). Upper Saddle River, NJ: Prentice-Hall.

Greenson, R. R. (1967). *The technique and practice of psychoanalysis* (Vol. 1). New York: International Universities Press.

Hackney, H., & Cormier, L. S. (2001). *The professional counselor: A process guide to helping* (4th ed.). Needham Heights, MA: Allyn & Bacon.

Hall, E. T. (1966). *The hidden dimension.* Garden City, NY: Doubleday.

Hayes, S. C., Strosahl, K. D., & Wilson, K. G. (2009). 수용과 참여의 심리치료(문성원, 김은선 역). 서울: 시그마프레스. (원저는 1999년에 출판).

Hill, C. E. (2012). 상담의 기술: 탐색-통찰-실행의 과정(주은선 역). 서울: 학지사. (원저는 2009년에 출판).

Hopkins, J. (2001). *Cultivating compassion: A Buddhist perspective.* NY: Broadway Books.

Horney, K. (1950). *Neurosis and human growth: The Struggle toward self-realization.* New York: W. W. Norton and Company, Inc.

Jakobson, L. J., Brown, J. S., Gordon, K. H., & Joiner, G. T. (2007). When Are Clients Ready to Terminate? *Cognitive and Behavioral Practice, 14*(2), 218-230.

Jensen, J. P., Bergin, A. E., & Greaves, D. W. (1990). The meaning of eclecticism: New survey and analysis of components. *Professional Psychology: Research and Practice, 21*(2), 124-130.

Joiner, T. E., Jr. (2005). *Why people die by suicide.* Cambridge, MA: Harvard University Press.

Joiner, T. E. Jr., Van Orden, K. A., Witte, T. K., & Rudd, M. D. (2009). *The Interpersonal theory of suicide: Guidance for working with suicidal clients*. Washington, DC: American Psychological Association.

Kottler, J. A. (2014). 상담자가 된다는 것(이지연, 황진숙 공역). 서울: 학지사. (원저는 2010년에 출판).

Kottler, J. A., & Shepard, D. S. (2015). *Introduction to counseling: Voices from the field* (8th ed.). Stamford, CT: Cengage Learning.

LaBier, D. (2010). Are you suffering from empathy deficit disorder? How to heal your EDD. https://www.psychologytoday.com/us/blog/the-new-resilience/201004/are-you-suffering-empathy-deficit-disorder. 2021. 3. 7.에 인출.

LaPlante, D., & Ambady, N. (2000). Multiple messages: Facial recognition advantage for compound expressions. *Journal of Nonverbal Behavior, 24*(3), 211-225.

Larrabee, M. J. (1982). Working with reluctant clients through affirmation techniques. *The Personnel and Guidance Journal*, *61*, 105-109.

Lauver, P., & Harvey, D. R. (1997). *The practical counselor: Elements of effective helping*. Pacific Grove, CA: Brooks/Cole.

Luft, J. (1970). *Group process: An Introduction to group dynamics*. Palo Alto, CA: Mayfield.

MacCluskie, K. (2012). 현대상담기술: 통합된 이론, 다문화주의 그리고 자각(홍창희, 이숙자, 정정화, 정민 공역). 서울: 학지사. (원저는 2010년에 출판).

Meyer, L., & Melchert, T. P. (2011). Examining the content of mental health intake assessment from a biopsychosocial perspective. *Journal of Psychotherapy Integration, 21*(1), 70-89.

Miller, W. R., & Rollnick, S. (2006). 동기강화상담: 변화 준비시키기(신성만, 권정옥, 손명자 공역). 서울: 시그마프레스. (원저는 2002년에 출판).

Neff, K. D. (2003). The development and validation of a scale to measure self-compassion. *Self and Identity, 2,* 223–250.

Neff, K. D., & Germer, C. K. (2020). 나를 사랑하기로 했습니다(마음챙김-자기연민 워크북), (서광, 효림, 이규미, 안희영 공역). 서울: 이너북스. (원저는 2018년에 출판).

Norcross, J. C., Karpiak, C. P., & Santoro, S. O. (2005). Clinical psychologists across the years: The division of clinical psychology from 1960 to 2003.

Journal of Clinical Psychology, 61(12), 1467-1483.

Pedersen, D. M. (1965). The measurement of individual differences in perceived personality-trait relationships and their relation to certain determinants. *The Journal of Social Psychology, 65*(2), 233-258.

Pledge, D. S. (2005). 아동 및 청소년상담(이규미, 이은경, 주영아, 지승희 공역). 서울: 시그마프레스. (원저는 2004년에 출판).

Prochaska, J. O., & DiClemente, C. C. (1982). Transtheoretical therapy: Towards a more integrative model of change. *Psychotherapy, 19*(3), 276-278.

Rogers, C. R. (1951). *Client-centered therapy: Its current practice, implications and theory*. London: Constable.

Rogers, C. R. (1957). The necessary and sufficient conditions of therapeutic personality change. *Journal of Consulting and Clinical Psychology, 21*(2), 95-103.

Rogers, C. R. (1961). *On becoming a person: A therapist's view of psychotherapy*. London: Constable.

Russell-Chapin, L., & Ivey, A. E. (2007). 상담인턴십: 이론에서 실제로(지승희, 이명우 공역). 서울: 시그마프레스. (원저는 2004년에 출판).

Sherer, M., & Rogers, R. (1980). Effects of therapist's nonverbal communication on rated skill and effectiveness. *Journal of Clinical Psychology, 36*(3), 696-700.

Skovholt, T. M., & Starkey, M. T. (2010). The Three legs of the practitioner's learning stool: practice, research/theory, and personal life. *Journal of Contemporary Psychotherapy, 40*(3), 125-130.

Smith, K. L., Subich, L. M., & Kalodner, C. (1995). The transtheoretical model's stages and process of change and their relation to premature termination. *Journal of Counseling, 42*(1), 34-39.

Society of Counseling (APA division 17). (2015). What is counseling psychology. http://www.div17.org/about-the-field-of-counseling-psychology/what-is-counseling-psychology/. 2013. 2. 5.에 인출.

Sommers-Flanagan, J., & Sommers-Flanagan, R. (1995). Intake interviewing with sucidl patients: A Systematic approach. *Professional Psychology:*

Research and Practice, 26(1), 41-47.

Sparry, L., & Sparry, J. (2014). 상담실무자를 위한 사례개념화 이해와 실제(이명우 역). 서울: 학지사. (원저는 2012년에 출판).

Teyber, E. (2000). *Interpersonal process in psychotherapy* (4th ed.). Pacific Grove, CA: Brooks/Cole.

VandenBos, G. R. (Ed.). (2015). *APA dictionary of psychology* (2nd ed.). Washington, D.C.: American Psychological Association.

Yalom, I. D. (1980). *Existential psychotherapy.* New York: Basic Books.

Yalom, I. D. (1995). *Introduction in A way of Being* (Rogers, C. R., 1980). Boston: Houghton Mifflin.

Yalom, I. D. (2005). 치료의 선물: 새로운 세대의 상담자와 내담자들에게 보내는 공개서한(최웅용, 천성문, 김창대, 최한나 공역). 서울: 시그마프레스. (원저는 2002년에 출판).

Yalom, I. D. (2015). 삶과 죽음의 사이에 서서(이혜성 역). 서울: 시그마프레스. (원저는 2015년에 출판).

찾아보기

인명

내용

저자 소개

이규미(Lee Kyu Mee)
이화여자대학교 교육심리학과 졸업
이화여자대학교 대학원 심리학 석사
이화여자대학교 대학원 심리학 박사
상담심리사 1급(한국상담심리학회)
청소년상담사 1급(여성가족부)
모래놀이상담심리사 수련감독자(한국발달지원학회)
마음챙김-자기연민 지도자(Center of Mindful Self-Compassion)
제1회 한국상담심리학자상 수상(한국상담심리학회, 2017)
전 한국심리학회 회장
한국상담심리학회 회장
한국발달지원학회 회장
현 아주대학교 명예교수
나우리심리상담연구소 소장

〈주요 저서 및 역서〉
학교폭력 예방의 이론과 실제(2판, 공저, 학지사, 2021)
정신건강(공저, 한국방송통신대학교출판부, 2009)
나를 사랑하기로 했습니다: 마음챙김-자기연민 워크북(공역, 이너북스, 2020)
비자발적 내담자와 상담하기(공역, 시그마프레스, 2013)
예방상담학(2판, 공역, 시그마프레스, 2010)
모래놀이치료 핸드북(공역, 학지사, 2009)
아동 및 청소년상담(공역, 시그마프레스, 2005)

상담의 실제: 과정과 기법(2판)
Practice of Counseling: Process and Techniques

2017년 1월 20일 1판 1쇄 발행
2022년 1월 20일 1판 8쇄 발행
2022년 3월 10일 2판 1쇄 발행
2023년 1월 20일 2판 2쇄 발행

지은이 • 이규미
펴낸이 • 김진환
펴낸곳 • (주) 학지사
04031 서울특별시 마포구 양화로 15길 20 마인드월드빌딩
대표전화 • 02)330-5114 팩스 02)324-2345
등록번호 • 제313-2006-000265호

홈페이지 • http://www.hakjisa.co.kr
페이스북 • https://www.facebook.com/hakjisabook

ISBN 978-89-997-2596-8 93180

정가 18,000원